U0905720

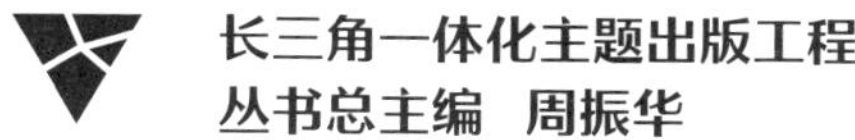

长三角一体化主题出版工程
丛书总主编 周振华

智库视角：长三角区域一体化发展创新实践

A Think Tank Perspective on the Innovative Exploration of Regional Integration in the Yangtze River Delta

长三角智库联盟
编著

中国出版集团 東方出版中心

图书在版编目（CIP）数据

智库视角：长三角区域一体化发展创新实践 / 长三角智库联盟编著. 一上海：东方出版中心，2021.12
（长三角一体化主题出版工程 / 周振华总主编）
ISBN 978-7-5473-1935-2

Ⅰ. ①智… Ⅱ. ①长… Ⅲ. ①长江三角洲－区域经济发展－研究 Ⅳ. ①F127.5

中国版本图书馆CIP数据核字（2022）第007303号

智库视角：长三角区域一体化发展创新实践

编　　著　长三角智库联盟
责任编辑　肖春茂　周心怡
装帧设计　钟　颖　陈绿竞

出版发行　东方出版中心
地　　址　上海市仙霞路345号
邮政编码　200336
电　　话　021-62417400
印 刷 者　山东韵杰文化科技有限公司

开　　本　710mm × 1000mm　1/16
印　　张　20.25
字　　数　295千字
版　　次　2021年12月第1版
印　　次　2021年12月第1次印刷
定　　价　85.00元

编委会

主　编： 杨亚琴　李清娟

副主编： 张来春　胡存峰

成　员： 赵　悦　王德培　袁　岳　刘志彪

刘志迎　吴凯之　宗传宏　敬乂嘉

熊　健　贝聿运　袁敏华　赵　星

岳　华　张录法　练育强　韩志明

胡　昊　苏兆前　何红弟　王雅琴

张鹏飞　赵　燕　孙庆刚　张然宇

总　序

中国出版集团东方出版中心策划并组织实施《长三角一体化主题出版工程》是一项有重要意义和重大影响力的出版举措。承蒙出版社的赏识和抬举，让我担任这套丛书的总主编，有点诚惶诚恐，生怕难担此大任，但又感到这是一件非常值得做、必须要去做的事情。为此，欣然作序。

长三角一体化发展上升为国家战略后，不仅国家层面及三省一市的各级政府部门积极行动起来，从战略与空间规划、行动方案及专项举措等方面，组织实施和推进长三角更高质量一体化发展，而且学术界、智库及咨询机构的一大批专家学者高度关注和聚焦长三角一体化发展的理论与现实问题，从不同的视角，采用各种现代分析方法和工具开展了全景式、结构性的深入研究。不管是前瞻性的趋势分析、国际比较及其经验借鉴、历史性的发展轨迹描述，还是专题性的深入分析、解剖“麻雀”的案例研究、历史资料的梳理及总结等，都会对我们推进长三角一体化发展有思路性的启发，为决策提供理论依据，有现实指导意义。

现在是过去的延续，总有着某种路径依赖。推进长三角更高质量一体化发展，其历史基因、文化传统、发展轨迹、基础条件等构成了这一进程的初始条件及基本出发点。更早的不用说，自改革开放以来，长三角的地区合作就一直在市场作用和政府推动下不断往前发展。

20 世纪 80 年代，跨地区的联营企业兴起，这些企业规模不大，并带有一定行政性色彩。例如，沪皖纺织联合开发公司是全国纺织工业第一家跨省市的联营企业。以后，上海和江苏、浙江两省的 10 家纺织厂联合成立了上海康达纺织联合公司（又称“卡其集团”），成为第一个实行统一经营、独立核算、共负盈亏的紧密型经济联合体。长江计算机（集团）联合公司成为推进跨地区、跨行业的科研与生产、应用与服务相结合的高技术经济联合体。另外，通过地区合作，加强商品出口和扩大国际市场，上海发挥口岸的枢纽功能，为长三角提供进出口方便。各地也纷纷在上海投资建造了一批贸易中心、办公楼等设施，设立了相应机构，到上海举办各种洽谈会、商品展览会、技术交流会，在统一对外、联合对外的原则下，开展对外经济贸易。当时，国务院还确定建立上海经济区，使之成为国内第一个跨省市的综合性经济区。20 世纪 90 年代，长三角兄弟省市的企业共同参与浦东开发开放。截至 2000 年底，全国各地在浦东设立内联企业 6 175 家，注册资金 284.19 亿元，其中大部分是长三角地区的。而浦东开发开放，特别是招商引资方面，则对周边地区形成强大的溢出效应。进入 21 世纪后，随着我国加入 WTO，长三角在融入经济全球化过程中，相互之间的经济联系更加紧密，特别是跨国公司地区总部与生产工厂之间的产业链关联、基于出口导向的大进大出的贸易与航运方面形成内在的一体化联系。2010 年前后，以举办中国（上海）世博会为契机，长三角地区合作向更广泛的领域发展，在交通、旅游、文化、科技、教育、医疗、生态环境等方面开展了全方位合作。例如，加快推进长三角协同创新网络建设，大型科学仪器设施实现共建共享；产业园区共建，促进“飞地经济”发展；推进区域社会信用体系建设，营造统一市场发展环境；区域环境治理着力联防联控；推进公共服务联动保障和便利化。随着交通网络发达，长三角同城化半径不断趋于扩展，为区域一体化提供了良好基础。这一系列区域合作的成效，不仅促进了当时各地经济社会发展，而且不断产生放大和延续效应。在此过程中，长三角逐步形成了合作与协同的长效性机制。三省一市建立了以主要领导为决策层、常务副省（市）长为协调层、联席会议办公室和重点专题合作组为执行层的“三级运作、统分结合”区域合作机制，并从三省一市抽调工作人员组建了长三角区域合作办公室，在上海联合集中办公，积极开展新一轮的务实合作。

总之，对长三角过去及现在的审视，我们可以得出一个基本判断：长三角一体化发展有着深厚的基础及良好势头。长三角地区已进入后工业化阶段，经济总量达 3.1 万亿美元，占全国 20%，人均 GDP 1.4 万美元，三产比重超过 50%，城镇化率超过 65%，而且区域内市场化程度较高、产业配套能力较强、同城化程度较高、城市结构合理、差异化特色明显、互补性较好等。长三角在国内区域一体化程度是最高的，并具有典型意义；在国际上具有较大的影响力，跻身世界第六大城市群。

在此基础上，长三角一体化发展上升为国家战略，顺应了世界百年之大变局的发展潮流。在当代全球化条件下，随着全球化领域的拓展，经济、科技、文化的融合发展，合作与竞争的多元化等，巨型城市区域越来越成为参与全球合作与竞争的基本单元，改变了过去以企业、城市或国家为基本单元的格局。这种巨型城市区域主要是由两个或两个以上的城市系统结合成一个更大的、单一的城市系统，从而基本特征之一是有若干核心节点城市存在。例如，在世界上最大的 40 个巨型城市区域中，有 24 个是通过两大城市联合命名来标志一个巨型区域的。巨型城市区域作为更大、更具竞争力的经济单元，正在取代城市成为全球经济的真正引擎。世界上最大的 40 个巨型城市区域，只覆盖了地球表面居住的小部分及不到 18% 的世界人口，却承担了 66% 的全球经济活动及近 85% 的技术和科学创新。因此，巨型城市区域作为人类发展的关键性空间组织，在一国的政治经济生活中发挥着日益巨大的作用。为此，这已引起各国政府及学界的高度重视，他们开始研究和促进这一关键性空间组织的发展。例如，欧盟专门立项研究 9 个欧洲巨型城市区域，美国在“美国 2050”规划研究中确定了 11 个新兴巨型城市区域。长三角一体化发展，包括粤港澳大湾区发展、京津冀协同发展等，正是这种巨型城市区域的空间组织构建，旨在打造对外开放新格局的新型空间载体，以更高效率、更具竞争力地参与全球合作与竞争，在中国崛起及走向世界舞台中心过程中发挥重要作用。

与此同时，长三角一体化发展是我国进入高质量发展新时代的必然要求。出口导向发展模式的转换，基于创新驱动的高质量发展的科技引领、文化融合、国家治理及社会治理能力增强、生态环境优化等，意味着外生的经济空间发散性转向内生的经济空间集中收敛性。构建现代化经济体系，在增强自主核心关键技术和完善强基工程（基础零部件、基础材料、基础工艺、技术基础）的基础上实现产业链升级，增强产业链韧性和提高产业链水平，打造具有战略性和全面性的产业链，意味着各自为战的空间分割转向合作协同的空间集约。这些新的变化势必带来区域政策重大调整和空间布局重构，即从一般区域发展转向以城市群为主体的区域发展，从忽视效率的区域均衡发展转向人口、资源、要素向高效率地区集中和优化配置，从宽泛的区域发展转向重点区域发展。最终，形成以城市群为主要形态的增长动力源，让经济发展优势区域成为带动全国高质量发展的新动力源。长三角是城市群密集、经济发展优势明显和配置效率较高的区域，推进长三角一体化发展势必能带来人口、资源、要素的集中和优化配置，成为带动全国高质量发展新动力源之一。

长三角一体化发展是一个巨大的系统工程，涉及众多领域、各个层面、诸多方面内容。在实际工作中，这很容易引起一体化发展的泛化，不分轻重缓急，“胡子眉毛一把抓”，甚至“捡了芝麻，丢了西瓜”；也很容易把一体化发展扩大化，似乎什么都要一体化，什么都可以一体化。更有甚者，把一体化等同于一样化、同质化。因此，要牢牢把握区域一体化发展的本质，抓住一体化发展的核心问题，才能纲举目张。

长三角一体化发展的本质是市场化，是区域统一市场的问题。区域一体化发展的内在动力在于市场，核心主体是企业，政府的职责主要在于提供公共产品，打造基础设施和载体平台。长三角一体化发展的核心问题有：第一，促进资源要素在区域内的充分流动与合理配置。这是一体化发展的基本前提条件。这要求克服资源要素流动的物理性障碍（如交通等基础设施）、削弱行政性边界障碍（如各地不同政策、管制、执法等）、消除市场准入障碍（国民待遇、竞争中性、权益保护等）。第二，这种资源要素流动的主要空间载体是城市，所以区域内城市之间要形成基于网络连接的合理功能分工。这是一体化发展的显著标志。巨型城市区域呈现出来的强大生命力和活力，关键在于城市间全球生产（价值）网络的高度功能连接与集成，形成所引领的全球范围内“产业都市集中”的扩张和扩散，而不是邻近距离。例如，伦敦通过在英国、欧洲和全球的生产者服务业务流动显示出高度功能连接，在英格兰东南部地区呈现一种功能多中心的城市间关系。相反的案例是，英国的利物浦和曼彻斯特相隔不到 50 千米，但它们没有群聚效应来形成城市区域。这种城市间高度功能连接与集成的基础，在于区位功能专业化分工。第三，形成有效的区域治理结构，特别是利益协调机制，这是一体化发展的根本保障。行政边界对物理运输模式、基础设施管理、融资的有效性和环境可持续等形成高度挑战性。因此，需要一种区域层面的战略与规划、政策集成以及利益协调机制。第四，促进落后地区平衡发展，促进发达地区充分发展，增强区域整体实力和竞争力。这是一体化发展的目标。区域一体化发展更多地是差异化发展，发挥各自优势和所长，充分放大“借用规模”效应、溢出效应以及网络效应，形成各自功能特色，实现互补共赢。

区域一体化发展的本质及核心问题是共性的，但区域一体化发展的战略定位及模式则不同，具有明显的个性色彩。这需要我们结合时代特征、中国特色、长三角特点进行深入研究，特别是从国家战略的角度，明确长三角一体化发展的战略定位及模式。我个人初步看法是：第一，长三角一体化发展要面向全球，以全球化为导向，成为我国对外开放的新高地，代表国家参与全球合作与竞争。也就是，长三角一体化发展并不限于以区域内联系或国内联系为主导的区域发展，也不仅仅是成为国内高质量发展的一个重要增长极或带动全国高质量发展的动力源，而是要深度融入经济全球化，成为跨国公司全球产业链离岸或近岸布局的理想地区，成为世界经济空间版图中的一个重要发展区域。因此，上海全球城市发展的四大功能（全球资源配置功能、科技创新策源功能、高端产业引领功能、对外开放枢纽门户功能）应该延伸和覆盖到长三角一体化发展之中。第二，长三角一体化发展要有国际高标准的制度创新，营造有利于全球资源要素集聚、流动和配置的良好营商环境，创造能使创新创业活力强劲迸发的各种条件。也就是，长三角一体化发展不仅要有打通区域内资源要素流动与合理配置的制度创新，而且更要有打通区域与全球之间资源要素双向流动与有效配置的制度创新；不仅要营造区域内协调一致的良好营商环境，而且更要营造适应全球化资源配置的良好营商环境。因此，长三角一体化发展的制度创新要有统一的与国际惯例接轨的高标准，以及营造良好营商环境的集体性行动。第三，长三角一体化发展在重点领域、重点部门、重要方面要有高度的系统集成，尽快形成具有重大国际影响力的区域核心竞争力，打造长三角世界品牌。

这种区域一体化发展的战略定位及其模式，意味着长三角不只是三省一市区域，也不只是中国的长三角，而且还是全球的长三角。因此，在我们推进长三角一体化发展进程中必须引入新理念、抱以新胸怀，具有不同于传统做法的落笔手势和手法。

（1）过去，我们只着眼于行政区划内的发展规划，依据自身的自然禀赋和比较优势，在行政边界“一亩三分地”上配置资源，谋求各自发展。区域之间的合作与协同只是作为地方发展的一种外生性补充。这已在我们日常工作中形成了根深蒂固的内向化观念。在长三角一体化发展背景下，我们必须树立起外向化发展的新理念，将地方发展寓于区域一体化之中，将区域一体化发展寓于全球化进程之中。在此过程中，寻求自身发展机遇，发挥各自独特优势，在增强长三角区域的全球竞争力的总体要求下来规划自身发展蓝图，并形成地方发展的内生性需求。

（2）过去，我们都立足于资源要素与大规模投资驱动，从而对资源要素与投资的争夺成为地方政府的一个主题，地方之间的政策竞争成为区域发展的主要动力之一。因此，形成了区域内竞争大于合作的基本格局，合作只有在不影响既有资源要素分配格局的情况下才得以开展。在长三角一体化发展背景下，我们必须树立起以创新发展作为区域一体化发展基本动力的新理念，形成“合作大于竞争”的新格局。区域内的竞争，主要是创新发展方面的竞争。这种竞争将促进更广泛的创新扩散，形成更多的创新群集。而在创新发展中，则可以寻找到更多的合作机会，构筑更多的合作平台，打造更多的合作载体，促进更多的合作项目，形成更多的合作成果，从而也促进区域一体化发展。

（3）过去，我们是在“零和博弈”中追求地方利益最大化，造福一方，保一方平安，“各扫门前雪”已成为一种潜意识。尽管在基于地方利益最大化的目标追求中，一些正的外部性对区域发展有积极作用，但作用相当有限；而更多负的外部性，甚至往往以邻为壑对区域发展产生消极影响。在长三角一体化发展背景下，必须树立起“非零和博弈”的地方利益最大化的新理念，在区域共享收益最大化中获得更多地方利益。这就要求我们服从和服务国家战略，顾全长三角一体化发展的大局，更好地协调发展和做大“蛋糕”，从而在分享更多共赢成果中实现自身发展。

在上述新的发展理念指导下，我们在推进长三角一体化发展的实际操作中，要着手打破传统格局，力争塑造新的发展格局。

首先，要打破沿袭已久的传统中心—外围的区域发展格局。长期以来，上海作为首位城市，在长三角处于中心位置，而周边城市及地区则作为外围。在这样一种等级制的空间结构中，外围的资源大量向中心集聚，而中心对外围的扩散和辐射则相对有限。推进长三角一体化发展，必须构建基于网络连接的区域一体化发展格局，即以城市为载体的各种各样节点相互连接的网络体系。这些节点之间是一种平等关系，只不过是因连通性程度不同而有主要节点与次要节点之分，各自在网络中发挥着不同的作用。而且，节点之间有着多层次的网络连接，存在不同类型的子网络，并非都向首位城市进行连接。因此，在长三角区域中，除上海之外，还应该有以杭州、南京、合肥等为核心的子网络发展。

其次，要打破三省接轨、融入上海的单向关联格局。在这种单向关联格局中，所谓的接轨、融入上海只是单方面、被动地承接上海的溢出效应、产业梯度转移等，同时这也不利于上海有效疏解非核心功能和提升核心功能等级。推进长三角一体化发展，必须构建双向连通的关联格局，特别是上海也必须主动接轨、融入其他城市和地区。这样，才能增强长三角网络连通性并发挥网络化效应，才能促进区域内更多的资源要素流动和合理配置，呈现出区域一体化发展的强大生命力和活力。

最后，要打破长期以来形成的功能单中心和垂直分工的空间格局。以上海独大、独强的功能单中心以及与周边城市及地区的垂直分工体系，不仅不利于增强区域整体竞争力，而且也不利于上海自身发展，因为世界上没有一个城市是全能、超能的。推进长三角一体化发展，必须重构功能多中心及水平协同分工的空间格局，即核心城市发挥龙头带动作用，各地扬其所长，形成专业化功能分工。这就要求上海按照建设卓越全球城市的要求，集中力量提升城市能级和核心竞争力，充分发挥全球资源配置的核心功能，南京、杭州、合肥、苏州等城市依据比较优势和特长发展某些特定功能及产业，形成各具特色功能的中心，甚至在某些功能的发展水平上超过核心城市，从而形成不同城市间的功能互补及相互之间功能水平分工，包括诸如航运、贸易、金融功能的区域水平分工，科技创新功能的区域水平分工以及区域产业链的水平分工等。这样，才能有效整合城市群的资源，形成城市间高度功能连接，从而充分提升长三角地区的国际竞争力和影响力。

为构建长三角一体化发展的新格局，首先需要打造相应的基础设施。这种区域一体化发展的基础设施，既是推进各项长三角一体化发展措施及其工作的基石，又是对长三角一体化发展产生深远影响的硬核。然而，人们通常关注的是交通、能源、信息等硬件的基础设施，这固然是非常重要的，但对于推进区域一体化发展来说是不够的；推进区域一体化发展，还应打造商务的基础设施、政策平台的基础设施。从长三角的现实情况看，在交通、信息等硬件基础设施方面已经有了较好的基础，目前的建设力度也很大，关键是后两个基础设施，目前还比较薄弱。

（1）健全互联互通的交通、信息基础设施网络。围绕建设畅行快捷长三角、安全高效长三角的目标，组织编制和实施各专项规划，以全面提升长三角交通、信息设施互联互通水平和能源互济互保能力。组织编制《长三角区域城际铁路网规划》，统筹都市圈城际铁路规划布局，着力加强地县级主要城镇间快捷交通联系，推进技术制式和运营管理一体化，实现运营管理“一张网”。组织编制《长三角民航协同发展战略规划》，统筹指导区域民航协同发展，科学配置各类资源，全面提升长三角世界级机场群的国际竞争力。率先建设高速泛在信息网络，重点推进5G、数据中心、量子通信等新一代信息基础设施协同建设。实施长三角打通省界断头路专项行动，尽快形成跨省交通网络化，更好发挥同城效应。按照开工一批、竣工一批、储备一批的要求，加快推进建设高铁、高速公路、国省道、天然气管网、电力等基础设施项目。

（2）完善统一高效的商务基础设施。以构建统一开放有序透明的市场环境为目标，重点从促进商务活动互联互通、优化营商环境等方面入手，以重点领域供应链体系、标准体系建设为重点，实现规则对接，进一步消除市场壁垒和体制机制障碍。进一步加强各地信息系统、征信系统建设以及相互衔接和连通，推进实施跨区域联合奖惩，率先在国内形成“失信行为标准互认、信用信息共享互动、惩戒措施路径互通”的跨区域信用联合奖惩模式。打造信用长三角一体化平台，实现三省一市信用信息的按需共享、深度加工、动态更新和广泛应用。在市场监管的基本信息、数据内容互联互通的基础上，共建监管标准衔接、监管数据共享、监管力度协同的合作机制，强化日常监管工作联动，健全市场监管合作体系，提升区域综合监管执法水平。建立长三角城市群间互联互通的工业互联网平台，促进基于数据的跨区域、分布式生产和运营，深入推动长三角智慧应用。建设一批跨区域的技术研发和转化平台，构建区域性的紧密互动的技术转移联盟。

（3）构建政策平台的基础设施。尽管目前长三角已形成了合作与协同的机制，三省一市的相关机构也逐步建立了情况通报机制，比如加强各地方立法的相互沟通，商议立法新增项目、立法的标准等，但这方面的基础设施总体上是薄弱的，甚至某些方面是欠缺的。要在已经形成的决策层、协调层和执行层“三级运作”机制的基础上，进一步深化完善常态长效体制机制，构建协调推进区域合作中的重大事项和重大项目等政策平台，加强跨区域部门间信息沟通、工作联动和资源统筹，推动人才资源互认共享、社会保障互联互通、食品安全监管联动等方面的合作。要构建公众参与区域政策的新型平台，形成公众参与政策制定与实施的作用机制，增强区域合作政策协调机制的有效性。

在构建三大基础设施的基础上，推进长三角一体化朝着四大集成的方向发展。一是经济集成。区域内各类城市之间具有潜在差异化的产业分工，形成开放型的区域产业链，特别是全球城市中的现代服务业与二级城市中其他类型服务活动的分工。二是关系集成。区域内不同城市之间信息、思想、人员、资本的强烈流动，包括由现代服务业日常活动引起的有形和无形流动。三是组织（网络）集成。通过现代服务业网络、产业价值链网络、创新及技术服务网络、交通网络、信息网络、政府网络、非政府组织网络、社会网络等，以不同方向、不同尺度连接区域内城市，并实现其互补性。四是政策集成。在区域层面存在着战略与规划、政策，乃至协调机制。

除了一体化的基础设施外，推进长三角一体化发展还需要有相应的载体。因为在区域一体化过程中，这种资源要素流动与配置并不是随机、无序、发散性的，而是基于相对稳定、固定的组织载体，从而是持续、有序、收敛性的。但这种资源要素流动的组织载体并不仅仅是我们过去通常所说并所做的具体项目，例如周边城市和地区承接上海外移或溢出的具体项目，或跨地区共建的合作项目，包括产业项目、科技项目、文化创意项目、部分社会项目（养老）、教育培训项目、医疗保健项目等。如果把项目比喻为水池子里的鱼，以项目为载体无非就是把这一水池子里的鱼放到另一个水池子里，或者把两个水池子合并为一个水池子来养鱼。这是有一定局限性的。一是从一个水池子放到另一个水池子，并没有增加鱼的数量，反而造成大家“抢鱼”的过度竞争现象；二是强行把鱼换到另一个水池子，有一个能否存活和良好生存的水土服不服的问题；三是鱼换水池子只是“一锤子买卖”，有一个合作可否持续问题。我认为，长三角一体化发展的主要载体是连接各大小水池子的接口（管道及龙头），首先是水的流动，然后是鱼的流动。这一接口越大，水池间有越多的活水，水池里的鱼就越多，鱼也就越能找到自己最理想的栖息地，鱼在水池间的流动也就越可持续。因此，关键在于构建这种基于网络的接口，作为长三角一体化发展的主要空间组织载体。具体来说，有以下主要类型。

（1）大都市区。这是长三角一体化发展的基础性空间组织载体。区域一体化发展的逻辑顺序通常是从大都市区走向城市群，而不是倒过来。这种大都市区由于地理上的毗邻，具有同城化程度高、联系较紧密、经济社会等方面联系的综合性较强、借用规模效应较明显、功能互补性较强等特点。因此，长三角地区各大都市区建设是当前一体化发展的重中之重。长三角一体化示范区建设在某种程度上是缩小版的大都市区建设，主要为大都市区建设提供可借鉴的经验及示范。大都市区建设主要解决城际轨交、不同城市功能定位、资源统筹使用、人员流动自由便利化、大都市区管理机构等问题。

（2）各种类型的廊道。这是长三角一体化发展的专业性空间组织载体。这种专业性的廊道，通常既源于大都市区，又超越大都市区向外延伸，作为一种城市群的中介，诸如目前的G60科技走廊，以及今后需要发展的专业化产业走廊、贸易走廊、生态廊道等。这种空间组织载体的特点是专业性强、以水平分工为主导、集聚密度高、关联紧密、具有品牌形象等。专业性廊道建设重点在于构建共享平台、标准化平台、交易平台，推进联盟化集聚和网络化运作。

（3）双向飞地。这是长三角一体化发展的重要空间组织载体。这种双向飞地主要基于产业链构造的基本逻辑，母地与飞地之间存在较强的产业关联，诸如在母地进行成果孵化，到飞地进行产业化，或者在飞地进行初级加工，到母地进行深加工等。这种空间组织载体的特点是上下游关联性强、共同参与度较高、经济联系紧密、运作管理较统一等，通常采取不同类型的园区形式。双向飞地建设的重点在于建立产业链分工、发挥园区集聚效应、形成合理的财税分享机制、实行园区统一管理体制等。

最后，特别要指出的是，如何形成有效的区域治理结构，特别是利益协调机制。这是推进长三角一体化发展的重要制度保障。在区域治理中，国内外都共同面临一个重大难题，就是如何处理好地点空间与流动空间之间的关系。因为在区域发展中，同时存在着地点空间与流动空间，除非在一个行政管辖区内。作为地点空间，有明确的各自行政管辖区边界和物理边界；作为流动空间，则是无边界的，是交集的、渗透的。这两个并存的空间具有天生结构性的“精神分裂症”。特别是在我国目前分税制的条件下，难以实行一些跨地区的基本统筹，更加凸显了这一“分裂症”，严重影响资源要素的充分流动和合理配置。因此，这关系到长三角一体化发展能否有实质性推进、能否达到战略定位的目标以及能否取得预期成效。

从国外经验来看，区域治理越来越趋向于既不是一种没有政府的纯粹“民间”治理，也不是政治性地构建一个单一区域空间的政府治理，而是一种国家、地方政府、企业等共同参与的混合治理结构。在这一混合治理结构中，根据各国和各地不同情况，又有所侧重，呈现不同协调模式。

一是以英国英格兰城市群、日本太平洋沿岸城市群为代表的中央政府特设机构主导协调模式。政府主导规划法案的制定和实施，并运用产业政策、区域功能分工、大交通、自然环境等许多专项规划与政策进行协调。二是以欧洲西北部城市群的市（镇）联合体为代表的地方联合组织主导协调模式。其明确了政府不干预规划的具体内容，市（镇）联合体可以对基础设施、产业发展、城镇规划、环境保护以及科教文卫等一系列活动进行一体化协调。三是以美国东北部城市群和北美五大湖城市群为代表的民间组织为主、政府为辅的联合协调模式。其由半官方性质的地方政府联合组织“纽约区域规划协会”（RPA）、跨区域政府机构“纽约新泽西港务局”等和功能单一的特别区共同协调。随着市场化趋势加速，民间组织在区域协调中的地位和作用越来越突出。长三角一体化发展的区域治理结构及其协调模式，可借鉴国际经验，并结合中国特色及长三角特点进行探索和实践。目前，主要是地方政府主导协调模式，成立长三角联合办公室是这方面的一个重要尝试。在保持现有行政区划的条件下，也可构想设立跨地区专业管理局，统筹管理区域某些如港口运输、环境治理等特殊专业事项，类似于跨区域政府机构“纽约新泽西港务局”。另一方面，要积极推进长三角行业协会、智库、企业家联合会、金融公会、教育联盟等跨地区民间组织发展，搭建区域内各种平等对话的平台，让更多的企业和民间组织参与到区域治理中来，形成多种利益集团、多元力量参与、政府组织与非政府组织相结合、体现社会各阶层意志的新公共管理模式。

在区域治理中，规划引导是一种重要的协调机制。除了国家层面的长三角一体化发展战略和国土空间方面的规划，解决区域的发展定位、城市体系、轴带模式等宏观问题外，区域协调更为关注城市生态发展、环境保护、技术手段等实际的细节问题，更多发挥专业技术的沟通与协调角色，以专项规划研究和引导为重点。这种更容易促成不同利益主体达成共识。这些专项规划研究通常采取大型化策略，即兼顾多种管辖性、考虑多个目的性和强调多种相关问题的综合性（包括环境、经济、生物群落等）、引入多方利益相关者、注重多尺度操作性（在不同的地理尺度采用不同的管制措施和政策）。因此，特别要指出的是，不能单纯由政府部门来研究这些专项规划，而要由利益相关者成立一个多部门的联合机构，包括协会、专业委员会等民间力量，关键是聚焦各方关注的问题，重在建立一个对话和信息交换的有效平台，能够用先进的科学和技术辅助决策，找准各方利益结合点和平衡点，协调多方面利益，就相关问题达成共识。这些专项规划研究要有十分严谨细致的科学方法，保证基础数据的准确性和翔实性，提高研究的细致和深入程度，得出应该如何治理，应该如何进行资源集成的结论，从而具有很强的权威性。但这不是政府权力的权威性，而是技术的权威性。这些专项规划研究的数据和结论都要真实详尽地在网上公布，对全社会开放，供政府、企业和公众随时取用。

在区域一体化发展中，地方利益最大化是客观存在的，地方政府“屁股指挥脑袋”也是一种常态。我们不能忽视这一现实，更不能刻意淡化这种利益存在，而是要建立起一个有效的利益协调机制。其前提是，在各项区域合作中，必须把涉及的不同利益诉求摆到桌面上来，使各地利益及其相关者利益显性化、明晰化、格式化，运用科学的评判标准及方法对利益链进行合理切割，对各方利益诉求进行评估，形成利益识别机制。在此基础上，寻求利益共享和共赢的最大公约数，形成利益分配机制。对于一些可交换的利益，例如水务、碳排放权、排污权、用地指标等，探索建立事权交易制度。对于一些明显受损的利益，建立相应利益补偿机制，诸如生态保护补偿等。为保证合作中的各方正当权益不受侵犯，要探索建立权益保护及解决利益争端机制。目前，这方面工作是比较薄弱的，但也是难度很大的，不仅是硬件建设的问题，而且更是制度、软件建设的问题，甚至会触及深层次的体制机制改革。

长三角一体化发展，是时代的要求，国家战略的需要。它既要有深入的理论研究，找出规律性的东西；又要有创新的实践，走出自己的道路。但愿这套丛书能在理论指导与实践总结中发挥应有的作用。

周振华

上海市经济学会会长

上海全球城市研究院院长

首届长三角一体化发展专家咨询委员会委员

2020 年 5 月

前　言

中国幅员辽阔、人口众多，各地区自然资源禀赋差别较大，统筹区域发展一直是我国经济社会发展中的一个重大问题。中华人民共和国成立后，我国区域发展战略经历了几次重大调整：从新中国成立初期的“三线”建设，到改革开放初设立经济特区、开放沿海城市，再到 20 世纪 90 年代中后期实施西部大开发、振兴东北地区等老工业基地、促进中部地区崛起等战略部署。2018 年 11 月 5 日，习近平总书记在首届中国国际进口博览会上宣布支持长江三角洲区域一体化发展并上升为国家战略，这是党中央继提出京津冀协同发展、长江经济带发展、共建“一带一路”、粤港澳大湾区建设之后又一重大区域发展战略。

长三角是我国开放度最高、经济最活跃的地区之一，也是“一带一路”与长江经济带重要的交会地带，在全国具有举足轻重的地位。加快推动长三角区域一体化发展，提高经济集聚度、区域连接性和政策协同效率，对探索区域一体化发展制度创新和路径模式具有重大意义。从国际来看，以超大城市群参与国际竞争已成为全球发展大趋势，长三角区域一体化发展有利于提升中国区域发展整体效能和核心竞争力；从国内来看，长三角区域一体化发展有利于推动安徽、江苏北部、浙江西部的发展，辐射带动长三角以外地区，引领全国高质量发展。

改革开放以来，长三角区域合作在政府主导和市场作用下发展。1982 年底正式成立的上海经济区被认为是长三角区域一体化的最早尝试。1992 年，上海牵头南京、杭州等 15 个城市建立长江三角洲城市协作部门主任联席会议制度，随后建立长江三角洲城市经济协调会制度，这是一体化发展的重要节点。当前我国已全面建成小康社会、实现第一个百年奋斗目标，正开启全面建设社会主义现代化国家新征程。面向未来，长三角区域一体化发展必将进入多形式、宽领域、深层次的深化提升阶段，形成区域发展共同体。正如中共上海市委书记李强指出，我们要更加自觉地以“共同体”意识审视和推进长三角区域一体化发展，把“共同体”意识进一步弘扬开来，把一体化发展“硬核”打造得更加强大、更有竞争力，强化分工合作、整体联动，各扬所长、相互赋能，使长三角真正成为休戚与共的区域共同体、发展共同体和命运共同体。

新一轮长三角区域一体化发展正纵深推进。长三角生态绿色一体化发展示范区揭牌、沪杭甬三市地铁二维码实现互联互通、杭（州）黄（山）高铁通车、长三角地区异地就医门诊费用直接结算试点开启、长三角区域养老一体化首批试点单位公布……长三角一体化发展驶上了“快车道”，形成了从“三级联动”到“合署办公”的区域合作推进机制。沪苏浙皖“三省一市”按照党中央、国务院的决策部署，进一步提高政治站位，聚焦“一体化”和“高质量”两个关键，坚持上海龙头带动作用，苏浙皖各扬其所长，准确把握共性与个性、竞争与合作、集聚与辐射的关系，充分调动各地各方积极性、主动性和创造性，持续推动《长江三角洲区域一体化发展规划纲要》各项目标任务落地落实，涌现出了大量多姿多彩的一体化合作实践创新成果。

《智库视角：长三角区域一体化发展创新实践》以推动长三角区域高质量一体化发展为目标，智库专家们从不同视角开展多层次、全景式的深入研究，充分展示“三省一市”区域合作实践的创新成果。书中的 14 个案例包括长三角生态环境共保联治、科创产业融合发展、基础设施互联互通、公共服务便利共享、毗邻地区合作共建、合作机制推进等，从不同侧面生动反映了“三省一市”积极落实国家战略所取得的重要进展和成效，具有积极的理论价值和实践意义。

长三角区域一体化发展是一个巨大的系统工程，涉及众多领域、各个层面、诸多方面。虽然发展已取得明显进展，并积累了不少好的经验做法，但是，面对新形势和新发展要求，长三角区域一体化发展仍有许多难点需攻克，如环境保护一体化中的深化联防联治问题、市场一体化构建中的共同市场问题、产业发展布局中的错位问题等，都需不断深化突破。要结合新形势新要求，坚持目标导向、问题导向，确立新路径、建立新机制。

新时代迎来新机遇。长三角区域一体化发展，既要有深入的理论研究，也要有解剖“麻雀”的案例研究。希望本书总结提炼的经验做法能在促进“三省一市”互学互鉴、共同推进长三角区域一体化高质量发展进程中发挥积极作用。

目　录

综合发展篇

长三角区域一体化合作体制机制探索

长三角区域一体化合作机制从无到有、从局部到全面、从市级到省级、从协调到统筹、从小范围到大区域，经历了长期的探索历程。改革开放以来，长三角三省一市为适应经济社会快速发展要求，积极借鉴国内外区域合作经验，立足发展实际，探索了一套有效的合作机制框架。长三角一体化发展上升为国家战略后，如何从更高起点完善合作机制，更好地支撑长三角高质量一体化发展，正日益成为各方共识和努力方向。

一、缘起与背景

长三角地区地缘相近、经济相融、血缘相亲、文化相通。中华人民共和国成立后，以华东局的合作为基础，①长三角逐步建立了有建制的行政管理主体。但长三角区域一体化合作机制主要是在改革开放后建立、发展和逐步完善的。

（一）长三角区域一体化合作机制形成的背景

长三角区域一体化合作机制的形成与我国改革开放整个进程同步、与长三角地区经济社会发展的内在要求紧密结合，体现了长三角地区从计划经济向市场经济迈进中的创新实践和对全国的示范带动作用。

① 1945 年 9 月，由山东分局和北上的华中局合并组成中共中央华东局，成为六大地方局之一，1949 年迁往上海，但其后取消。1961 年 1 月 18 日，中共八届九中全会批准恢复中共中央华东局，1966 年中共中央华东局再次取消。华东局的成立是为适应当时发展形势，在新中国成立初期国家治理地方时起了较大的作用，也为长三角地区政府间合作奠定了实践基础。

1. 市场经济发展与对外开放的共同驱动

市场经济快速发展的内在要求和改革开放的强大动力是推动长三角区域一体化合作机制形成的根本。十一届三中全会后，我国开启改革开放征程，长三角地区市场化步伐加快，其中江苏和浙江的发展路径不相同：江苏省以发展乡镇企业为核心，浙江省则构建以小商品市场和各类专业批发市场为核心的网络，明确从内向型经济向外向型经济转变。[①]在此背景下，长三角工业化、城市化基础较薄弱，无法满足国内外市场需求，中央由此决定以派出机构方式，对长三角区域进行规划协调，以中心城市和工业基地为依托，集聚优质要素资源，形成区域发展合力。20 世纪 90 年代全国掀起新一轮改革开放热潮，浦东开发开放对长三角区域的引领作用非常明显，但计划经济和行政壁垒双重障碍，减弱了城市资源配置能力，长三角区域各城市不断提出融入长三角、推进分工协作、提高资源配置范围的诉求。

2. 经济全球化和区域一体化大趋势的带动

进入 21 世纪以来，经济全球化和区域一体化趋势日益明显。我国加入世界贸易组织（WTO）后，渐进式开放转变为全方位对外开放，站在改革开放前沿，以外向型为主的长三角地区深刻感受到这种冲击。党的十四大明确把建立社会主义市场经济体制作为我国经济体制改革新目标，并提出“以浦东开发开放为龙头，进一步开放长江沿岸城市，尽快把上海建设成国际经济、金融、贸易中心之一，带动长江三角洲和整个长江流域地区经济的新飞跃”的重大战略定位，长三角逐步成为全国改革开放“前沿阵地”。此时，长三角经济和城市化呈现高速发展态势，中心城市集聚资源水平和辐射资源能力急速增长，国内市场体系面临深化改革，传统制造业亟待升级。长三角合作机制从城市间合作向更高层级省级合作发展，合作范围、协调力度、分工模式逐步顺应经济全球化、区域一体化趋势。

3. 内涵式高质量发展模式的内在要求

2008 年全球金融危机爆发及后续影响，促使长三角地区经济转型升级步伐加快。长期依靠外资拉动效应逐步减弱，能源消耗和生态环境压力大，长三角资源环境要素的瓶颈制约日益突出，土地资源紧缺、土地开发

---

① 左学金，王红霞，等.世界城市空间转型与产业转型比较研究［M］.2 版.北京：社会科学文献出版社，2017.

强度大、建设用地比重大，可供工业开发的土地面积大幅下降，制造业支撑能力明显降低，此时长三角适时进行战略调整，加快新旧动能转换。同时，“同城化”效应突出，市场一体化机制日益成熟，空间布局一体化开始突破，长三角进入高质量一体化发展阶段的时机已成熟。与世界前五大城市群①相比，长三角规模大、基础设施较完善，但在创新联动、社会领域一体化、次级城市群发展等体现高质量发展“软实力”等诸多方面存在明显差距。为此，需要聚焦优势，补齐短板，找准路径，优化机制，推进实施长三角高质量一体化发展，②相应的一体化合作机制也需要加强。

（二）长三角区域一体化机制的发展历程

由于我国经济社会发展阶段不同、长三角合作发展的内在要求不同，以及一体化机制实施的方式、特点和路径等不同，长三角区域一体化合作机制可分为五个发展阶段（见表 1），划分主要基于以下四点考虑：

一是国家经济社会发展关键历史节点。长三角区域一体化合作机制发展是与国家战略和经济社会发展阶段相契合的渐进过程。如 1989 年为我国城镇化高速发展启动节点，长三角高速城镇化对人口集聚与布局带来巨大影响；2000 年我国加入 WTO，是深化改革开放的历史节点，对长三角区域一体化合作机制起了重要作用。

二是合作机制适应经济社会发展阶段。合作机制是通过调整生产关系来适应和推动生产力发展的过程，长三角区域一体化合作机制对长三角生产力起支撑作用。超越发展阶段的合作机制很难在现实条件下先付诸实施。2000 年前后学界已经提出长三角一体化概念和区域一体化机制，但在当时经济水平条件下无法真正实施。

三是合作机制变化中发生的重大事件。长三角经济社会快速发展要求合作机制作重大调整。如在城市合作上升到省级合作中，2001 年沪苏浙经济合作与发展座谈会和 2003 年“三省一市”主要领导座谈会的召开，是省级合作阶段的两个重要节点，而且是经过几年酝酿才产生的。

① 目前在全球范围内公认的世界级城市群有：美国东北部大西洋沿岸城市群、北美五大湖城市群、日本太平洋沿岸城市群、英伦城市群、欧洲西北部城市群。城市群是多核心、多层次城市集团，是大都市区的联合体，依托发达的交通通信等基础设施网络，空间组织紧凑、经济联系紧密、高度同城化和一体化。

② 卷首语［J］.长三角观察，2019，4.

表 1　长三角区域一体化合作机制历史沿革表

	节　点	特　征	最高层会晤	组织形式	范　围	备　注
第一阶段 1982 — 1988	1982 年 12 月	计划协调	省、市长会议制度	中央派出机构协调	上海、苏州、无锡、常州、南通、杭州、嘉兴、湖州、宁波、绍兴	1984、1986 年做过三次调整； 1988 年 6 月撤销
	1986 年				上海、江苏、浙江、安徽、江西、福建	
第二阶段 1989 — 2000	1992 年	城市合作	长三角城市协作办主任联席会议	成员城市合作	上海、南京、苏州、无锡、常州、扬州、镇江、南通、杭州、嘉兴、湖州、宁波、绍兴、舟山	扬州拆为扬州和泰州，联席会议成员增至 15 个
	1996 年				上海、南京、苏州、无锡、常州、扬州、泰州、镇江、南通、杭州、嘉兴、湖州、宁波、绍兴、舟山	
	1997 年		长三角城市经济协调会市长联席会议		上海、南京、苏州、无锡、常州、扬州、泰州、镇江、南通、杭州、嘉兴、湖州、宁波、绍兴、舟山	

续表

	节　点	特　征	最高层会晤	组织形式	范　　围	备　　注
第三阶段 2001—2007	2001 年	省级合作	沪苏浙经济合作与发展座谈会	副省级会议	上海、江苏、浙江	
	2003 年 8 月				上海、南京、苏州、无锡、常州、扬州、泰州、镇江、南通、杭州、嘉兴、湖州、宁波、绍兴、舟山、台州	
	2005 年		沪苏浙主要领导会晤	省级会议	上海、江苏、浙江	
	2007 年		沪苏浙皖主要领导会晤	决策层、协调层和执行层框架体系	上海、江苏、浙江、安徽	合肥市、盐城市、马鞍山市、金华市、淮安市、衢州市加入城市经济协调会
第四阶段 2008—2017	2009 年	转型升级	沪苏浙皖主要领导会晤		上海、江苏、浙江、安徽	芜湖、滁州、淮南、丽水、温州、徐州、宿迁、连云港加入城市经济协调会
	2013 年					
第五个阶段 2018—至今		一体化合作		上下联动、统分结合、三级运作、各负其责	沪苏浙皖	

注：根据 2008 年《长江三角洲区域合作协调机制研究》（上海社科院课题组）等材料整理。

四是考虑合作机制解决的重点问题。合作机制是为破除行政壁垒带来的经济社会发展障碍，但不同阶段的重点问题不同。初始阶段，由于交通基础设施落后，城市间的要素资源流动需求无法得到满足，合作机制以解决要素资源为主。随着同城化效应逐步发展，合作领域从经济向社会方面发展，合作形式也相应变化。

1. 第一阶段（1982—1988）：计划协调阶段

国务院于1982年12月22日决定成立上海经济区，由国家计委、国家经委、上海市、江苏省、浙江省、机械部、水电部、交通部、化工部、电子部、纺织部、轻工部、经贸部的负责同志组成上海经济区规划办公室。其范围是：以上海为中心，包括苏州、无锡、常州、南通和杭州、嘉兴、湖州、宁波、绍兴等10个城市。以后进行了三次重大区划调整。第一次在1984年10月18日，国务院主要领导作出关于扩大上海经济区区划批示，由原来10个市调整为“三省一市”，即上海市和江苏、浙江、安徽省。第二次在1984年12月6日，国务院将江西省也纳入上海经济区范围。第三次在1986年8月19日，国家计委发给福建省人民政府通知，同意福建省加入上海经济区。上海经济区规划办公室的成立打破了行政区界限，以经济区为单位组织和管理区域经济事务，为之后长三角合作机制形成和完善积累了丰富的协调经验，奠定了坚实的实践基础。

专栏1

国务院上海经济区规划办公室

国务院的派出机构，又是上海经济区省、市长会议的办事机关，是改革试验，其职能主要是规划、联合和协调，“从国民经济发展的全局出发，统筹安排，制定经济区内的经济、社会发展规划，协调经济区内部门之间、地方之间和部门与地方之间的关系，促进生产力的发展，使经济区同全国经济的发展紧密地结合起来”。在历次会议的推动下，先后确立交通、能源、外贸、技术改造及长江口、黄浦江和太湖综合治理等为规划重点，提出了十大骨干工程；促进了省市间交流，特别是经济往来，带动企业开展横向经济合作。但是，在当时计划经济条件下，经济区与行政区不一致带来的种种矛盾超出了上海经济区规划办公室的职能范围，只能以协调为主，无法统筹配置资源，而多数地区盲目追求冠名效应，造成经济区发展规划难以落实，项目推进乏力，1988 年上海经济区停止运行。

---

2. 第二阶段(1989—2000):城市合作阶段

1992 年，经 14 个城市倡议建立长江三角洲协作办主任联席会议制度，以上海为核心，包括南京、苏州、无锡、常州、扬州、镇江、南通、杭州、嘉兴、湖州、宁波、绍兴、舟山等 14 个城市。之后扬州拆为扬州和泰州两市。1997 年，联席会议升格为长江三角洲城市经济协调会（以下简称协调会）。协调会按城市笔画顺序每两年在执行主席方城市举行一次市长会议。常务主席方为上海市，常设联络处设于上海市人民政府合作交流办公室，执行主席方由各城市轮流担任，任期两年。2003 年，接纳台州市为正式成员。自 2004 年开始，市长会议每年举行一次。协调会的工作经费以会费方式由各成员城市共同承担，集中使用。至 2006 年，观察员城市包括盐城、连云港、淮安、徐州、金华、衢州、丽水、合肥、马鞍山、芜湖、滁州、淮南、巢湖。自 1997 年至今，协调会每年设立专题和专项，以此带动其他政府部门共推区域合作。这一阶段以长三角各城市自发推进合作为基本特征，为长三角从广度和深度上开展全面合作积累经验，奠定基础。

3. 第三阶段(2001—2007):省级合作阶段

2001 年，上海、江苏、浙江两省一市政府领导共同发起组织“沪苏浙经济合作与发展座谈会”，由两省一市常务副省（市）长主持，分管秘书长、发改委主任、联络组和合作专题组负责人一起参加。2003 年 7 月，习近平在浙江工作时提出“八八战略”，其中第二条就是“进一步发挥浙江的区位优势，主动接轨上海、积极参与长江三角洲地区合作与交流，不断提高对内对外开放水平”。之前习近平率领浙江省党政代表团对上海和江苏展开学习考察，其间习近平提议设立长三角地区主要领导定期会晤机制，并取得共识。2005 年 12 月，长三角启动两省一市主要领导座谈会制度，标志着区域合作已纳入两省一市最高决策层视野，为推动长三角区域经济一体化向更深层次迈进注入强大动力，长三角以自上而下和自下而上为特征的合作框架体系逐步形成。为将合作机制以制度形式固化下来，成为长三角各省市遵循的共同纲领，2007 年由上海市发改委牵头，集中沪苏浙专家学者，在充分吸取国内外城市群合作机制经验的基础上，提出决策层、协调层、执行层组成的合作机制框架，形成“三级运作，统分结合”运作机制（见图 1）。

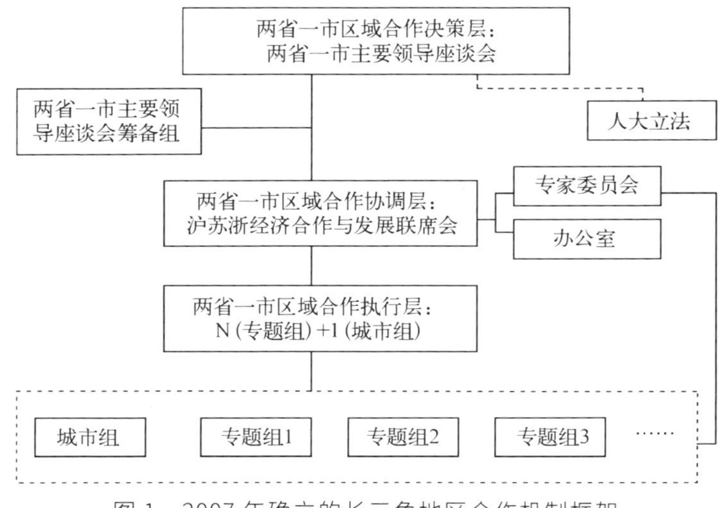

图 1　2007 年确立的长三角地区合作机制框架

采取决策层领导下的协调层总负责制。决策层是最高决策机构，负责领导协调层和执行层，决策层通过建立形成两省一市主要领导座谈会制度运行，主要职责是统筹整个长三角区域经济、社会、文化等发展中的重大事宜及布局建设，制定一体化长期发展规划与战略目标；协调层在决策层领导下直接领导执行层开展工作，直接对决策层负责，负责运作联席会议制订的发展规划与战略；执行层由城市、交通、能源、信息、科技、环保、信用、社保、金融、涉外服务、工商管理等“1+10”专题组组成，是具体操作部门，主要职责是把各专业委员会的工作，具体分到各个部门进行贯彻实施。经过十多年运作，这套合作框架机制对推进城市合作起了良好作用，为最终形成一体化合作机制打下坚实基础。

4. 第四阶段（2008 — 2017）：社会多方参与的升级阶段

2007 年在上海召开的两省一市主要领导座谈会上，围绕在新历史起点上推动长三角率先发展、科学发展、和谐发展进行了深入探讨，对进一步加强长三角区域合作、完善合作机制提出了新要求。2009 年 11 月在苏州举行的长三角地区主要领导座谈会则明确安徽作为正式一员出席。至此，长三角合作形成“3+1”的新局面。2013 年开始，长三角地区合作机制中，长三角经济协调会陆续成立了旅游、新型城镇化、品牌、会展、健康、创意经济产业六个专业委员会，成为协调会下设机构，各专业委员会探索城市、企业、研究机构、高校等单位共同参与，运用不同的组织和运作模式开展工作。长三角经济协调会专业委员会的建立标志着长三角合作机制向社会化的深入迈进（见图 2、表 2）。2014 年，《国务院关于依托黄金水道推动长江经济带发展的指导意见》提出以上海为中心，南京、杭州、合肥为副中心，这是中央层面首次明确地提出将安徽省纳入长三角。

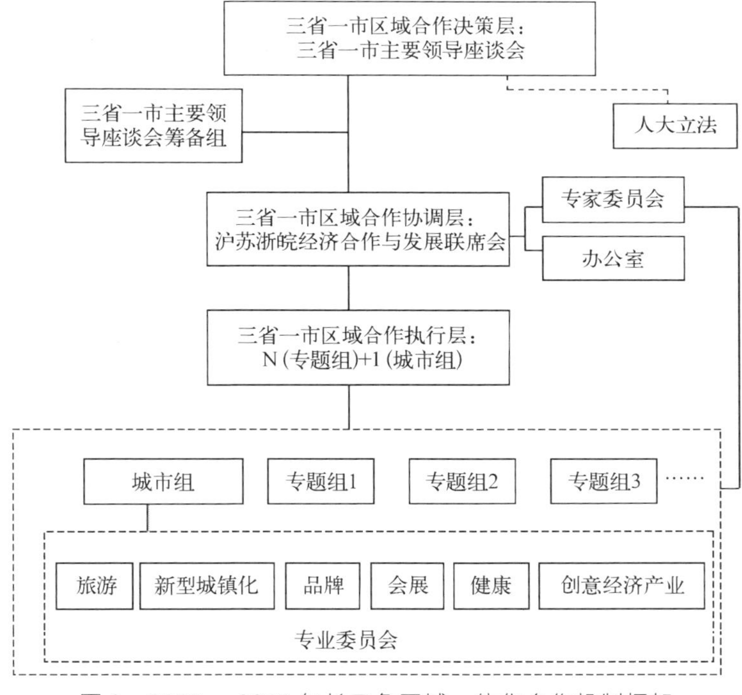

图 2 2008 — 2017 年长三角区域一体化合作机制框架

表 2 长三角经济协调会专业委员会

序号	名称	成立时间	牵头单位	参与共建城市
1	旅游专委会	2013 年 4 月 13 日	南京市发改委、南京市旅游委	南京、镇江、扬州、淮安、盐城、泰州、芜湖、马鞍山、滁州、宣城和湖州

续表

序号	名称	成立时间	牵头单位	参与共建城市
2	新型城镇化	2014 年 3 月 30 日	上海市合作交流办公室、同济大学	上海、杭州、无锡、苏州、嘉兴、舟山、绍兴、金华、宁波、衢州、台州、温州、湖州、常州、南通、泰州、盐城、淮安、宿迁、连云港、马鞍山、芜湖、镇江、南京、扬州、滁州、淮南、合肥等
3	品牌	2014 年 3 月 30 日	上海市经济和信息化委员会、上海市政府合作交流办、上海社科院	上海、杭州、宁波、南京、合肥、苏州、无锡、马鞍山、嘉兴、丽水、徐州、连云港、常州、南通、泰州、金华、舟山和太仓等 18 个城市
4	会展	2014 年 3 月 30 日	宁波市人民政府、浙江万里学院	杭州、南京、无锡、合肥、嘉兴等 12 个城市
5	健康	2015 年 3 月 30 日	扬州市人民政府、上海朵云轩集团	上海、南京、杭州、宁波、合肥等 20 个城市共 67 个部门
6	创意经济产业	2016 年 3 月 26 日	东华大学旭日工商管理学院	长三角 30 个成员城市

5. 第五阶段（2018 —现在）：上升为国家战略的发展阶段

2018 年 11 月，习近平总书记在上海首届中国国际进口博览会上宣布长三角一体化上升为国家战略，这是继京津冀协同发展、粤港澳大湾区建设等之后，完善我国改革开放空间布局的区域发展战略，在引领国家区域发展中具有巨大意义。国家对长三角一体化发展寄予厚望，希望长三角通过高质量一体化发展进一步释放区域生产力，成为全国区域一体化发展"领头雁"，推动新型城镇化走向更高阶段。2019 年 12 月 1 日，中共中央、国务院印发了《长江三角洲区域一体化发展规划纲要》（以下简称《规划纲要》），明确成立推动长三角一体化发展领导小组，统筹指导和综合协调长三角一体化发展战略实施，研究审议重大规划、重大政策、重大项目和年度工作安排，协调解决重大问题，督促落实重大事项，全面做好长三角一体化发展各项工作。领导小组办公室设在国家发展改革委，承担领导小组日常工作，沪苏浙皖“三省一市”相继成立省级长三角领导小组办公室（见图3）。

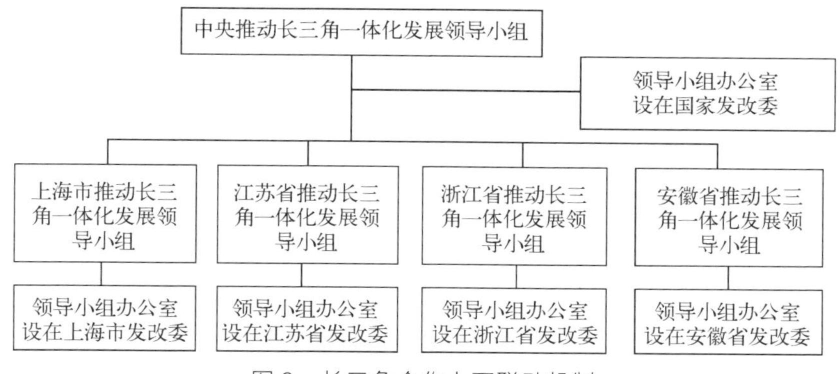

图3 长三角合作上下联动机制

2018年1月，在中共上海市委书记李强倡导下，长三角区域合作办公室正式成立，三省一市抽调人员实现联合集中办公，3月正式发文。主要职责是研究拟订长三角协同发展战略规划，以及体制机制和重大政策建议，协调推进区域合作的重要事项和重大项目，统筹管理长三角合作与发展共同促进基金、中国长三角网站等，着力协调解决省际合作重大问题，开展协同创新路径研究，推动改革试点经验复制共享等。形成“三级运作”新机制：决策层是三省一市主要领导座谈会，协调层是长三角地区合作与发展联席会议，执行层是各种专题合作组（见图4）。积极探索省际跨区域协同发展新机制是国家《规划纲要》明确的重要任务，长三角已先后搭建了G60科创走廊、嘉昆太协同创新圈、长三角“田园五镇”乡村振兴先行区、长江口生态保护战略协同区等一批合作平台，取得了积极进展和成效。

2019年11月19日《长三角生态绿色一体化发展示范区总体方案》（以下简称《总体方案》）发布，要求在跨省级行政区、没有行政隶属关系、涉及多个平行行政主体的框架下，率先探索区域生态绿色一体化发展制度创新。同年11月1日，沪苏浙两省一市共同召开示范区建设推进大会，示范区执委会揭牌。示范区执委会共设5个工作组：综合协调组、政策法规组、生态和规划建设组、营商和产业发展组、公共服务和社会发展组。按《总体方案》，执委会享有省级项目管理权限，负责先行启动区内除国家另有规定以外的跨区域投资项目的审批、核准和备案管理，以及联

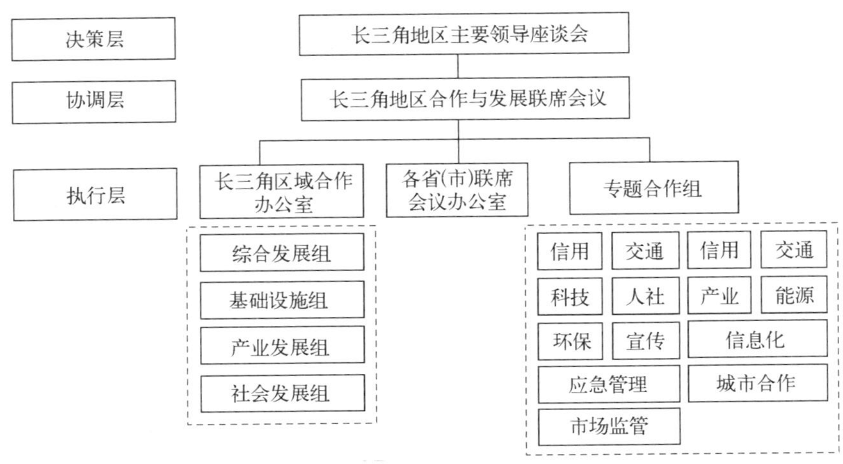

图 4　长三角区域一体化合作机制

协调范围：沪苏浙皖 41 个城市。
协调方式：上下联动、统分结合、三级运作、各负其责。

合两区一县政府行使先行启动区控详规的审批权。2020 年 8 月 25 日，长三角生态绿色一体化发展示范区开发者联盟成立大会在上海举行。中国长江三峡集团、阿里巴巴集团、华为技术有限公司等 12 家行业巨头、高校院所，正式成为长三角生态绿色一体化发展示范区开发者联盟的创始成员单位。

为创新示范区建设的体制机制保障，关键要在管理上处理好四个关系：一是与上下的关系，既要构建起两省一市党委政府主要领导亲自抓改革、决策示范区重大事项的工作机制，又要畅通与国家领导小组办公室沟通对接机制，积极争取国家支持，还要充分激发属地政府参与示范区建设的积极性和创造性。二是与左右的关系，构建示范区推进机构与两区一县属地政府“统分结合、各司其职”的运作机制，发挥好两省一市条线部门谋划、设计和推进一体化制度创新的主体作用，形成推进合力。三是统和分的关系，不打破行政隶属关系和行政区划，推进一体化制度创新，示范区推进机构既要加强统筹协调，统筹好规划、落实好制度创新，又不能管得太多，要与地方党委政府承担起共同但有区别的责任。四是政府和市场的关系，在示范区建设中建立起能够捆绑两省一市共同利益的市场化运作平台，政府部门共同构建投入机制、加强政策保障，确保示范区可持续发展。

二、做法与举措

经过20多年的发展，长三角区域一体化呈深层次、多领域发展态势，合作机制日益向制度化、规范化和法治化发展，尤其是上升为国家战略后，合作机制创新更成为重要环节。坚持全面深化改革，破除制约一体化发展的制度壁垒和障碍，建立统一规范的制度体系，形成要素自由流动的统一开放市场，为更高质量一体化发展提供强劲内生动力，成为长三角合作机制主旋律。

（一）由易到难，持续推进

长三角区域一体化推进，采取先易后难、成熟一个先行一个的务实原则，循序渐进，逐步深化合作内容。合作初期，选择以利益容易达成一致、竞争较少的旅游领域先行，在旅游线路、旅游标识等方面率先开展合作和区域性规划布局，取得较好效果。在高铁推动下，同城化效应日益显现，助推交通基础设施之间进一步合作。总之，三省一市以推进高质量发展为目标共识，积极从局部性合作转向全局性谋划，从事务性合作转向政策性接轨，从阶段性合作转向制度性安排，从务虚交流转向贯彻落地，提升合作广度和深度。随着沪苏浙皖人均经济总量进入中等发达国家水平，对社会转型关注度增强，区域合作诉求不断提高。因此，长三角合作机制从单纯经济合作向全面合作转变，以基础设施、就业、旅游等为主，向社会保障、文化、生态、诚信、智慧等发展。

（二）由虚到实，深度发展

上海经济区办公室撤销后，长三角区域一体化合作机制从务虚开始，长三角经济协调会合作机制就是在学界倡议推动下，在政府间形成对话机制，再开展论坛、项目合作、专题研究等多种形式。伴随改革开放深入推进和地区经济发展，长三角各城市合作诉求不断提高，在从要素合作向制度合作过程中，延续了课题研究—项目推进—标准制定—制度制定的过程。经过一个阶段的运作，最后形成常态化合作机制——建立联席会议制度，将合作机制固定下来。其后，在长三角合作平台不断健全的情况下，长三角城市间一系列要素自由流动政策也不断出台。其间，长三角地区智库机构和社会组织发挥了积极作用，如由上海社会科学院牵头，江苏、浙江、安徽三省社科院联合建立长三角研究中心，轮流举办长三角高层论坛，出版长三角发展研究成果，浦东干部学院和三省一市党校系统也形成交流合作机制。

（三）规划先行，机制跟进

为发挥长三角地区对国家区域发展的引领作用，《国务院关于进一步推进长江三角洲地区改革开放和经济社会发展的指导意见》《长三角区域规划》《国务院关于依托黄金水道推动长江经济带发展的指导意见》《长江三角洲区域一体化发展规划纲要》等一系列规划不断出台。这些区域规划是基于长三角区域发展趋势进行要素资源的布局，而合作机制必须为区域规划提供制度安排，为经济社会发展主体提供政策保障。经过多年积累，长三角合作机制为规划实施的匹配提供了重要经验。如《长江三角洲区域一体化发展规划纲要》提出“上海发挥龙头带动作用、苏浙皖各扬所长”。各省市积极与上海接轨的体制机制也逐渐建立起来。在杭州、南京、合肥等副中心城市，以及苏州、宁波等发达城市齐头并进的基础上，相应的城市平台网络逐步形成，对长三角一体化起到了巨大支撑作用。

（四）政府主导，社会参与

在推进国家战略过程中，以城市、部门之间政府条块合作为基础，市场、社会化力量融入，成为长三角一体化发展的重要经验。初期长三角地区合作发展机制基本以各职能部门为基本单元展开，市场化要素介入程度较低，与企业、社会机构等社会力量相隔甚远。随着政府职能转变，长三角行业协会、中介机构等社会组织开始逐步介入合作平台，并发挥积极作用。如长三角经济协调会设立的专业委员会，采取了城市政府部门、研究机构、高校和企业牵头的多元化社会参与模式。社会力量成为政府与企业之间的“润滑剂”，也是行政协调机制建设至关重要的有机组成和促进力量。正是由于社会参与程度不断加强，长三角形成了自上而下与自下而上相互融合的多层次合作模式。

（五）制度规范，多层发展

长三角区域一体化机制形成是一个逐步从无序到有序、从自发到自觉、从要素合作向制度合作的过程。通过体制机制建设，推进长三角融入国家总体战略和布局，提升区域整体竞争力。将合作上升为有据可依、有法可依的过程是区域一体化机制向规范化发展的基本规律。目前，长三角逐步形成了统一的合作平台，以法破除地方保护主义、法规规章相冲突、执法依据不一等弊端，法制化方向发展不断深入。各成员城市以合作机制和联席会议制度等为平台，依法、依制度开展一系列合作，合作范围不断扩大，合作程序不断规范，合作成果不断涌现。

（六）示范带动，全局突破

长三角生态绿色一体化发展示范区横跨沪苏浙，毗邻淀山湖，探索从项目协同向全面一体化合作模式转变，实现共商、共建、共管、共享、共赢的目标，打破行政壁垒，聚焦一体化制度创新，建立有效管用的一体化发展新机制，为生态与经济和谐及可持续发展提供先行示范。示范区实行“理事会+执委会+发展公司”的“三层次”管理架构，理事会由两省一市政府常务副省（市）长轮值，负责研究确定一体化示范区建设的发展规划、制度创新、改革事项、重大项目、支持政策和协调推进，同时积极探索市场化、社会化治理机制，组建企业家联盟，广泛吸纳国内外知名企业家、国际机构领导人、知名科研机构、智库等参与示范区治理。执委会作为理事会执行机构，主要负责一体化示范区发展规划、制度创新、改革事项、重大项目、支持政策的研究制定和推进实施。发展公司作为示范区开发建设主体，是一个市场化的投资运作平台。通过公布示范区共建共享公共服务项目清单，构建示范区人才资源共享、政策协调、制度衔接、服务贯通的合作新机制（见图 5）。

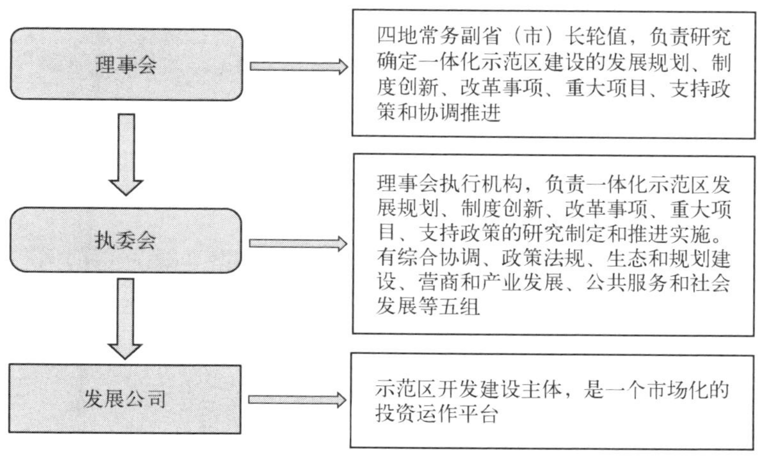

图 5　长三角生态绿色一体化发展示范区管理架构

三、理论与启示

长三角区域合作机制的形成与发展是学习运用科学理论，积极借鉴国内外成功经验基础上的实践探索，也是立足区域发展实际的一种创新做法，值得总结提升，对下一步深化和拓展一体化合作机制发展有重要的启示和借鉴意义。

（一）跨界协同治理理论

长三角区域一体化合作机制形成的基本背景是在区划不变情况下，通过建立跨界协同治理机制，打破行政壁垒，促进资源要素高效流动，优化区域整体资源配置能力，为世界级城市群建设提供基础性支撑。

跨界协同治理（Collaborative Governance）也称合作治理、协作治理，含义广泛，主要指政府通过“联合”“协调”“协同”“协作”“联动”等方式，在跨行政区域范围内，通过国家相关部门或在国家战略和政策指引下，地方政府建立合作机制，将政府管理功能与活动整合的同时，联动市场和社会力量，共同形成整体联动体系和机制。在跨界治理诸多研究中，现有行政区划不变的情况下，通过构建政府之间的横向协调机制，采用协商、交流、对话的方式，打破阻碍区域之间要素流动的壁垒，化解区域之间、全局性的和前瞻性的关键矛盾，平衡区域利益，构建区域利益共同体。

从区域空间视角看，跨界治理是指在跨国界、跨区域范围内，对跨界重大事项，如跨界污染、跨界犯罪、跨界传染病等，通过设置跨越界限管理、协调机构或组织，采取协商、联动等一系列手段，协商处理跨界区域问题的统一行动与过程。在跨国界层面，如全球治理、国际治理、次区域治理、欧盟治理等，在跨地区层面，如美国的州政府理事会，[①]长三角、京津冀等协调机制。

从组织管理学视角看，跨界治理是指政府内部不同职能部门间，按照产业链、价值链或服务链原理，遵循业务流程的连续性、整体性，实行跨部门、跨职能边界的分工协作与协商配合，构筑“无边界管理”或“无缝隙管理”运行机制，整合政府所有部门、人员和其他资源，以单一界面为

① 比尔德.美国政府与政治（下册）［M］.北京：商务印书馆，1987：570.

公众提供优质高效的信息和服务，全面消除政出多门、多头管理的合作困境，实现资源共享的协作性管理过程。

从社会学的角度来看，跨界治理是指跨越政府、市场、社会三大领域，按照信任和合作的原则，制定契约，通过政府购买服务，促进社会组织参与跨区域公共服务的供给和服务，整合政府、社会、市场三方资源，构建“政府+市场+社会”的全方位、立体化合作伙伴关系。目前西方发达国家所奉行的“新公共管理”或“新公共服务”运动，实质上就是政府、市场和社会合作的社会治理模式。

根据上述三个维度，跨界治理所涉及的核心成员依然是政府自身，关键是让政府如何顺应社会经济发展的时代要求，加快推动自身改革，努力构筑纵横交错的政策网络体系，在与相邻政府、社会、市场等多元主体合作网络中提高为民服务的效率和能力，共同解决重大跨界性问题。跨界治理要求政府是一个合作型政府、公共服务型政府、有限政府。跨界治理较好吸收并涵盖了传统科层制理论、新公共管理理论、虚拟政府理论等的合理内核，具有鲜明的时代性、包容性、整合性，是一种旨在解决重大现实问题的新型治理模式。实际上，跨界治理的理念和方法在西方发达国家取得成功实践，如在处理跨行政区矛盾中，美国政府建立了“洲际协定”①“洲际商务委员会”，欧盟建立了“欧洲边界地区委员会（ARFE）”②；在政府跨部门治理中，美欧日等国家健全“大部制”或“部际联席会议”等跨部门管理制度；在公私合作治理中，建立公私合作伙伴制（简称PPP），社会组织成为推动经济社会发展的重要内生动力。

专栏 2

跨界治理的三种机制

在协调人类经济、政治和社会活动的制度安排上，有四种可供选择的方式：无人统治、市场机制、等级制（政府）、自组织治理。③根据不同跨界问题，需采取不同跨界治理机制：一是规则制度。不管是跨边界、跨部门、跨领域的哪一种治理过程，多数行动具有一定的长久性和连续性，

① 何渊.州际协定——美国的政府间协调机制［J］.国家行政学院学报，2006（2）.

② 里约斯.欧洲的跨界合作：西班牙的多样性［J］.邓颖洁，译.世界民族，2008（4）.

③ 杰索普.治理的兴起及其失败的风险：以经济发展为例的论述［J］.国际社会科学，1999（1）.

包括原则、规范、标准、法律、协议、协定、盟约等有共同约束力的规则体系和制度框架，以降低多方跨界合作和治理的社会成本，提高相关利益者参与治理预期。二是社会资本。多元主体之间除了正式制度性互动外，更有大量非正式、松散性的互动合作，要持续开展这种非正式的合作，主要依靠不同组织或部门领导人（管理者）之间的个人关系，以“人际交往”为核心的社会资本，是保障各种跨界治理有效运转的内在支撑力。三是组织网络。每个组织单位是上下左右、纵横交织的组织网络体系中的一个节点，需以自己为中心，在错综复杂的政府之间、部门之间、公私之间寻求多重、多边的跨界合作关系，在一个网络化组织体系中获得跨界合作利益最优化、最大化。

在借鉴发达国家城市群治理理念和实践基础上，结合长三角自身特点，进行集成创新，形成“3+1”机制框架体系。“3”是IGM理论所包括的三个层面。IGM理论即跨界政府管理理论（Intergovernmental management），这是20世纪80年代发源于欧美国家的一种“多方治理”的政府间活动，①它包括三个层面：一是地方政府之间合作关系，跨区域行政区之间的横向合作模式，主要以协商、沟通为主的合作方式；二是中央与地方政府合作关系。以中央政府统一部署为引领，以中央各部门对地方政府指导为抓手，形成部地合作的纵向模式；三是临界空间治理模式。长三角环太湖、新安江、长江流域、长三角生态示范区、嘉昆太等流域性、相邻地域之间的合作方式是临界空间治理模式。空间治理模式主体比较综合。“1”是市场、社会参与。在国际上是公私部门的协作模式，建立一种平等关系，依靠协商对话、网络参与来达到解决争端的目的。②以一体化体制机制为核心的生产关系是长三角生产力高质量发展的关键。长三角城市群结构复杂、要素资源繁多，各种关系交错纵横，需要协调政府、市场、社会之间的关系，协调不同层面的要素资源，集聚与辐射相结合，充分释放生产力。

（二）国外区域一体化合作模式

1. 跨国大区域一体化机制

（1）贸易合作体制——北美自由贸易区模式。1944年，美国、加拿

---

① 卡梅伦.政府间关系的几种结构［J］.国外社会科学，2002（1）.

② 汪伟全.府际管理的兴起及其内容［J］.中共天津市委党校学报，2005（3）.

大与墨西哥组成的北美自由贸易区（NAFTA）正式启动，从此开创了打破经济发展水平差异组建区域经济集团（组织）的先例。北美自由贸易区是在经济发展水平悬殊的发达国家与发展中国家共同建立南北型区域经济合作组织，实现贸易自由化。NAFTA 是紧密型的自由贸易区，具有制度型的合作机制。以《北美自由贸易协定》为依据制定的契约具有法律效力。在协议正式生效前，就通过了一系列法律程序。协定生效后，三国经贸关系就正式以法律形式固定下来，具有很强的约束力。①NAFTA 被认为是历史型的区域合作计划，主要体现在三个方面：在区域贸易合作中，它代表了最广泛的自由贸易协定；第一个在发达工业国和发展中国家之间签订了互惠贸易协定；提供了在自由贸易协定下的洲际间的实现贸易保护的独特机会。

（2）共同治理模式体制——欧盟模式。欧洲一体化实质上是区域整合、共同治理的一种社会发展模式。②以和平、稳定、社会经济均衡发展为目标，在多元一体、主权共享原则下，遵循共同法规和共同机制、实行国家和区域两个层面相互协调，双向互动的区域共治。当前全球区域合作层次最高的是欧盟，率先实现了成员国内部劳动力自由流动并发行了统一货币，出现了诸如成立中央银行和制定《欧盟宪法草案》等联邦制的特征。

欧盟区域一体化机制的基本特点体现在：一是建立了众多超国家组织。欧盟各国政府出面谈判签署条约或协定，建立欧洲委员会、欧盟部长委员会、欧洲中央银行、欧洲法院等多个超国家机构，主要职能是制定各方面规则并监督执行。二是协商与强制性机制相结合。欧盟在诸多领域的协调既是各国相互协商的结果，又是超国家组织实施权力的结果。三是坚持循序渐进性原则。从关税同盟到统一大市场，再到经济货币联盟，其机制成熟度与不同阶段相对应。四是充分发挥超国家社会组织作用。如制定一系列共同发展的政策和措施，鼓励欧洲地区发展基金、欧洲投资银行和欧洲社会基金等社会机构参与解决贫富差距等问题。

（3）多边立体合作体制——东亚区域合作。东亚区域合作在各国政府

---

① 曲亮，郝云宏.竞争与合作：区域经济协调发展研究综述［J］.重庆与世界（学术版），2011，28（1）：75－81.

② 同上。

的推动下发展迅速，主要特点有：一是合作多层次。从合作范围看，既有以“10+3”和“10+1”为基本框架构建的整个东亚区域合作，也有东南亚和东北亚的地区合作，此外还有湄公河、图们江等许多区域合作。二是合作领域广泛。东亚合作内容不仅包括贸易与投资便利化，也包括发展中国家关心的经济技术合作，近年来还进一步扩大到反恐、防止跨境犯罪、预防艾滋病等非传统安全领域。东亚地区在金融领域合作不断加强，已经建立双边货币互动机制，并正在酝酿进一步提升合作水平。三是双边自由贸易区正在成为东亚合作的主要方式，逐步构建起协商对话式的区域合作机制。①

2. 跨国小区域一体化机制

（1）厄勒区域一体化机制。厄勒区域（Oresund Region）位于丹麦和瑞典之间的厄勒海峡周围，是由厄勒海峡大桥连接而成的跨境一体化区域。以丹麦首都哥本哈根、瑞典最南端城市马尔默为中心，面积约 2.1 万平方公里，人口约 380 万人，其中 66% 人口在丹麦侧。厄勒区域一体化建立了多层次跨境协调机制。1993 年成立的厄勒海峡委员会（以下简称“委员会”）是一体化发展的主要协调管理者，由 12 个成员单位、36 名政界代表（丹麦和瑞典各占一半）组成，每年开两次会，下设秘书处，作为具体执行机构，负责落实委员会战略，协调具体事项。委员会成立被视为这个跨境地区一体化进程的决定性步骤，不仅负责推进跨界合作项目，同时负责协调跨界争议。此外，企业和社会层面也自发成立了厄勒海峡研究所、厄勒海峡商会、厄勒海峡学生合作组织等机构，在一体化中都发挥了重要作用。

厄勒海峡大桥由瑞典和丹麦共同运营，促进哥本哈根—马尔默区域的要素流动，推动区域一体化市场形成。一是劳动力市场一体化。因为哥本哈根收入水平高，大量瑞典人进入丹麦就业，呈现出“居住一端、工作另一端”的通勤就业格局。目前，超过 90% 的海峡通勤者居住在瑞典、工作在丹麦，其中，超过 80% 的海峡通勤者工作在哥本哈根，60% 的海峡通行者居住在马尔默。二是休闲旅游一体化。瑞典人主要被哥本哈根的文化和购物机会所吸引，丹麦人则被马尔默的美丽风景和价廉商品所吸引，2017

① 曲亮，郝云宏.竞争与合作：区域经济协调发展研究综述［J］.重庆与世界（学术版），2011，28（1）：75－81.

年跨桥交通流量中，休闲旅游者比例达到31%。

哥本哈根—马尔默港是由哥本哈根港和马尔默港联合而成的跨国组合港。由于区位相同，历史上长期处于竞争关系，2001年1月（厄勒海峡大桥开通后半年），两港合资组建成立了哥本哈根—马尔默港务局（以下简称CMP，这是一家企业性质的机构），成为欧洲第一个跨境法人实体，开创了两个国家的两个港口由一个团队运营的先河。其特点：一是由一家企业主体统一管理运营。CMP港务局负责统筹管理两个港口的运输、装卸等业务，以及行政许可和安全等事务。CMP港务局将注册地设在瑞典马尔默、总部设在丹麦哥本哈根，商定首席执行官（CEO）最初两年由丹麦人出任。在股权构成方面，哥本哈根持股50%（丹麦中央政府2.5%、哥本哈根市政府47.5%），瑞典方持股50%（马尔默市政府27%、瑞典私人股东23%）。二是优势互补、功能错位。哥本哈根港进港量大于出港量，每年产生大量空箱，马尔默港是重要的工业产品出口港，每年需要大量空箱，两港合并后，可全面平衡货物进出口运量，最大限度减少空箱运输。在功能定位上，哥本哈根港侧重发展游艇、集装箱等业务，马尔默港侧重发展原油和液体化工品运输、汽车仓储和散货业务等。通过错位发展，哥本哈根—马尔默港成为欧洲东中部乃至整个波罗的海区域的物流集散中心。三是整合资源提升整体竞争力。两港合并实现腹地客户和市场资源共享，为两国市场提供统一物流。对两国航运业主而言，都相当于靠泊本国港口，实现两个港口单一窗口操作的扁平化管理。对挂靠两港船企而言，谈判对象合二为一，更易于谈妥装卸条件及费率价格，节约大量时间和精力。

（2）欧洲之心项目的一体化机制。欧洲之心项目（Centrope）位于欧洲大陆中心区域，由奥地利、捷克、斯洛伐克、匈牙利四个国家交界区域的八个州（即奥地利的维也纳州、下奥地利州、布尔根兰州，捷克的南摩拉维亚州，斯洛伐克的布拉迪斯拉发州，匈牙利的杰尔-莫松-肖普朗州、沃什州和泰那州）组成，面积约4.45万平方公里，拥有近700万人口，是欧盟著名的跨境共同体，被誉为“新欧洲”卓越的交界处。

从合作历程看，2003年9月，四国八个州的政治领导者共同签署了关于Centrope的第一个政治宣言，为Centrope成立奠定基础。2004年，欧盟吸纳了捷克、斯洛伐克、匈牙利等10个新成员国，使得原本处于欧盟边缘地带的奥地利区域成为欧洲大陆地理版图的中心位置，为

Centrope 带来了全新发展机遇。2009 — 2012 年，Centrope 进入实质推进阶段，在欧盟 Interreg Ⅲ（区域合作支持基金）项目资金支持下，劳动力市场、交通基础设施、环境保护、文化旅游等重点领域一体化发展加快推进，并围绕着 Centrope 品牌打造开展共同开发与营销。2012 年后，由于欧盟资金停止资助，Centrope 区域合作进入新阶段，在保持已有协调机制运作的同时，积极寻求市场资本注入，探索区域一体化合作新模式。

从合作内容看，为推动劳动力市场一体化，应对优质劳动力流向西欧，Centrope 通过推进区域内劳动力就业信息共享、资质认证互认、打通跨域保险等方面一体化合作，促进劳动力在本地区充分就业。深入挖掘合作潜力，推动形成汽车、能源等产业集群，以及高校智力资源的集聚与合作。推进发展经验和知识技术共享，在创新技术扩散、文化、旅游等领域开展经验分享与合作。

从管理架构看，建立“决策-执行”联合机制，即政府领导人年度会晤机制，Centrope 区域 8 个州的州长每年 10 月召开一次会议，负责决策区域合作的重大事项和重大项目，会议主席由四个参与国轮值。区域联合办事机构（Centrope Agency）作为具体执行机构，主要负责梳理酝酿合作项目、提出具体项目清单和资金需求建议、提交高层会议审议通过执行，负责项目推进中的协调沟通，同时兼有秘书处职能。据了解，该机构有四名负责人，分别来自四个国家；内设 7 个部门，负责不同领域项目；全部工作人员约 20 人。

从运作机制看，突出项目驱动一体化发展，以项目形式推进。由区域联合办事机构会同 8 个州梳理出交通设施、环境保护、文化旅游、创新合作等重点领域合作项目，争取欧盟 Interreg Ⅲ资金支持。据了解，2009 — 2012年期间，Centrope 运作实施的项目，85% 资金来自欧盟、15% 由四个国家当地政府配套。

3. 国家内部区域一体化机制

（1）美国国内区域一体化机制——协调功能为主。美国大多数城市群通过正式选举产生一个地区性的权力机构，一般是大都市区理事会。①除正式机构外，地区性合作也经常通过其他地区性决策机制网络进行，更多

① 勒韦勒加.加拿大与美国都市圈内政府治理差异分析 [J].城市观察，2009（1）：51－62.

的都市区合作是以非正式形式进行的。同时，政府建立合作机制，寻求社会组织和民众参与。正式合作机制实施机构包括区域性政府组织、大都市规划理事会、特别服务税收区和合作服务协议，以及民间合作组织等。

区域性政府组织（regional or consolidated government structure）是指通过直接选举产生的地区性政府。如波特兰大都市区理事会是一个直接选举产生的地区性政府，理事会主席是在全地区范围内选举产生，六名理事会成员是由地区内六个分区分别选出，另外还有一位从全地区范围选出。它的服务对象是俄勒冈州波特兰大都市区下属的 3 个县和 24 个城市，共 130 多万人口。非正式的合作机制包括市民组织，是一些非政府公益性机构。如市民大会、地区性联盟及其他规划机构。例如，芝加哥交通和空气质量委员会有 29 名市民成员以及芝加哥地区几百名市民志愿者参与。委员会起草了东北部伊利诺伊州的市民交通计划，为未来 25 年交通决策制定一个政策和规划框架。委员会尽其所能帮助区内居民和组织参与地区长期交通计划制订，共有 200 多个机构参与了委员会的规划制定过程。

美国国内区域一体化机制有以下特点：一是注重行政区域的合并与整合。近四十年来，美国非常注重通过行政区域的合并和整合，达到区域经济一体化目的。较大的市县合并案有迈阿密和戴德县、印第安纳波利斯市和马里昂县等。二是联合组建区域性权威协调组织。美国一些地方政府联合组建具有较高权威性的区域性协调机构。以“双城大都市区议会”和“波特兰大都市区政府”较为典型。三是充分发挥地方政府协会的协调作用。一种地方政府的自愿联合组织，具有半官方和松散型特点，容易被各方接受，且具一定协调功能。南加州政府协会是其中最大的政府协会之一。四是充分发挥专业机构作用。地方政府根据自愿原则设立专门管理机构，协调地方间利益矛盾。如大气质量管理区、水区、学区、废弃物管理区、交通运输区、空港管理区、公园区、消防区等。五是注重以项目为依托。如洛杉矶市在筹建污水处理厂时与 29 个城市签订合约，29 个城市有偿共享。

（2）英国国内区域一体化机制——实质主体为主。大伦敦政府（Greater London Authority，简称 GLA）是英国伦敦的地方政府，管辖范围包括整个大伦敦地区（包括伦敦市与周边 32 个自治市）。[①]政府由

① 严荣.大伦敦政府：治理世界城市的创新［J］.上海城市管理职业技术学院学报，2005（3）：47－51.

一个直选产生的市长领导，并由一个 25 人的伦敦议会监督。大伦敦政府负责 1 579 平方公里大伦敦地区的规划和管理，与 32 个伦敦自治市的委员会和伦敦市法团分享地方行政权力。大伦敦政府是为了改善自治市各委员会之间的协调工作而设立的，而伦敦市长则是选举产生的代表整个伦敦的人物。市长提出政策和预算，并委任伦敦交通局（Transport for London）、伦敦开发局（London Development Agency）等策略行政机关的人员。伦敦市长要向伦敦议会负责，而伦敦议会的主要功能则是监督市长工作和审查市长的政策、决定和年度预算，并有批准和修改预算的权力。大伦敦政府总部在泰晤士河南岸的市政厅，靠近伦敦塔桥。

（3）日本国内区域一体化机制——以区域规划为引领。日本规划具有强法律效力，东京都市圈规划始于 20 世纪 50 年代，其后修订 13 次。作为区域空间布局调控重大公共政策，依靠完备的法律保障、合理的机构设置和配套政策，在不同历史时期发挥作用。为保障区域规划顺利实施，日本政府制定一系列相关法律，并成立了“首都建设委员会”，为中央一级规划统筹机构。其后，由一个实行合议制的独立性议事机构转变为总理府直属、委员长由建设大臣兼任的中央直属办事机构，促进跨区域开发建设协调，并纳入国土厅下属的大都市圈整备局，将首都圈规划纳入国土开发规划，保证首都圈规划和全国性规划体系的一致性，并且容易获得一些大型项目的资金保障和政策倾斜。另外，日本对国土、区域、专项等各类规划都建立明确的事前事中事后的全过程评估机制，并引入第三方评估，发现问题及时修正。同时，为解决政府之间无法解决的专业性问题，一系列非正式跨区域协议会相继成立，如“东京都市圈交通规划协议会”“首都圈港湾合作推进协议会”“关东地方行政联席会议”，成为中央政府主导区域协调机制的有益补充。

（4）德国国内区域一体化机制——发挥经济中心城市龙头作用。北德五州（德国汉堡市、石荷州、不来梅市、下萨克森州和梅前州）合作机制起始于 1969 年，旨在促进跨区域共同发展、共同争取联邦政府支持。一是州（市）长年度会晤机制。五位州（市）长每年举行会晤，采取轮值制度。各州主管合作事务的州办公厅主任提前召开准备会，就各州共同关心问题进行沟通协调，达成一致并拟就决议草案，交州长会议讨论。大会决议需五州一致通过才能生效，具有政治约束力，但不具法律约束力。二是多层次沟通合作机制。专业部门联席会议机制，设有固定的经济、交通、科研、环境、农业部级联席会议机制。五位州（市）长和北部企业高级联合会年度会晤机制，每年州长会议结束后五位州（市）长都会共同会见北部企业高级联合会成员。五位州（市）长和德联邦交通部长年度会晤机制，协调北德地区交通、能源基础设施建设，争取更多联邦资金支持。

商会、企业家协会发挥着重要的桥梁纽带作用，构建了政商对话平台。汉堡商会成立于1665年，是欧洲成立最早、最具影响力的工商会之一，也是德国最大的商会，拥有约14.4万家会员企业。汉堡商会主办的中欧论坛“汉堡峰会”已成为中欧之间政治和经济界最高规格定期沟通和交流的平台。汉堡市政府与汉堡商会建立了6人对话机制，政府方4个人，即汉堡市长、经济部长、经济国务秘书、外事国务秘书，商会方2个人，即汉堡商会会长、商会总干事长。6人对话机制每季度召开1次对话会议，听取商会反映企业的诉求，讨论若干重点议题，明确责任分工，并建立工作落实机制。

专栏3

德国鲁尔都市圈

德国政府在实施国家战略框架下注重挖掘都市圈在促进发展与创新、完善生存照顾、保护环境资源、塑造文化景观、建立城乡伙伴关系、提升城市国际竞争力和形象、完善地区自主发展组织机制等领域的核心功能。作为德国乃至欧洲现代工业的发源地，鲁尔地区经过长达五十多年持续不断的一体化发展与结构转型，如今已经实现了由传统煤钢工业基地向文化、研发、物流、医疗、知识基地的战略转变，一个充满生机与活力的新鲁尔——鲁尔都市圈悄然形成，并于2010年获得欧盟委员会授予的“欧洲文化首都”称号。鲁尔地区转型被公认为全球地区产业结构调整与城市功能转型的经典案例，尤其是一体化发展中“四个一”（一家主体机构、一项法律、一个规划、一批实体公司）的有益经验和成功做法。①其中法律和规划有较强的刚性和效应，对区域一体化起到巨大支撑作用。

① 阎加林，宋娟.德国鲁尔地区一体化机制经验借鉴［EB/OL］.（2021-1-20）https：//sghexport.shobserver.com/html/baijiahao/2021/01/20/341376.html.

汉堡作为经济中心城市在北德五州合作中发挥龙头带动作用。在汉堡市辐射带动下，逐步形成了航空工业、海洋经济、生命科学、新能源等一批具有国际竞争力的产业集群，如以空中客车、汉莎技术公司为核心，在汉堡都市圈内集聚了300多家航空工业配套企业，形成从研发到制造、组装、维修等一条完整的产业链，拥有超过4万名专业技术人员。在都市圈中，汉堡与相关州的双边合作很深入。汉堡与石荷州加强高端研发和创新领域合作，共建生命科学等产业集群，处于全球领先水平；汉堡与梅前州加强产业融合发展，汉堡重点布局总部、研发、设计等产业链高端环节，将一般制造环节转移到土地、劳动力成本更低的梅前州。

四、成效与问题

二十多年来，长三角三省一市精诚合作、协同共进，统筹推进改革开放和经济社会协调发展，在基础设施互联互通、协同创新网络体系、疫情防控和公共服务共享、生态环境共保联治等方面取得显著成效，长三角区域合作机制创新成果不断涌现。但是，在国内循环为主、国际国内双循环新发展格局下，长三角区域合作机制仍存在一些不适应新时代发展要求的问题需要关注。

（一）主要成效

1. 促进长三角区域合作共赢格局逐步形成

由于区位不同、资源禀赋不同、发展基础不同、政策条件不同，长三角三省一市及各城市之间发展水平具有较大落差。伴随全球经济社会快速发展，在资金、人才和产业发展等区域竞争加剧的同时，也需要通过资源要素流动、产业梯度转移等方式实现共享和优势互补，大城市发挥集聚功能的同时也需强化辐射功能，在配置全球资源方面形成整体竞争力。对此，长三角通过构建区域一体化机制，打破行政区划和各种政策壁垒限制，促进各要素自由流动，实现生产关系适应生产力发展的发展格局，在经济规模不断上升基础上，实现结构优化和高质量发展，进而形成合作共赢格局。

2. 提升长三角区域内资源优化配置能力水平

从最初16个成员城市扩大到三省一市41个城市，长三角区域合作范围从城市层面向省市层面转变，区域集聚和辐射资源能力不断扩大。但是成员城市扩容加大区域不平衡程度，内部结构更复杂，也加大了协调难度。这种跨区域大范围要素资源整合，在微观市场层面无法做到全局性配置，必须通过构建一体化合作机制，打通条块、部门、领域之间的分隔，形成综合性的要素集聚和辐射平台，大大推进长三角利用国内国外两个市场，优化配置国内国外两种资源的能力，这也为当前国内循环为主，国内国际双循环的国家战略提供了区域性发展基础。

3. 推动长三角区域合作的全方位多元化发展

最早提出“长三角经济一体化”理念时，以企业跨区域发展，企业之间合作为重点的“点”状合作是主流。随着区域经济合作日益加深，逐步向产业集聚、产业链合作的“块”状和“线”状合作转化。在空间布局方面，从“点”状布局向“轴”向布局转变，逐步形成网络化合作布局。同时，长三角社会合作需求旺盛，从硬件向软件，由经济向民生，由基础设施一体化向公共服务一体化拓展。目前，社会保障、教育、医疗等以往属地化为主的领域也开始形成合作发展态势，为长三角全面一体化发展保驾护航。如在公共服务方面，依托政务服务“一网通办”，长三角推进跨省身份认证、电子证照共享，三省一市实现企业营业执照、居民身份证等高频证照扫码亮证。

4. 提升长三角区域一体化合作机制功能

一是利益共享机制。从行政协调机制转向利益协调机制，从政府间沟通机制转向法制化机制；二是示范带动机制。通过区域示范、制度示范、深化改革开放示范、协同发展示范，建立多领域、多层次的协调发展机制，形成一系列可复制、可推广的机制体系。三是合作平台机制。共建一批集聚资源的开放性合作平台以及重大科技创新工程和创新产业项目。四是创新协同机制。形成以企业为主导，政府、科研院所、中介组织和金融机构等协作、联动发展的区域协同创新网络，有效促进知识、信息、技术、资本和设备等创新资源流动，推动区域创新发展格局的形成与巩固。五是环境保护共管机制。水域、大气、土壤需要建立区域化生态补偿机制，建立跨区域联防联控机制。六是一体化市场机制。充分发挥市场在区域资源配置中的决定性作用，推动长三角形成统一开放、竞争有序的现代市场机制。通过设立长三角一体化发展重大项目建设引导资金，签署一系列先进制造业、工业互联网、教育医疗、高端人才等一体化发展战略框架协议，实现技术、资本、人才、服务等创新资源深度融合、优化配置与共享，长三角成为空间便捷、产能协作、基础设施、公共服务等方面具有功能互动和良好协调的共同体。

（二）主要问题

1. 信息沟通共享机制不完善，渠道广度和深度不够

目前长三角地区“信息孤岛”现象仍然存在，距离“纵向到底，横向到边”的高质量标准仍有较大差距。一是信息平台建设缺失。长三角官网没有发挥应有的信息交流共享的平台作用，新媒体运用不足。二是基层单位缺乏获取信息渠道。部分地方政府、企业、社会组织等基层获得官方信息的渠道主要来自新闻报道、会议传达等方式，覆盖面不够，且存在信息传递“断链”情况，特别是涉及不对社会公开的信息，基层获得渠道更少，且信息迟滞。三是信息解读权威性不足。长三角新政策不断出台，合作实践案例不断涌现，基层非常渴望获得相关政策解读和案例介绍，希望听到政策制定者和专家学者的详细分析，但由于信息获得渠道不顺畅，权威性不足，容易产生较大歧义。

2. 各层级运作衔接机制不完善，良性循环尚未形成

长三角区域一体化机制形成了自上而下和自下而上系统，但从战略层面到实施层面衔接机制仍不够畅通，缺乏应有的反馈机制。一是战略与实施拟合度不足。三省一市主要领导座谈会确定发展方向，通过协调层进行分解，到执行层实施，但实际推进中的约束条件和影响因素较多，战略方向与实际操作项目和工作之间拟合度差，影响实际效果，甚至出现“烂尾”现象。二是战略实施路径有待理顺。决策层重大战略方向来源于长三角区域一体化发展实践，各城市上报具体项目加以集成，再通过三省一市主要领导座谈会聚焦，形成跨区域、重大关键的和全局性的战略决策。这一过程中，需要科学研究、评估和决策体系集成，应有专业化团队跟踪研究、各级政府部门相互衔接。三是组织体系推动力不足。长三角区域合作办公室实现“合署办公”是机制重大创新，但因缺乏行政权威性，在推动层级衔接方面缺乏调动力，无法将长三角各城市利益诉求统一，导致在战略分解和基层实施的反馈方面效率和效果大打折扣。

3. 政府引导社会参与机制尚不健全，智力支撑作用需加强

长三角一体化进程加速带动了全社会参与度，但由于一些跨区域领域尚未完全开放，为政府引导社会参与带来新难题。一是缺乏社会参与的评估体系。目前社会参与长三角一体化积极性很高，自发组织如雨后春笋，但缺乏评估机制，评价和监督管理标准不健全，导致呈现无序状态。二是引导社会参与的杠杆作用发挥不够。社会组织参与度往往与政府组织有关。目前合作机制在配置资源能力方面仍然不足，在调动资金、技术、人才等方面，抓龙头项目带动社会参与能力不够，导致组织社会参与的方向不明确、参与度下降。三是社会参与跨区域活动仍存在政策障碍。由于法律不允许社会组织跨地区注册，地区性社会组织无法在异地设立分支机构，只能在当地再注册一个社会组织。社会组织在跨区域举行活动时，必须由当地社会组织、企业、园区等作为主导单位牵头，否则就会阻碍社会组织合作。①

4. 政策落差导致标准不统一，影响合作公平性和积极性

长三角发展阶段决定了总体上长三角政策实施标准要高于全国，但内部还是存在不统一。一是政策落差带来合作“落差”。长三角各城市之间经济社会发展水平存在较大差异，例如从长三角各地国家级高新技术开发区来看，各城市的数量、规模、产值和创新能力不均衡，技术收入占总收入比重最高的开发区与最低的相差60倍。②经济社会发展差异大，势必导致政策落差大，标准不统一，对合作机制产生一定影响。二是政策落差带来公共资源分配的公平性问题。面对经济社会差异，各地诉求不一致，对磨合落差较大政策方面带来困难，标准很难统一。另外，由于公共资源属于属地化配置范畴，制定一体化标准后，如果落差较大，势必导致公共资源的共享性和公平性受到影响。长三角生态示范区实行就高不就低的原则制定一体化标准，目前还是在点上试行，普遍推广的难度仍然较大。

5. 基础工作不完善，影响合作机制实施效果

目前长三角区域一体化机制的基础性工作不完善，仍然有很多历史“欠账”。一是基础目录不完善。主要体现在产业目录、政务目录、公共服务目录等基础目录不统一，导致微观主体跨区域合作中产生错位现象；二是基础数据不完善。三省一市数据统计口径、数据来源等都存在差异情

---

① 宗传宏.推进长三角区域社会组织合作［J］.浙江日报，2019-06-24.

② 俞世裕，黄宇，李宏利，丁宏，陈瑞.长三角蓝皮书：2019年迈向国家战略的长三角［M］.北京：社会科学文献出版社，2020.

况，不利于一体化发展。三是交通基础设施互联互通仍需完善。交通基础设施连通是长三角合作最基础工作，需要通过理顺体制机制，加大协调跟上一体化进程；四是评估考核机制不完善。区域一体化评估和目标考核机制是激励机制和约束机制的基础。目前长三角合作绩效已经纳入各地绩效评估的范围，但仍然未建立整体评估的强约束机制，部门、地区合作以行政磋商为绩效评估的标准、方法手段也有待明确。

五、展望与建议

在合作范围扩大、合作主体多元、合作模式新型的大趋势下，三省一市要发挥各自优势，在合作中拉长长板，在竞争中展示特色，关键要提升长三角地区整体竞争力，提升承接全球高端资源能力，提升配置国内外资源能力，形成政府引导、市场主导、社会共治的一体化治理机制。集聚全球人才、资金、技术等要素资源，以重点领域、重点区域、重大项目、重大平台的规划建设为核心，以治理能力和治理体系现代化为引领，贯彻新发展理念，推进长三角一体化发展向纵深迈进。

（一）发展展望

1. 面向未来、面向国家战略，为内涵式高质量发展提供支撑和通道

长三角一体化上升为国家战略，为长三角区域一体化合作机制提供了面向国家战略的支撑和通道。在一体化大体系框架下，借鉴国际经验，清单化机制、次级城市群机制、部门机制、社会化合作机制等一系列机制体系开始形成，为长三角高质量发展提供支撑。以长三角区域规划为标志，一系列国家区域发展战略不断出台，进一步推进长三角区域合作迈上新台阶，2008 年以来，国家先后出台了长三角区域指导意见、长三角区域规划、上海自贸区建设、上海科创中心建设、“一带一路”倡议、长三角城市群规划、长江经济带规划等一系列区域发展战略，长三角站在国家改革开放的前沿阵地，肩负起更大的历史使命，长三角合作机制处于转型升级时期，是长期的创新发展阶段。为了从宏观层面更好地把握长三角经济社会发展脉搏，在明确发展方向的过程中，长三角通过优化合作机制，消除行政壁垒，构建适合长三角一体化发展的机制，为经济社会保驾护航。

2. 立足长三角实际，保持合作机制与区域发展阶段的内在统一

长三角区域合作机制是不同发展阶段动态调整完善的过程。不同阶段的合作机制随着区域发展重点的变化而变化。计划协调阶段，由于市场经济尚未确立，市场配置资源条件不成熟，因此只能以交通、能源、外贸、技术改造及长江口、黄浦江和太湖综合治理等单项规划为抓手，上海经济区规划办公室工作重点就是推进单领域协调。要素合作阶段，正是我国改革开放启动时期，苏南模式、温州模式等一系列长三角经济发展模式逐步成型，各城市合作焦点必然是以产业为核心，社会方面合作相对滞后。制度合作阶段，在国内外城市群合作机制逐步建立的大背景下，长三角确立了由决策层、协调层、执行层组成的合作机制框架，对推进各城市合作起了良好作用。转型升级阶段，长三角地区合作的领域、强度和深度都有明显进步，加上国家区域发展战略不断推进，以政府为核心的合作机制提出新挑战，扩大合作范围、聚焦重大问题、注重社会参与、明确分工协作成为长三角合作机制可持续发展的关键问题，以长三角经济协调会为抓手，陆续成立旅游、新型城镇化、品牌、会展、健康、创意经济产业等专业委员会，推动社会共同参与长三角一体化发展。高质量发展时代，长三角合作机制要以契合生产力发展阶段为立足点，以改革开放为路径，充分释放生产力，不断激发长三角区域发展新动能。

3. 发挥核心城市引领作用，推动形成多边对话、协调、合作机制

长三角区域是由不同层级的特大城市、大城市、中等城市和小城市等组成。上海、南京、杭州、宁波、合肥等核心城市的龙头作用至关重要。这些核心城市周边本身就形成了城市群或都市圈，在推动城市群互动、区域合作组织和协调中发挥积极作用，对于区域合作的深化也至关重要。与此同时，长三角合作机制采取的是一种通过多边对话、协调、合作以达到最大程度动员资源的组织方式，从成立之初就实行了年度执行主席的轮值制度。在专题实施和研究中，采取了相关城市相关部门、高校及研究机构、企业等共同组成的产学研相结合模式等。这既体现各城市平等参与区域公共事务合作的精神，也有利于发挥各成员积极性和创造性。因此，要发挥核心城市引领作用，也要在平等的平台上达到共识，才能推进合作机制的进一步发展。

（二）对策建议

长三角区域一体化合作机制发展要真正落到实处，除需要国家给予政策推动措施以外，还需要通过行政手段、市场化手段和社会治理手段共同发力，构建多层次、立体化的机制保障体系。为此，具体建议如下：

1. 进一步发挥长三角区域合作办公室的功能作用

实现“合署办公”的长三角区域合作办公室是重大机制创新，总体上适合现阶段长三角区域一体化发展要求，但随着长三角区域一体化高质量发展的深入推进，也需要不断适应和创新。机制要完善，有三个方向可以选择：一是进一步做实做强和拓展功能，保持长三角区域合作办公室作为行政性联络议事协调平台的定位和模式，通过进一步赋能，更好地发挥其在各地利益协调中的作用，如强化跨区域绩效评估考核功能等。二是复制长三角生态绿色一体化发展示范区执委会模式，推动长三角区域合作办公室组织架构和运作机制调整，增强独立性、实体性，适当探索企业化、市场化运作机制。三是升级为国家派出机构，这有助于提升其行政权威，更好发挥配置资源和统筹协调作用。从现实来看，第一个方向更为可行，也更好操作。

2. 积极发挥长三角地区智库机构作用，扎实做好基础性研究工作

总结长三角协调会和区域合作办公室专家委员会的运作经验，进一步挖掘长三角高校、研究机构云集，专业团队、专业人才集聚的优势，建立专业领域更加广泛、专家规模更大的专家数据库，将专业智力优势引导到长三角一体化基础研究中。如：针对重大战略课题，组建跨单位跨学科研究团队联合攻关，实现资源共享、优势互补，发挥长三角地区智库服务决策的作用；建立研究资源大数据平台，共同开展政策解读、决策评估等，依托媒体联合发布重要研究成果；建立课题研究快速通道和专家成果上报绿色通道制度。在此基础上，完善长三角统计和数据库建设。

3. 建立完善标准体系，优化一体化发展市场环境

制定相应的标准体系，进而发动市场和社会力量来解决跨区域难题，推进一体化发展。标准体系分为共性标准和专项标准。共性标准是一种团体标准，是要求城市群一体化对象共同达到的基本标准，应高于国家普遍标准；专项标准是针对协会、学会、研究会、商会、促进会、联合会、基金会、部分中介组织和社区活动团队等组织的专门性标准，要求专业化、可操作性等。标准体系重点以解决政府难以解决的跨区域难题为目标，要以鼓励园区、企业、协会、社会团体、高校、研究机构等单位共同组成战略联盟、合作机构等多元化的社会组织为方向，以形成若干多元化平台为支撑。[1]在市场化方面，加快推进标准互认，按照建设全国统一大市场要求探索建立区域一体化标准体系。建立长三角区域标准化联合组织，负责区域统一标准的立项、发布、实施、评价和监督。建立统一开放的产品、技术、产权、人才等市场，建立长三角区域统一的准入标准和技术标准，建立市场准入和质量互认制度，建立共享信息平台，提高标准适用性、协调性和有效性。

4. 优化引导机制，鼓励社会多元力量共同参与

鼓励长三角地区社会多方面合作，建议针对教育、医疗、养老、流动人口、人力资源、社会组织等诸多问题进行规划统筹和衔接。在此基础上，面对多元化的利益诉求，鼓励园区、企业、协会、社会团体、高校、研究机构等单位共同组成战略联盟、合作机构等多元化社会组织，共同承担起长三角区域一体化任务。近期重点发挥行业协会作用，组织相关行业形成若干个联盟，形成行业趋势信息、产品开发、技术专利、知识产权、品牌创新、产品交易等专业性服务平台。[2]

（执笔者：杨亚琴，上海社会科学院研究员；宗传宏，上海社会科学院副研究员；张来春，上海社会科学院副研究员）

① 俞世裕，黄宇，李宏利，丁宏，陈瑞.长三角蓝皮书：2019 年迈向国家战略的长三角［M］.北京：社会科学文献出版社，2020.

② 张道根，李宏利，丁宏.长三角蓝皮书：2018 年新时代发展的长三角［M］.北京：社会科学文献出版社，2018.

长三角生态绿色一体化发展示范区规划协同路径

2019 年 5 月底，党中央、国务院正式印发《长江三角洲区域一体化发展规划纲要》（以下简称《规划纲要》），明确以上海青浦、江苏吴江、浙江嘉善为长三角生态绿色一体化发展示范区（以下简称“示范区”），要求两区一县共同编制示范区国土空间规划，联合按程序报批。在前期规划研究的基础上，2020 年 7 月 23 日，沪苏浙三地正式启动示范区国土空间总体规划（以下简称“示范区总规”）编制工作。

一、缘起与背景

（一）长三角地区的规划协同基础

长三角地区一体化发展进程经历了四个阶段，即“初步提出—自发合作—一体化制度建设—国家战略”，①而在这一发展过程中，区域协同规划在城市群、都市圈、跨界地区三个层面开展实践并逐步成为长三角地区一体化发展的重要举措和标志。②

城市群层面的区域协同规划起源于长三角区域一体化发展的初创阶段，并在一体化制度建设阶段快速发展。20 世纪 80 年代编制的《上海经济区发展战略纲要》是长三角地区最早的区域协同规划。而在 2005 至 2013 年，长三角地区进入“一体化制度建设时期”，长三角区域一体化逐渐从城市层面的合作上升为国家层面的整体规划，国家相关部委开始编制

① 崔功豪.长三角：从区域合作到一体化发展［J］.上海城市规划，2018（6）.

② 熊健，孙娟，王世营，马璇，张振广，刘晟.长三角区域规划协同的上海实践与思考［J］.城市规划学刊，2019（1）.

长三角城市群规划，包括2010年国家发改委编制、国务院发布的《长江三角洲地区区域规划》，2016年5月国家发改委与住建部共同编制、国务院审议通过的《长江三角洲城市群发展规划》等。先后几轮城市群规划的实践为区域一体化发展提供了重要的政策支撑。①

长三角地区的都市圈规划产生于2010年以后。随着城市规划体系的不断成熟，城市圈规划作为中心城市引导周边区域协调发展的重要规划手段而快速发展。杭州、南京、宁波、苏锡常等长三角中心城市先后编制了各自的都市圈规划。2018年上海大都市圈规划的编制代表着都市圈规划实践进入了新的发展阶段。

长三角地区微观层面的跨界地区规划发展起步相对较晚，是近几年新型的规划形式。传统的跨界协同规划是指“跨越两个或以上政治单元边缘地区而形成的边缘交界地带”的区域协调规划。②在空间规划体系改革的背景下，传统的城市规划与土地利用规划等空间规划合并成为全新的国土空间规划，在省、市、县乃至乡镇层面的跨界协同规划也相应演变形成了跨界国土空间规划，在国土空间规划体系分类中属于专项规划。“上海2035”规划提出的三大跨省界城镇圈规划，南京都市圈的22个跨界片区规划等，均属于跨界地区规划的实践探索。

（二）示范区的发展情况与核心特征

示范区位于沪苏浙三省交界处，包括青浦、吴江、嘉善“两区一县”全域2 413平方公里；其中先行启动区包括青浦区金泽镇、朱家角镇，吴江区黎里镇，嘉善县西塘镇、姚庄镇，总面积约660平方公里。

示范区西临太湖、东接黄浦江和吴淞江，是长三角区域重要的水源涵养地区和江南水乡古镇集聚地区，生态环境和历史文化资源优势明显，但现状人口集聚和工业化、城镇化水平相对较低，基础设施连通保障能力相对薄弱，内部发展也不够均衡。具体表现为六方面特征：一是区位条件优越，但交通衔接不畅。尤其是高速铁路建设滞后，城际线网覆盖不足，各城镇对外交通联系不足，与虹桥枢纽缺少便捷联系。二是生态本底优良，

---

① 刘爽，王震，陈晨.空间视角下的长三角区域一体化发展研究述评——政策目标、现实挑战及规划干预［J］.城乡规划，2020（1）.

② 陶希东.跨界区域协调：内容、机制与政策研究——以三大跨省都市圈为例［J］.上海经济研究，2010（1）.

但仍面临环境风险。示范区湖荡水网密布，生态隔离和保育功能突出，但近年来“人进水退”现象明显，区域水环境污染严重，水安全面临较高风险。三是城镇发展特色明显，但用地比较粗放。示范区建设发展相对较为成熟，但用地粗放、扩张过快、绩效偏低等问题较突出，单位建设用地GDP在上海郊区和苏州、嘉兴所属县级行政单元中属中下游。四是产业具有一定基础，但发展模式亟须调整。两区一县已经形成差异化的产业特色格局，但是产业模式主要以资源型、劳动密集型传统制造业为主，且污染型企业数量较多。五是文化底蕴深厚，但风貌特色彰显不足。示范区是江南水乡文化最为集中的地区，也是吴越文化交汇的区域，但多数镇村的文化资源发掘利用不足，新城新镇风貌较混杂缺乏协调。六是跨界共建已开展探索，但标准不统一。两区一县近年来不断探索跨界合作，但受限于行政体制壁垒，在诸多领域有着相对独立的管理体系，尤其在生态建设标准、基础设施标准、公共服务配置等方面的管控要求和标准不一致，矛盾较为突出。

总体来看，示范区两区一县虽然地理邻近、建设连绵，近年来尝试推进区域协同，但长期以来三地发展不平衡不充分，存在规划建设理念不统一、发展目标导向不一致、空间发展布局不对接、土地开发缺管控、道路不衔接、设施未统筹配置等问题，这些问题都为示范区一体化发展带来较大挑战。

（三）统一开展示范区国土空间规划的重要性

《规划纲要》明确，示范区要在严格保护生态环境的前提下，率先探索将生态优势转化为经济社会发展优势、从项目协同走向区域一体化制度创新，在不改变现行行政隶属关系的前提下，打破行政边界，探索规划管理、土地管理、要素自由流动、财税分享、公共服务等重点领域一体化发展制度创新，其中，规划管理排在第一位，体现出做好示范区国土空间规划是推进示范区一体化发展中最首要的任务和最迫切的需求。以往规划编制和实施主要局限在行政区内部，在交界区域往往存在空间发展不协调甚至冲突的现象。示范区规划协同需要跳出行政界限约束，率先探索建立统一的国土空间规划体系，统筹划定各类控制线，实现“一张蓝图管全域”。

同时，示范区国土空间规划作为青浦、吴江、嘉善“两区一县”的跨界协同规划，是国内首个以区县为基本单元、跨省级行政边界的国土空间规划，即在区域一体化发展下，隶属两个或以上省域的县级行政区联合编制，指导跨界地区协同发展的国土空间规划。无论从空间尺度、行政层级还是规划定位上，都远超过之前的跨界地区规划实践，具有重要的创新探索意义。

（四）规划编制历程

示范区总规编制工作自 2019 年 7 月 23 日正式启动，同步推进了三方面工作。一是开展示范区国土空间规划内部工作营，在示范区相关情况尚未对外公开、暂时无法开展国际方案征集的情况下，借鉴雄安新区工作经验，邀请清华大学、东南大学、同济规划院三家国内一流设计团队和沪苏浙三地多位业界专家参与，形成了高点定位、特色鲜明、丰富多样的工作营成果，为示范区国土空间规划编制提供高水平支撑。二是聚焦水系统、综合交通、防洪除涝、基础设施、产业发展、文化旅游发展等 6 个重点领域，由沪苏浙相关部门共同推进专项规划编制，将核心内容纳入国土空间规划成果。三是在内部工作营和重点专项规划成果支撑基础上，聚焦生态、安全等底线型内容以及交通、产业、公共服务等协同性要素，推进示范区总规编制。规划草案于 2020 年 4 月 9 日获得示范区理事会全体会议审议通过。6 月 18 日至 7 月 17 日，沪苏浙三地同步开展了示范区总规草案公示。在吸取采纳社会各界意见建议并修改完善成果的基础上，10 月 9 日，两省一市政府共同将示范区总规上报国务院。

专栏 1

示范区总规专家咨询会情况

2019 年 12 月 3 日，沪苏浙三地国土空间规划主管部门在上海召开示范区总规专家咨询会，邀请了郑时龄、程泰宁、唐子来、吴唯佳等多位专家出席，围绕示范区总规初步成果开展交流探讨。

2020 年 6 月 29 日，自然资源部庄少勤总规划师主持召开专家咨询会，邀请了段进、李晓江、张京祥、林坚、屠启宇、尹稚、吴次芳、杨涛等多位专家出席，就示范区总规草案听取专家意见。

2020 年 7 月 9 日，上海市规划和自然资源局牵头召开了规委专家会，邀请了伍江、唐子来、毛佳樑、陈小鸿、苏功洲、屠启宇等多位专家出席，就示范区总规草案听取专家意见。

专栏 2

示范区总规内部工作营情况

示范区总规内部工作营于 2019 年 7 月 26 日开营，于 2019 年 9 月 10 日闭营。参营团队包括清华大学吴唯佳教授团队、东南大学段进教授团队和同济规划院周俭教授团队，由沪苏浙三地国土空间规划主管部门、苏州市和嘉兴市政府、示范区两区一县政府联合主办，具体由工作专班牵头负责工作营总体工作方案制订和组织实施。同时，邀请程泰宁、郑时龄、仲德崑、唐子来、杨保军五位专家担任本次示范区内部工作营的指导专家，通过参加工作营期间的研讨工作和书面点评，把握和引导整个工作营的技术方向。

二、做法与举措

示范区国土空间规划作为首个多省级行政主体共同编制的国土空间规划，在规划体系、工作机制、技术路径、理念运用、内容形式上都作出了积极的创新尝试。

（一）构建统一的规划体系

按照国家对长三角区域一体化发展“1+N”政策体系的总体考虑，落实中央关于建立国土空间规划体系并监督实施的最新要求，示范区构建了“示范区国土空间总体规划-先行启动区国土空间总体规划-近期建设区控制性详细规划”的国土空间规划编制体系，统一基础底板和用地分类，统一规划基期和规划期限，统一规划目标和核心指标。其中，示范区总规由两省一市共同编制、联合报批，规划范围以两区一县 2 413 平方公里为主，主要发挥底线约束、刚性管控、战略引领等作用，编制内容达到市县国土空间总体规划深度要求。在严格落实示范区国土空间总体规划中刚性要求的基础上，两区一县可以分别对各区（县）国土空间总体规划及下位规划进行调整或修编，在落实示范区国土空间总体规划战略目标、空间结构、底线要求的前提下，可依托下位规划深化细化空间布局。

（二）确立多方参与的高效工作机制

1. 组建多方合作参与的工作团队

一是组建三级八方共同参与的工作专班。示范区国土空间规划编制工作涉及相关主体众多，根据两省一市共同协商，由上海市、江苏省、浙江省国土空间规划主管部门以及苏州市、嘉兴市、吴江区、嘉善县和青浦区人民政府，建立“三级八方”共同编制规划的工作机制，组建了示范区国土空间规划编制工作专班（以下简称“工作专班”），共同组织推进相关规划编制（见图 1）。

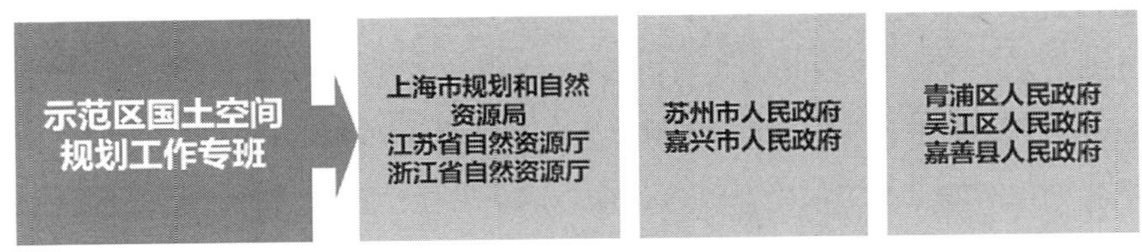

图 1 “三级八方”工作专班架构图

二是组建兼顾综合性与专业性、公平性与地方性的编制团队。由中国城市规划设计研究院领衔，联合沪苏浙地方规划设计团队成立示范区国土空间规划编制技术核心团队（以下简称“技术核心团队”）（见图 2）。在专业背景上，兼顾综合性和专业性，以空间规划领域团队为核心，涵盖土地、生态、历史人文、农业水利、交通市政等多个专业领域。在单位隶属上，兼顾地方性与公平性，以不隶属于三地的设计单位牵头，保证技术团队的立场相对中立；联合三地地方设计单位共同参与，发挥熟悉地方实际情况和现实诉求的优势，保证规划的可实施性和可操作性。

图 2 示范区规划技术团队组成构架图

2. 形成多元主体高效沟通的协商机制

以“求同存异”“省级统筹”为基本原则，充分依托工作专班为沟通桥梁，构建“三级八方”各层级地方政府及相关部门的沟通平台和机制，采用多种协商形式，明确重点协商内容，在保障协商公正的前提下切实提高协商效率。一方面，以工作专班作为主体，结合定期例会、专题汇报、专项沟通会等形式开展日常协商，实现编制团队与各相关利益主体的有效高效沟通。另一方面，聚焦规划编制中的重要节点，依托示范区执委会平台，以两省一市省级自然资源主管部门为统一扎口单位，针对规划中涉及的核心关键问题充分讨论、形成共识，保证规划顺利推进。

（三）形成“目标-策略-行动”的共同规划蓝图

目标愿景上，立足世界眼光、国际标准、中国特色，规划为示范区提出“世界级水乡人居文明典范”的总体发展愿景，具体地分为五个维度：未来的示范区，将是一个人类与自然和谐共生、全域功能与风景共融、创新链与产业链共进、江南风和小镇味共鸣、公共服务和基础设施共享的地区。

空间布局上，突出生态绿色特征，以示范区生态敏感性最高、生态本底最优质的淀山湖、元荡及周边湖荡为主体构建生态绿心，构建示范区“一心、两廊、三链、四区”的生态格局。在锚固生态格局的基础上，以虹桥商务区为发展动力核，以环淀山湖区域为创新绿核，形成“两核、四带、五片”的城乡空间布局。

规划策略上，在生态环境方面，推进水岸联动综合整治，统一示范区水环境管控标准，至 2035 年实现水功能区水质达标率 100%，提升林田空间生态服务功能。在产业发展方面，构建“研-学-产”协同共进的空间布局，形成接轨国际标准与技术前沿的“正面清单”和倒逼传统产能退出与升级的“负面清单”。在综合交通方面，统筹构建高效快捷的轨道交通系统，力争实现示范区至虹桥枢纽 45 分钟可达，打造扁平化等级道路交通网络，营建风景道、蓝道、绿道等特色交通系统。在城乡风貌方面，形成与水乡古镇风貌相协调的“小尺度、低高度、中密度”空间感觉，塑造江南韵、小镇味、现代风的生活场景。在公共服务方面，统筹布局建设文化、教育、体育、卫生等高等级公共服务设施，按照均等化、便利化原则构建 15 分钟社区生活圈。在市政基础设施方面，共同推进协调一体绿色的市政基础设施建设，高标准构建城市智能平台运行支撑系统。

在规划实施上，一是加强全域国土空间管控，依据空间布局方案，统筹划定生态保护红线、永久基本农田、城镇开发边界、文化保护控制线“四线”。二是倡导全过程规划土地一体化管理，聚焦规划制定、计划安排、项目管理、监督执法四个环节，理顺全流程一体化政策机制。三是紧扣“高质量”和“一体化”推进一批示范项目建设，按照集中示范和分类示范两大类谋划近期建设项目，纳入规划中予以实施保障和政策支持。

专栏 3

示范区规划空间布局思路

综合河湖本底、活水畅流、清水绿廊、林田分布等生态要素，构建“一心、两廊、三链、四区”的生态安全格局，形成人水相依、城水相融的生态绿色示范区。其中，“一心”指以淀山湖、元荡为主体的世界湖区和水源涵养区构成生态绿心，是示范区生态敏感性最高、生态本底最优质的生态源头；“两廊”指贯通示范区全域的两条清水绿廊，打造绿色洪涝通道、绿色引水通道、绿色航运通道、绿色景观人文通道等综合廊道；“三链”指联通示范区中部主要湖荡的三条蓝色珠链，是人与自然和谐共生的展示空间，加强湖荡联通，提升水质，保障安全，成为发挥休闲和新经济培育的重要生态载体空间；“四区”指结合水乡基底特征，构建四片以不同水形态为特色的生态片区，分别为大湖区、溇港区、湖荡区、河网区。

在锚固生态格局的基础上，以虹桥商务区为发展动力核，以环淀山湖区域为创新绿核，形成“两核、四带、五片”的城乡空间布局。其中，“两核”是指以虹桥商务区为发展动力核，打造国际开放枢纽，推动虹桥地区高端商务、会展、交通功能深度融合，建设中央商务区和国际贸易中心新平台，另一方面，以环淀山湖区域为创新绿核，打造生态、创新、人文融合发展的中心区域；“四带”是指构建沪宁、沪杭、沪湖、通苏嘉甬四条区域发展带，作为未来区域设施集聚、城镇集聚、要素集聚的核心发展走廊；“五片”强调发挥小城镇黏合剂作用，从格网独立向网络互通转变，形成以青浦城区、吴江城区、嘉善城区、盛泽镇区、先行启动区为中心的五片城镇簇群，簇群内部城镇功能互补，服务共享，形成城区、镇区和村落互联的扁平化网络。

三、理论与启示

（一）理论思辨

1. 从理性规划到协作式规划

长期以来，国内规划一直遵循着基于工具理性的理性规划范式，着重于物质空间的蓝图式规划。①随着社会经济发展的转型，基于公众参与、利益相关主体协商的倡导式规划、沟通式规划、渐进式规划、协作式规划等一系列“后现代”规划范式开始进入实践探索。其中，协作式规划是基于德国当代社会哲学家哈贝马斯“沟通行为与沟通理性”理论而形成的规划范式，②重点是关注规划过程利益主体间沟通机制的构建，③通过“场所营造”和“制度设计”，在复杂的市场经济和多元的投资环境下协调矛盾，促进利益主体间协作。④

对于示范区而言，其空间范围跨越沪苏浙三个省级行政区，规划编制涉及的主体比传统规划更加复杂，除了市场主体、本地居民等主体外，多层级的政府主体之间也存在着巨大诉求差异，因此，相关主体之间的协商与沟通成为示范区总规的编制重点和难点，需要在传统的理性规划范式基础上，通过协作式规划理念，构建相对稳定的多主体沟通协商机制，在底线管控的基础上寻求多方主体诉求的“最大公约数”，从而实现规划的有效推进和可操作性的保障。示范区在规划编制过程中，以“三级八方”多元主体为桥梁，构建了相对稳定、高效畅通的沟通协商机制，在底线管控、要素协同等一系列重大利益问题上取得了共识，在跨区域规划协同的工作机制构建上提供了有效的创新实践样本。

2. 从中心地理论到网络城市

传统的区域城镇体系通常是基于中心地理论的等级结构，强调地方空间与区域中心的等级性。⑤而随着高速铁路等区域交通设施以及信息基础设施的快速发展，传统的地理区位重要性下降，基于“流动空间”或者“网络

---

① 郑国，秦波.论城市转型与城市规划转型——以深圳为例［J］.城市发展研究，2019（3）.

② Haber mas J. The theory of communicative action：Vol.1：Reason and the rationalization of society, trans. T. McCarthy［J］. Boston：Beacon，1984.

③ 李东泉.从公共政策视角看1960年代以来西方规划理论的演进［J］.城市发展研究，2013（6）.

④ 帕齐· 希利.透视《协作规划》［J］.曹康，王晖，译.国际城市规划，2008（3）.

⑤ 王士君，廉超，赵梓渝.从中心地到城市网络——中国城镇体系研究的理论转变［J］.地理研究，2019（2）.

城市”理论的多中心、扁平化空间体系开始逐步取代原本的等级性、单中心空间结构。①其中，“网络城市”理论起源于卡斯特勒斯的“流动空间”理论以及英国泰勒的“中心流理论”，②指两个以上原先彼此独立的城市借助于快速高效的交通和通信设施开展连接合作，形成的富有创造力的城市集合体，通过协同和互补的网络实现规模经济、劳动分工和协同创新。

示范区总规编制中，充分考虑生态绿色的理念要求和两区一县现状实际，在发展模式上基于网络城市理论构建多中心、网络化、融合式的空间格局，以小城镇为功能核心载体，不搞集中成片、大规模、高强度开发建设，以推动存量用地布局优化、结构调整和内涵提升为主。通过交通立体网络支撑，倡导低碳绿色出行方式，构建水陆并举的多模式、多功能交通网络。强化大中小市镇集群式协同发展，形成组团式、单元化空间布局，促进生活、就业、休闲等功能的融合。

（二）规划内容创新

1. 全面贯彻落实国家战略，强调引领度

示范区总规在落实《规划纲要》和《长三角生态绿色一体化发展示范区总体方案》（以下简称《总体方案》）要求基础上，对标国内外最高标准、最好水平，借鉴雄安新区等国家战略地区和“欧洲之心”等国际著名跨域协同地区经验（见表1），紧扣高质量和一体化两个关键，充分发挥规划引领作用。

表1　重点借鉴案例地区及其理念一览表

主　题	案　　例	核心理念借鉴
跨界地区	欧洲之心	欧洲的庭院
	长株潭绿心	法规夯实的城市群绿心
滨水地区	美国五大湖	人类与自然和谐共处的国际范例
	瑞典皇家海港城	可持续导向的滨水生态城区
	挪威许候门码头	艺术引领的滨水活力城区

① 汪淳，陈璐.基于网络城市理念的城市群布局——以苏锡常城市群为例［J］.长江流域资源与环境，2006（6）.

② Westin，L. and Osthol. A Functional networks，infrastructure and regional mobilization［J］. Northern Perspectives on European Integration，1994（2）.

续表

主　题	案　　例	核心理念借鉴
创新地区	美国硅谷圣克拉拉	彰显特色氛围与宜居环境
	美国博兹曼	突出小镇氛围与户外生活
	瑞士莫尔日	保持紧凑发展与风景优势
未来社区	多伦多未来社区	实体空间与数字空间的叠合
河流整治地区	新加坡碧山宏茂桥公园	更宽、更绿的河漫滩设计
标杆地区	雄安新区	新时代推动高质量发展的全国样板
	北京城市副中心	国际一流的和谐宜居之都示范区

一是率先落实新发展理念，坚持创新驱动引领产业转型升级，坚持资源利用方式转变倒逼发展方式转型，落实“规划建设用地零增长”的理念，率先探索将生态优势转化为发展优势，打造“蓝色珠链”等新经济培育的重要空间载体。二是率先实现“一盘棋”发展，强化分工合作、努力把“长板做长”，积极探索区域协调发展新模式。率先探索高质量和一体化发展体制机制，推动全面深化改革举措在示范区系统集成、集中落实。三是率先建立跨界治理新标准，坚持“就高不就低”的标准导向，对标国际最高标准、最好水平，充分吸收采用两省一市和全国其他区域协调发展战略实施中的政策、标准、机制，确保示范区在水环境治理、水安全保障、产业准入、能耗排放、公共服务设施配置等各方面的建设标准“大于等于”原先两区一县的标准。

2. 体现生态绿色新理念，强调集成度

深入贯彻生态文明建设新理念，坚持生态优先、绿色发展。一方面，降低开发建设对生态环境的影响，减少碳排放。对照联合国 2030 可持续发展目标和第三次联合国住房和城市可持续发展大会（“人居三”）要求，集成新理念、新方法、新技术，全面落实低碳发展理念，坚持以存量优化为主的发展模式，构建数字经济、创新经济等引领的低碳产业体系，促进产业结构转型升级。推动低碳生活方式，提升绿色交通出行比重和绿色建筑比重，加强低碳社区等示范项目建设。另一方面，保护和恢复示范区生态资源和生境体系，提高碳汇能力。结合示范区湖荡水网密布的本底特征，坚持生态筑底、理水为要，着力扩大蓝绿空间，凸显湖荡纵横、河网交织、林田共生的自然山水格局，重点加强太浦河两岸支流及其联通湖荡水系的湿地建设，建设多层级“清水绿廊”体系。强化生态修复技术应用，提高土壤质量，改善林田空间生态系统碳循环能力。

3. 体现人居品质新示范，强调显示度

回应人民群众对良好人居环境的向往和需求，重点关注人居品质提升，在设施共享、交通互联、文化传承、生态治理、特色空间营造等方面创新突破，确定一批带动性强、获得感明显的示范项目和功能样板，明确近期优先建设的重点地区和分类推进实施的项目库。聚焦一体化和生态绿色，按照集中示范和分类示范两大类谋划近期示范项目。重点抓好“1+3”集中示范。共建一处水乡客厅，由三地在两省一市交界处，合力打造“江南庭院、水乡客厅”，集中实践和示范城水共生、活力共襄、区域共享的发展理念。在先行启动区内发挥三地各自优势，谋划青浦西岑科创中心、吴江高铁科创新城、嘉善祥符荡创新中心等三处近期示范片区。同时，从人民有获得感、项目有显示度的角度，共建生态环保、产业创新、人居品质、基础设施、机制平台五类“项目库”，形成分类示范。通过集中示范和分类示范相结合，体现示范区建设的集中度和显示度。

4. 体现新江南文化新空间，强调多样性

聚焦示范区“吴根越角”的江南水乡空间与人文特质，保护和传承示范区的江南水乡空间和人文特质，将示范区特有的溇港圩田系统以及传统村落、自然水体形成的空间肌理，纳入文化保护控制线进行整体性保护，丰富文化保护控制线的内涵。在历史文化保护与活化利用上先行探索，规划融入现代元素，在总体延续江南水乡空间肌理的基础上，构建“河湖田镇村”融合共生的水乡单元，形成低高度、中密度的城镇空间形态，塑造江南韵、小镇味和现代风交织共鸣的生活场景和空间环境。

5. 体现跨界治理新机制，强调操作性

示范区是涉及多级行政主体的跨界地区，在保留两区一县各自行政地域管辖的同时，面向跨行政区域、多层级共商的合作框架，着眼于利用一体化制度供给激发发展新动能，规划提出了“标准理念统一、资源信息共享、管理执法一体、协商保障有力”的目标，并明确了“成本共担、环境共治”“设施共建、民生共享”“市场共管、发展共赢”三大重点方向。同时，在规划中明确共同的管控底线与标准，共同谋划有利于要素流动和分工协作的新型治理模式，为长三角一体化中的体制机制关键破题提供具备落地性的示范，并对生态共保、设施与服务共享、产业共建等重点协同项目予以安排，以点带面，调动多方多元主体参与。

6. 体现“开门做规划”，强调协同性

在“三级八方”协同工作机制的支撑之上，本着“充分表达、省级统筹、求同存异”的原则，依托示范区理事会、执委会工作平台，由两省一市规划资源部门作为牵头统筹，充分听取省、市、区（县）意见诉求。多次组织开展专家咨询，充分听取规划、交通、产业、生态等各领域专家意见。同时，在两省一市同步开展规划草案公示，通过线上线下多种渠道，广泛吸收社会公众和团体的意见，并围绕交通互联、生态环境建设、公共服务共享等公众最关心的内容进行完善，将两区一县百姓的共同期盼尽可能体现在规划成果中。

（三）主要启示与未来导向

1. 坚持以生态绿色推动发展转型

新中国成立七十多年来，随着生活条件的改善，百姓从盼望温饱变成盼望绿水蓝天，长三角地区更是生态文明建设中的“排头兵”。党的十九大报告明确，“建设生态文明是中华民族永续发展的千年大计，要牢固树立社会主义生态文明观，推动形成人与自然和谐发展的现代化建设新格局”。国务院在示范区《总体方案》批复中强调，示范区要“走出一条跨行政区域共建共享、生态文明与经济社会发展相得益彰的新路径”。这些要求的核心是建设环境和经济高度协调的一体化高质量发展示范区，达到生态、经济、社会三个效应的高度复合统一。①示范区所处地区的环境敏感性及其在两省一市交界地区经济与城市建设水平相对较低的现状条件，恰恰为其“生态绿色新经济”转型探索提供了先天机遇。一方面，要尊重生态基底，推进生态修复，培育生物通廊和栖息地，重塑本土化生境，提升生态系统的整体功能；同时要挖掘和激活生态空间的多元价值，为人们

① 赵宏林.长三角一体化示范区的“生态绿色”，如何真正起到示范引领作用.上观新闻［EB/OL］.（2019－12－23）https：//web.shobserver.com/news/detail？id＝196064.

提供更优质、可持续享有的生态产品。①另一方面，要从要素投入发展模式转向创新引领发展模式，倒逼集约生产，用更节约的用地和资源获取更高效的收益；同时合理控制开发建设强度、回归尺度宜人又有文化气韵的水乡生活场景，实现“在绿色中生活、在风景中创新”。

2. 坚持在多方主体凝聚共识的过程中实现区域协同

示范区总规的编制过程是多方主体的诉求反复协商、逐步达成基本共识的过程。示范区作为跨省域的法定国土空间规划，其角色定位在于明确示范区目标定位、发展战略与指标体系，划定生态保护红线、永久基本农田保护红线、城镇开发边界、文化保护控制线等“四线”，实施自然资源统一保护修复与管理，优化空间结构和功能布局，统筹重大基础设施，确定城乡居民点体系，科学配置各类资源要素等。在以上领域，两区一县各自现有一定的优势领域、特色谋划、先进经验，并在一些涉及跨界共管共建共享的事项上已经存在“自下而上”的合作探索，本次规划在尊重和吸纳不同地方既有实践的基础上，站在国家战略和国际视野的更高视角，为示范区提出一个更理想的目标愿景、更全面的建设提升框架、更可预期的共同行动指南。

3. 坚持将机制体制创新作为区域一体化发展的关键动力

示范区规划建设要聚焦“不破行政隶属，打破行政边界”所面临的共性突出问题，进行系统性的改革实践，形成在长三角乃至全国可复制可推广、具有普遍价值的区域协调发展制度成果。其中，规划协同是其中探索实践的第一步，同时，示范区总规中明确要推进一批机制平台类示范项目建设，探索生态补偿、土地指标周转、教育资源共享、医保一体化、人才吸引等领域的体制机制创新，为高质量一体化发展不断注入动能。自 2019 年 11 月示范区正式挂牌设立一年以来，以沪苏浙联合制定的《关于支持长三角生态绿色一体化发展示范区高质量发展的若干政策措施》为主体，改革赋权、企业迁移、财政金融支持、用地保障、新基建建设、管理和民生服务等领域的 32 项开创性制度创新成果得以落地，“业界共治、机构法定、市场运作”的跨域治理新格局已经初具雏形。

---

① 王凯.长三角一体化示范区与雄安新区规划的比较与启示［EB/OL］.（2020－9－1）http：//www.archina.com/index.php？ g=portal&m=index&a=show&id=5223.

四、成效与问题

经过近两年的接续工作，示范区的国土空间规划体系框架和组织推进机制已经明晰，完成了多方认可、内容丰富的规划成果编制，取得了预期工作成效，当然也存在进一步深化探索予以完善的空间。

（一）主要工作成效

1. 构建了示范区国土空间规划体系

依托“示范区国土空间总体规划-先行启动区国土空间总体规划-近期建设区控制性详细规划”的示范区国土空间规划编制体系，加强跨区域土地指标管理、全要素用地储备、建设用地统筹、存量盘活等机制创新支撑，打破行政壁垒，实现“一张蓝图”管全域和“一个平台”管实施。在示范区总规层面，充分发挥底线约束、刚性管控、战略引领等作用，统筹划定四条控制线，建立覆盖全域的“四线”管控体系。同时，依托示范区国土空间规划体系建立兼顾刚性和弹性的规划实施和传导机制，明确两区一县国土空间总体规划、先行启动区总规等下位规划，在落实示范区总规战略目标、空间结构、底线要求的前提下，可深化细化空间布局方案，并区分不同类型管控要求，对四条控制线实施分类差异化管控，逐级传导落实全域国土空间管控要求。

2. 形成了示范区国土空间总体规划成果

在前期准备和基础研究阶段，形成了“3+1”四本研究报告。其中“3”为现状调研报告、双评价报告、案例研究报告等三个专题性报告，“1”是在三个专题性报告基础上形成的总体研究报告（见图 3）。

在示范区总规编制阶段，形成了 3 份高质量的内部工作营成果，以及水系统、综合交通、防洪除涝、基础设施、产业发展、文化旅游发展等 6 个重点领域专项成果，均为示范区总规编制提供了重要支撑。在此基础上，形成了示范区总规送审稿成果。

3. 锚固了多主体规划协同机制

示范区总规作为融合跨省域空间协同规划与国土空间规划的新探索，坚持高起点、高标准、开门做规划，依托示范区理事会、执委会平台，创新性地构建了“三级八方”共同编规划的联合工作机制，组建了共同参与的工作专班和技术核心团队，率先从规划领域为两区一县乃至两省一市提

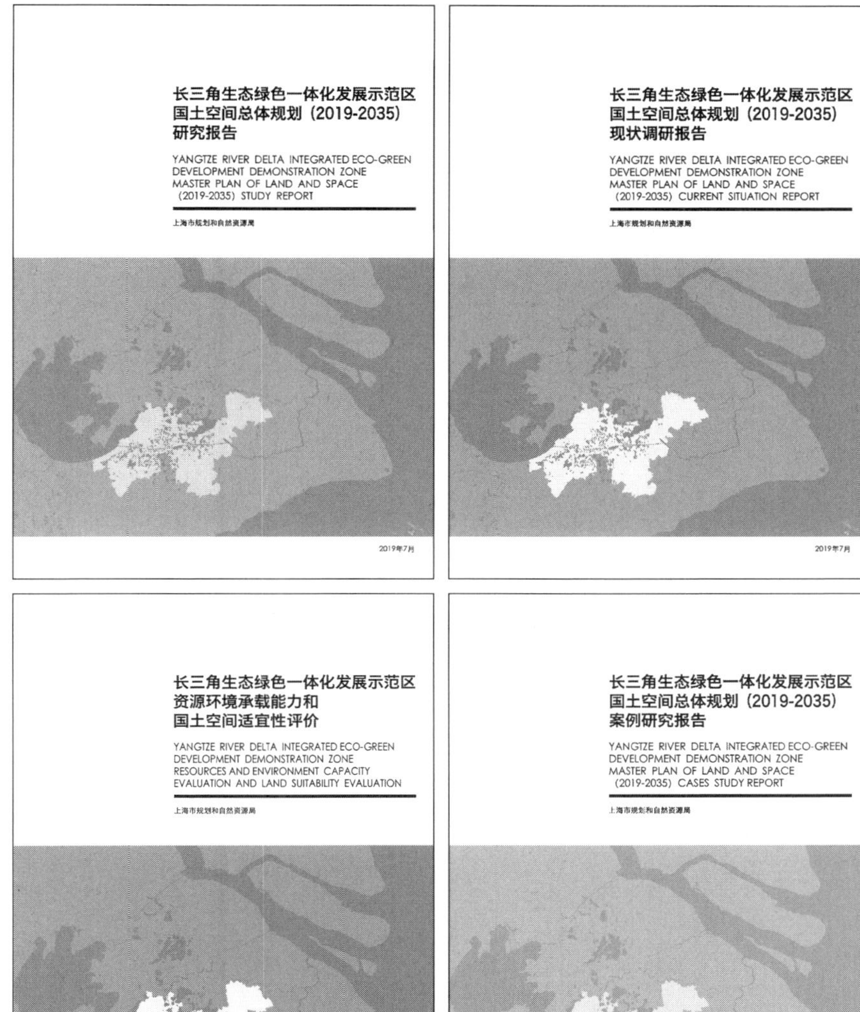

图 3　前期基础研究成果图

供了开放对话、互利合作的窗口和平台，对于引领示范区从区域项目协同走向区域一体化制度创新、从“规划对接”向“规划协同”进阶，有着重要的促动意义。

（二）不足与问题

规划编制工作牢牢把握“高质量”“一体化”两个关键，充分体现了对发展模式、空间营建和体制创新的样板和示范，但从指导规划实施的角度，仍存在进一步深化完善的空间，需要在后续工作中进一步研究提升：一是一体化协同机制有待进一步深入探索，示范区总规编制工作中率先探索形成了多主体协作的工作机制示范，在后续下位规划编制和实施建设各项工作中，仍需进一步探索如何在不改变现行行政隶属关系的前提下，打破行政边界，在各个重点领域探索一体化发展制度创新。二是实现“生态绿色”理念的标准有待完善，绿色低碳发展是示范区规划建设的核心要求之一，也是当前国际普遍关注的重要议题，规划中提出碳评估、碳计量、碳排和碳汇等理念，需要一系列标准和政策支撑，在后续规划建设工作中值得进一步深入探讨。三是面向发展目标的规划实施和创新路径探索有待深化，例如各类新理念新技术在规划建设中的落实、城乡建设用地跨区域统筹管理的具体策略、乡村与绿色空间中新业态新场景的植入等，需要相应探讨实施管理中的政策机制。

五、展望与建议

一是加快推进下位规划编制，有效落实国土空间总体规划的核心内容。重点推进先行启动区国土空间总体规划、“一厅三片”重点地区（水乡客厅、西岑科创中心、吴江高铁科创新城、嘉善祥符荡创新中心）的国际方案征集和城市设计、控制性详细规划编制等。目前，启动区总体规划正在由示范区执委会牵头加快推进编制。同时，按照示范区近期规划建设工作安排，相关地区的城市设计和控详规划也在有序推进，推动示范区总规管控要求层层传导落实。

二是加快集中示范型项目建设，提升一体化示范区建设的显示度。按照共商、共建、共管、共享、共赢的理念，围绕生态环境维育、设施互联互通、产业创新转型、公共服务保障等领域，重点聚焦先行启动区，强化“一盘棋”思维、“一张图”布局、“一份表”管理，推动一批具体展现新理念新模式的项目落地，进一步强化“一厅三片”的功能引领，加快形成集聚度和显示度，实现从区域项目协同走向区域一体化制度创新。

三是总结示范区总规编制经验，形成可复制可推广的样本。作为首个多省行政主体共同编制的国土空间一体化规划，示范区总规的组织编制、规划审批、技术路径等，对于跨省编制国土空间规划及区域一体化发展提供了前瞻、有益的探索，应当及时进行梳理回顾和全面总结，以期为长三角以及其他地域的跨域规划编制提供范式参考，有效促进与保障一体化发展规划在更大范围的实践和推广。

（执笔者：熊健，上海市城市规划设计研究院党委书记、副院长；戈壁青，上海市规划和自然资源局三级主任科员；刘迪，中国城市规划设计研究院上海分院城市设计中心所长）

长三角政务服务“一网通办”的成效及启示

当前，我国已经进入互联网时代，数字经济规模不断扩大，数字政府建设也不断迈出新的步伐。“互联网+政务服务”建设取得重大进展，上海“一网通办”、江苏“不见面审批”、浙江“最多跑一次”和安徽“皖事通办”等成为全国地方数字政府建设的标杆，促进政府在思维方式、职能运行、组织结构和人员素质上进行深层次变革，不断推进政府数字化转型，朝着高效、整体和服务型的数字政府深入发展。

各地逐步建立本行政区划内部的“一网通办”政务服务体系，能否通过跨行政区划的数据共享应用、业务标准互认、流程优化再造、部门协同联动，打造长三角区域内一体化政务服务，让“长三角包邮区”的企业和群众享受像“网购”一样便利的政务服务呢？ 这是新时代政务服务数字化转型的重要命题，也是以人民为中心理念的具体践行。伴随长三角一体化发展上升为国家战略，上海市牵头会同苏浙皖三省推出长三角政务服务“一网通办”（以下简称长三角“一网通办”），探索区域政务服务一体化发展，实现跨行政区划、跨部门、跨层级的数据互联互通、业务协同联动，为区域内企业和群众带来了实实在在的便利。

长三角政务服务“一网通办”改革具有重大理论意义和现实意义。首先，改革是区域内各地方政府“刀刃向内”自我革命的内在要求，是建设服务型政府、深化“放管服”改革、提升政务服务水平和能力的重要举措，充分体现了党和政府以人民为中心的理念。其次，改革是区域经济高质量一体化发展的必然要求，通过推动跨行政区划政务数据互通，促进市场要素自由流动，激发市场活力；通过区域信用数据的共享互认，助力区域诚信体系建设，优化区域整体信用环境和营商环境。最后，改革是政务服务领域跨行政区划改革和联动的示范要求，通过先行示范先出成效，为京津冀、珠三角等区域城市群推进政务服务一体化提供示范意义和参考价值，为全国“跨省通办”探索更多可复制、可推广的经验。

一、缘起与背景

建设统一、规范和高效的全国大市场，优化经济要素的配置，要求公共服务配置跨越行政区划的边界。当前我国流动人口达 2.36 亿，日均新设企业达 2 万户，人口与业务的跨省流动非常频繁。长三角地区是我国经济最具活力、开放程度最高、创新能力最强的区域之一。在畅通国民经济循环、构建国内统一大市场的大背景下，以一体化的思路和举措打破行政壁垒、提高政策协同，让要素在长三角范围内流动更加畅通，是当前“一网通办”政务服务体系的发展方向。一方面，政务服务“一网通办”在优化区域整体营商环境，便利企业跨行政区划投资和经营，降低企业营商成本等方面发挥着重要作用；另一方面，政务服务“一网通办”在保障民生和促进公共服务共享方面发挥着基础支撑作用，通过促进区域就业、医疗、养老、就学、出行等公共服务协同发展，逐步提升区域公共服务一体化水平。

习近平总书记高度重视电子政务工作并明确要求“加快推进电子政务，构建全流程一体化在线服务平台，更好解决企业和群众反映强烈的办事难、办事慢、办事繁的问题”。①2018 年 7 月，国务院印发《关于加快推进全国一体化在线政务服务平台建设的指导意见》。全国一体化政务服务平台由国家政务服务平台、国务院有关部门政务服务平台（业务办理系统）和各地区政务服务平台组成（见图 1）。国家政务服务平台是全国一体化政务服务平台的总枢纽，国务院有关部门和各地区政务服务平台是全国一体化政务服务平台的具体办事服务平台。国务院办公厅牵头成立全国一体化政务服务平台建设和管理协调工作小组，负责全国一体化政务服务平台顶层设计、规划建设、组织推进、统筹协调和监督指导等工作。2018

① 摘自习近平在 2018 年 4 月 20 日至 21 日全国网络安全和信息化工作会议上的讲话。

年底，国家政务服务平台主体功能建设基本完成，制定了国家政务服务平台政务服务事项编码、统一身份认证、统一电子印章、统一电子证照等标准规范。

图 1　国家政务服务平台

2019 年 11 月 8 日，全国一体化政务服务平台整体上线试运行，已联通全国 31 个省（区、市）及新疆生产建设兵团、40 余个国务院部门政务服务平台，接入地方部门 300 余万个政务服务事项和一大批高频热点公共服务。依托全国一体化政务服务平台，企业和群众可直接通达全国各地区、各部门的政务服务。

长三角“互联网+政务服务”的区域一体化工作走在全国一体化发展的前列，也是国家相关工作的示范发展区域。2019 年 3 月 7 日，国务院办公厅秘书局印发《长三角地区政务服务“一网通办”试点工作方案》，作为全国首个区域政务服务一体化试点的长三角“一网通办”正式拉开序幕。上海、江苏、浙江、安徽（以下简称“三省一市”）依托全国一体化政务服务平台推进长三角“一网通办”改革，以企业群众的利益和需求作为根本出发点，梳理长三角区域高频跨省办事服务需求，坚持需求导向，场景应用驱动，三省一市政务服务（大数据）部门会同相关业务主管部门组建工作专班协同攻坚，全面推进长三角“一网通办”。

2019 年 5 月 22 日，在安徽芜湖召开的长三角地区主要领导座谈会上，长三角地区政务服务“一网通办”正式开通，51 项企业和个人办理事项在长三角“一网通办”线上专栏、线下专窗上线，四地政务服务移动端汇聚各地特色“无感漫游”服务。

2020 年 3 月 25 日，国务院办公厅电子政务办印发《2020 年长三角地区政务服务“一网通办”工作要点》，进一步推进跨省通办事项标准化和规范化建设，推进区域法院诉讼一体化服务，推动电子证照在长三角区域广泛共享应用，加强长三角公共数据共享和治理，坚持需求导向、群众导向，推进更多的事项和服务跨省通办，进一步推动长三角“一网通办”从“可办”向“好办”转变。特别是“新冠”疫情发生以来，三省一市启动疫情联防联控机制，共同建立公共卫生信息互联互通机制，编制《长三角一体化数据共享交换平台新冠疫情健康码对接技术规范及接口说明》，四地健康码查询服务接口实现对接，人员健康码数据信息实时交换共享。经过三省一市合力攻坚，3 月初实现了长三角地区健康码互认应用，有力地支撑了区域疫情联防联控。

2020 年 5 月 26 日，长三角一体化示范区印发《2020 年一体化示范区推进“一网通办”集中落地工作要点》，加快推进长三角“一网通办”成果在示范区集中落地。示范区依托长三角“一网通办”工作推进机制，进一步打造国际一流产业创新生态系统和最优营商环境，并在政务服务区域一体化发展制度创新上先行探索。在长三角“一网通办”线上专栏开通示范区专区，支持示范区创新政务服务模式，统一服务标准，推动制度创新，探索公共服务更大程度、更加实质性共享互认。

2020 年 9 月 24 日，国务院办公厅印发《国务院办公厅关于加快推进政务服务“跨省通办”的指导意见》，吸收借鉴了长三角“一网通办”先行试点的经验成果。在此基础上，要求京津冀、长三角等区域继续加大试点力度，推动跨省通办服务创新，争取为全国政务服务一体化发展、政府数字化转型探索更多可复制、可推广的经验。

二、做法与举措

习近平总书记指出，要运用大数据提升国家治理现代化水平。要建立健全大数据辅助科学决策和社会治理的机制，推进政府管理和社会治理模式创新，实现政府决策科学化、社会治理精准化、公共服务高效化。要以推行电子政务、建设智慧城市等为抓手，以数据集中和共享为途径，推动技术融合、业务融合、数据融合，打通信息壁垒，形成覆盖全国、统筹利用、统一接入的数据共享大平台，构建全国信息资源共享体系，实现跨层级、跨地域、跨系统、跨部门、跨业务的协同管理和服务。①

习近平总书记的要求为长三角“一网通办”指明了发展方向和根本遵循。要实现长三角区域政务服务“一网通办”，必须加快推进长三角地区政务数据资源的共享共用，着力打破长三角区域内政府部门之间的“信息孤岛”，解决跨地域、跨部门的数据不互通、技术不相容、标准不一致等区域性差异问题，推进跨省政务服务数据共享应用和服务规范化、标准化、协同化，推进政务服务线上线下融合互补。沪苏浙皖在“互联网+政务服务”方面处于全国领先水平，长三角区域政务服务整体水平差异小、跨省通办具备较好的发展基础。在国办电子政务办的指导下，在全国一体化平台的支撑下，三省一市求同存异，紧密合作，各扬所长，不断探索跨省“一网通办”的实现理论、路径、模式和方法，推动区域营商环境提升，为区域企业群众打造更加便利的优质服务。

（一）沪苏浙皖各省（市）的做法和经验

上海市于 2018 年 3 月在全国率先提出政务服务“一网通办”，印发《全面推进“一网通办”加快建设智慧政府工作方案》，全面启动了上海市“一网通办”改革工作。2018 年 9 月制定出台《上海市公共数据和一网通办管理办法》（沪府令 9 号）政府规章，为改革提供法制保障。2018 年 11 月制定出台《政务服务“一网通办”业务规范》（DB31/T 1113－2018）地方标准。2021 年出台《关于深化“一网通办”改革构建全方位服务体系的工作方案》（沪委办发〔2021〕6 号），提出新三年工作目标和任务，围绕个人事项和企业经营全周期服务，全面拓展服务范围，进一步升级改革举措。上海市依托“一网通办”总门户、随申办移动端、自助终端和线下办事大厅，推动“一网通办”改革从政务服务领域向公共服务领域拓展，构建全方位服务体系，助力城市数字化转型。深化业务流程革命性再造，推进“减材料、减时间、减环节、减跑动”，实施“两个免于”，企业、群众办事过程中，只要是上海市政府部门核发的材料，能够提供电子证照的，一律免于提交实体材料和证照。以高效办成“一件事”为目标，集成“一件事”所涉及的服务事项，实施“一次告知”“一表申请”“一口受理”“一网办理”“统一发证”“一体管理”，实现“一网办、一窗

① 摘自中共中央政治局 2017 年 12 月 8 日下午就实施国家大数据战略进行第二次集体学习。

办、一次办”。推进线上线下深度融合和窗口服务创新，线上线下标准一致、线下兜底。各级政务服务大厅全面实施综合窗口改革，打造24小时不打烊自助服务和15分钟服务圈。打造市民主页和企业专属网页，推进主动、精准、个性化服务，实现惠企利民政策从“精准推送”向“精准兑现”转变，从依赖申请的“被动服务”向“主动服务”转变。

专栏1

上海电子政务服务水平、营商环境大幅提升

联合国经济和社会事务部通过对全球190多个国家的电子政务发展进程进行调查，于2020年7月10日正式发布《2020联合国电子政务调查报告》。报告显示，我国电子政务发展指数排名从2018年第65位提升至第45位，并将上海“一网通办”经验作为写入报告的经典案例。其中，作为衡量国家电子政务发展水平核心指标的在线服务指数跃升至全球第9位，达到“非常高”水平。①

世界银行发布《2020年营商环境报告》，中国的总体排名比2019年上升15位，名列第31名；作为中国两大样本城市之一的上海，贡献了全球评比中中国55%的权重，这是对上海智慧政府服务转型在全球范围内的肯定。第三方测评显示，上海企业对上海营商环境的满意度在85%以上。②

江苏省于2017年在全国率先推进以“网上办、集中批、联合审、区域评、代办制、不见面”等为主要内容的“不见面审批（服务）”改革。2017年6月28日，江苏政务服务网正式开通，形成全省政务服务“一张网”。2018年6月28日，发布江苏政务服务APP4.0，全国首家政务服务入驻支付宝，发布“江苏政务”支付宝小程序。2019年10月，全面推行“一件事”改革，在全省推行“一窗受理、一次告知、一表申请、一套材料、一次提交、一次反馈、一次分办、一窗出件、一号服务、一键评价”的“一件事”办理模式。建成五级“互联网+政务服务”体系，全省1 250

① 卫婧.我国电子政务排名大幅提升 在线服务水平进入全球领先梯队［EB/OL］.http：//www.xinhuanet.com/politics/2020-07/11/c_1126224671.htm.

② 世界银行报告点赞中国营商环境 上海都做了什么［EB/OL］.http：//difang.gmw.cn/sh/2020-7/28/content_34036096.htm.

个乡镇“为民服务中心”、20 132 个村（社区）“便民服务中心”全覆盖。2020 年，围绕江苏省数字政府整体规划，基于一体化政务服务平台锻造核心能力，赋能条块政务服务能力提升。2020 年 6 月，“苏证通”（全省政务服务网上统一可信安全身份认证系统）正式上线运行，打造“苏信通”（全省统一消息服务系统），试点“苏服码”，实现政务服务、行政执法线上线下“一码通行”。2020 年 5 月 15 日，省十三届人大常委会十六次会议审议通过了《江苏省促进政务服务便利化条例》，是全国第一部促进政务服务便利化的地方性法规，将“不见面审批”“网上审图”“区域评估”等改革举措从法规层面加以固化。

浙江省于 2014 年提出“四张清单一张网”改革，推动浙江省一体化在线政务服务平台（“浙里办”）建设，率先形成全省统一的“互联网+政务服务”体系。近年来，浙江省深入贯彻落实“放管服”改革、政务服务“一网通办”要求，以“最多跑一次”改革、政府数字化转型、全域性数字化改革为牵引，立足用户体验、基层需求、改革任务，持续拓展网上政务功能、创新政务服务模式、优化办事服务体验，加快构建“政务服务在身边”的“一网通办”浙江模式，努力引领政务服务由“可办”转向“好办易办”：围绕政务服务标准化，推动全省 3 679 个事项实现统一办事指南、办理流程、表单材料，四端（PC 端、移动端、窗口端、自助机端）体验一致；聚焦多部门联办“一件事”，实现 41 个“一件事”一表申请、一套材料、一次提交、一次办结；打造全省统一、全国首创的政务服务平台，实现全省政务服务事项统一收件、精准分办、远程审批；推进简表单减材料，实现全省 294 个事项字段免填、465 个事项材料免交、105 个事项“双免”，每年能让群众、企业少填表单字段约 6.1 亿项、免交申报材料 6 990.8 万份；围绕热点事件、重要时点，推出疫情防控、高考服务、防汛防台、“浙里亲清”营商等 19 个优质服务专区，助力群众、企业“网上办、掌上办、一站办”；推出 289 本高频电子证照，引领电子证照向服务社会便利化、营商环境优化、移动执法等场景延伸扩面。

安徽省于 2017 年启动网上政务服务平台建设，以政府权力清单和公共服务清单为基础，通过实行最小“颗粒化”，在纵向不同层级、横向不同区域间，实现政务服务事项目录清单中同一事项的名称、类型、依据、编码完全一致，实施清单中的申报条件、申请材料、办理时限等 20 个信息要素全省统一，推动同一事项无差别受理、同标准办理。2017 年 11 月 1 日，安徽政务服务网正式上线运行，2018 年 6 月，全省政务服务“一张网”实现省市县乡村五级全覆盖，建成覆盖全省的整体联动、部门协同、入口统一、一网办理的“互联网+政务服务”体系。2018 年 9 月，“皖事通”APP 上线发布，推动服务事项“掌上办、指尖办”。2019 年，创新推出“慧办事、慧审批、慧监管”的安徽智慧政务新模式，致力打造“皖事通办”平台，即在一体化政务服务平台基础上，通过进一步丰富服务渠道、拓展服务内容、强化平台功能，为企业和群众提供全覆盖、无差别、高质量政务服务和社会服务，努力实现“政府一个平台拖服务、群众一个平台找政府”。目前，“一源五端”、7×24 小时不打烊“随时办”服务、建设江淮大数据中心等创新举措，为推进数字政府和服务型政府建设、持续创优营商环境提供有力支撑，企业和群众在信息化发展过程中有更多获得感、幸福感、安全感。

（二）长三角“一网通办”协同工作机制

自 2019 年以来，在国办电子政务办的指导和大力支持下，国办 2019、2020、2021 年连续三年给长三角地区印发年度工作要点，明确工作任务和牵头责任，三省一市建立了高效协同、分工配合的工作机制。沪苏浙皖充分发挥各自在“互联网+政务服务”领域的“一网通办”“最多跑一次”“不见面审批”“皖事通办”等改革优势，各扬所长、优势互补，对标最高标准、最高水平，把各自的优势变成共同优势；建立长效工作推进机制，选派业务和技术骨干成立工作专班，按照共商、共建、共享原则，共同研究提出区域政务服务“一网通办”高质量发展目标，制定政务服务“跨省通办”规范标准，分头推进落实，共同加强制度创新，共同争取国家部委先行先试支持。

三省一市明确分管领导、责任部门，细化工作方案和时间节点，建立系列工作机制，确保高效协同推进工作。三省一市政务服务（数据资源）部门牵头会同各条线部门组建工作专班，夯实长效工作机制，全力攻坚克难。

建立工作信息报送机制，定期报送三省一市各自工作推进情况。建立线下专窗高效畅通运营保障机制，提升线下窗口跨省服务联动和响应能力。建立线下专窗常态化培训机制，加强专窗人员业务能力培训。建立高效联动信息发布机制，重点宣传典型事例，引导企业群众积极参与。建立政务服务咨询投诉一体化机制，整合三省一市 12345 热线服务资源，完善问答知识库，实现区域政务统一咨询投诉，跨省自动派单。

（三）加强顶层设计，规范“跨省通办”事项业务标准和模式，推进区域高频事项“跨省通办”

依托全国一体化政务服务平台事项标准化支撑，三省一市进一步统一和规范事项业务标准，逐项确定事项办理模式和业务规范，动态拓展“跨省通办”事项清单，创建政务服务事项“办件库”和“事项库”，提供办件查询、附件下载等服务。建立长三角区域政务服务用户跨省身份认证体系，依托国家平台统一身份认证系统进行信任传递，实现个人用户和法人的跨省身份认证，实现申请人“单点登录、全域漫游、无感切换”。

线上推进跨区域服务“一地认证、全网通办”，线下推进“收受分离、异地可办”。共同研究确立“跨省通办”不改变原有业务属地事权和办理体系的原则，从企业群众的需求出发，确定“跨省通办”高频事项清单，实施清单化管理。按照“全程网办”“线上线下联动”“线下异地代收”三种模式推进“跨省通办”。

三省一市省级政务服务平台同步开通长三角“跨省通办”线上办事专区，提供网上办事入口。依托各省（市）线下政务服务大厅，各地按需开设“跨省通办”窗口，支持申请人线下就近提交申请。明确代收地和受理地的工作职责，建设运行管理平台，实施全流程动态监管，有效保障“跨省通办”事项办理过程责权明晰、全程留痕。

三省一市统一搭建长三角政务服务“一网通办”平台（见图 2），包含长三角数据共享交换平台、长三角“一网通办”在线专栏、长三角“一网通办”线下专窗等，以全国一体化政务服务平台为基础支撑，实现政务服务事项异地通办。该平台以长三角三省一市各自政务门户登录界面为入口，打通四地政务用户身份体系，推进政务数据交换共享，业务流程优化再造。长三角“一网通办”在线专栏（http: //csj.sh.gov.cn/）由“特色专区”“我要查询”“企业服务”“个人服务”“其他服务”“服务动态”和“常见问题”等七大模块组成，涵盖从申报、预审、收件到受理、审查、决定的全流程服务和动态监管，以“全程网办”“线上线下联动”“线下代收代办”三种办理模式，实现异地事项和服务跨省通办（见图 3）。其

图 2　长三角政务服务“一网通办”主页

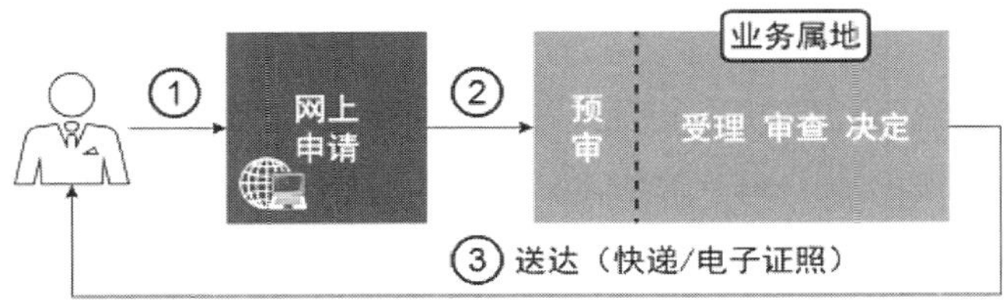

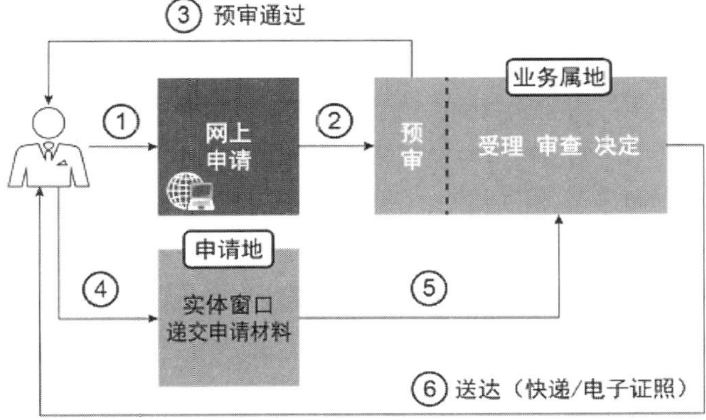

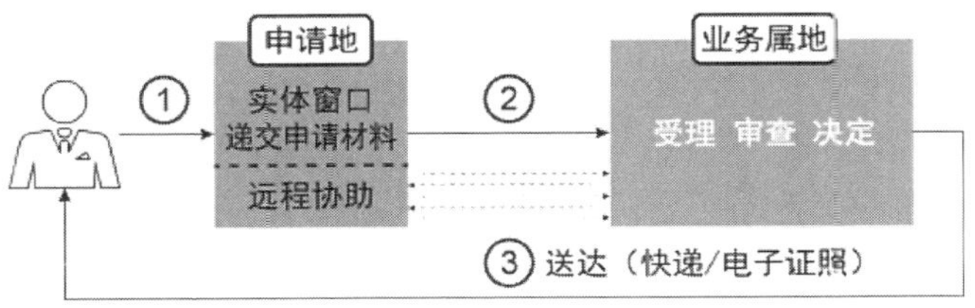

图 3　长三角“一网通办”三种跨省通办模式

中，线上阶段由网上申报和网上预审两大环节组成；线下阶段由异地收件、属地确认、物流递送、后台受理审核、结果送达和远程协助六大环节组成。

（四）强化标准引领和数据共享互认，提升“跨省通办”实效

建设长三角区域数据共享交换子平台，打破部门信息系统“不互联互通”而产生的“数据孤岛”。依托全国一体化政务服务平台支撑，共同制定了数据交换规范、数据质检规则等，实现了数据对接，以“业务流”带动“数据流”，打破长三角行政区域数据壁垒，让各类政务服务资源真正流动起来，在流动中实现效率最大化和公共服务均等化。

制定长三角区域“跨省通办”线下专窗运行规范、技术标准等，指引异地线下窗口准确收件、平台系统对接等。依托全国一体化政务服务平台统一事项标准、统一身份认证、统一电子证照等支持，逐步统一规范长三角区域“跨省通办”事项名称和办理标准，实现跨省身份认证“一次登录、无感切换”。推进电子证照共享互认，全面提升“全程网办”能力。

2019年国务院出台《国务院关于在线政务服务的若干规定》（国令第716号），明确电子证照是指由计算机等电子设备形成、传输和存储的证件、执照等电子文件。国务院有关部门、地方人民政府及其有关部门按照电子证照国家标准、技术规范制作和管理电子证照，电子证照采用标准版式文档格式。电子证照与纸质证照具有同等法律效力。除法律、行政法规另有规定外，电子证照和加盖电子印章的电子材料可以作为办理政务服务事项的依据，国家层面法律规定为长三角区域推进电子证照跨区域应用提供了法制基础。

2020年9月，在国办电子政务办的指导下，三省一市为加快推动电子证照广泛共享互认应用，联合印发《长三角地区电子证照互认应用合作共识》，作为全国首个跨区域电子证照互认应用合作框架协议，对于推进电子证照在区域政务服务、监管执法、社会生活等领域落地应用具有重要意义。

三省一市电子证照库建设进展迅速，在各自区域内应用成效明显，已

初步具备跨地区互信互认应用的基础条件。同时，三省一市结合在电子证照归集和应用模式、运营管理方式等方面各自特点和做法，最大程度求同存异，最快速度在面上取得共识，重点推进电子证照在长三角区域内共享互认，提升区域业务协同，为企业群众办事、出行、生活带来实实在在的便利。

（五）创新长三角一体化示范区政务服务一体化发展

长三角生态绿色一体化发展示范区是实施长三角一体化发展战略的先手棋和突破口，示范区范围包括上海市青浦区、浙江省嘉兴市嘉善县、江苏省苏州市吴江区，面积约 2 300 平方公里，其战略定位是生态优势转化新标杆、绿色创新发展新高地、一体化制度创新试验田、人与自然和谐宜居新典范。

2020 年一体化示范区深入推进青嘉吴三地融合，着力简政放权，加强和规范事中事后监管，提高政府服务效能，持续提升企业和群众办事便捷度、体验度、满意度。示范区聚焦一体化，着力在统一规则上做示范。统一目标，共推一批事项。明确了实现线下终端全覆盖、形成跨域通办创新成果等 10 项工作任务，100 多个具体推进事项。实现示范区“一网通办”企业服务事项情形 299 个，个人服务事项情形 137 个。统一规则，共推一批标准。与两省一市市场监督管理局联合出台了《长三角生态绿色一体化发展示范区企业登记标准化实施方案》，从统一企业登记标准、统一企业办理流程、统一企业办理模式等三个方面九项内容规范一体化示范区内登记流程与标准；印发了《关于“长三角一体化示范区”字样用于企业登记有关工作的通知》，对在住所中、名称中以及“长三角一体化示范区”作为字号等三个方面使用明确了统一的行事标准。统一服务，共推一批举措。在 2020 年 9 月试点的长三角地区异地就医门诊费用直接结算的基础上，围绕“信息一体化、服务一体化、保障一体化、共享一体化、管理一体化”建设理念，通过事项统一、数据互通、结算联网，在示范区打造了医保一卡通“2.0 版”，已经实现青浦、嘉善、吴江三地共有 85 家医保定点医疗机构接入门急诊联网结算系统，三地参保人在示范区内看门急诊时，不再需要通过参保地办理备案手续，如需住院，参保人在医院的指导下做自主备案即可。参保人在示范区内异地就诊时，医保待遇与参保地保持一致，真正享受到示范区一体化发展带来的便利。截至 2020 年 12 月底，嘉善参保人至示范区其他两地免备案刷卡 1 531 笔，涉及金额 17.53 万元。

推进长三角“一网通办”成果落地示范区，依托示范区青嘉吴三地专栏入口，打造长三角“一网通办”在线专栏示范区专区，推荐线上线下联动，更大范围推进“区域通办”，做强线下“示范区”服务专窗，深化三地通办服务模式，归集“区域通办”事项，实现线下就近办理。扩展“自助通办”事项，覆盖示范区高频企业事项、民生事项、常用证明。截至 2021 年上半年，示范区已布设综合自助终端 197 台，实现示范区乡镇全覆盖，青浦、嘉善、吴江共有 818 项事项纳入“自助通办”范围。经统计，2020 年示范区综合自助终端使用人数逾 16 万，较 2019 年同期翻了一番，自助打印功能使用 8.9 万次，较 2019 年同期增长 62%。

支持示范区创新政务服务模式，统一服务标准，推动制度创新，探索公共服务更大程度、更加实质性的共享互认。示范区取得一系列制度创新成果，比如推进一体化示范区外国高端人才工作许可互认，统一设立外国人工作、居留单一窗口；推进示范区内专业技术人才职业资格、专业技术职务任职资格、继续教育学时等方面互认互准；推进示范区内统一的企业登记标准，从企业登记标准、企业办理流程、企业办理模式等方面统一规范；探索人才共享共建，明确在示范区内工作、创业并持有《外国人永久居留身份证》的外籍人才可申办上海市海外人才居住证。

三、成效与问题

长三角“一网通办”聚焦保障改善民生，围绕教育、就业、社保、医疗、养老、居住、婚育、出行等与群众生活密切相关的异地办事需求，推动个人服务高频事项“跨省通办”。比如推进社会保障卡申领、异地就医登记备案和结算、养老保险关系转移接续、户口迁移、住房公积金转移接续、就业创业、婚姻登记、生育登记等事项跨省“一网通办”，极大地便利群众异地办事，提升人民群众获得感。

（一）实现 104 项企业和个人事项跨省通办，让企业群众享受“同城服务”

截至 2020 年，长三角三省一市跨省法人认证 5.65 万余次，个人认证

64.49 万余次。政务服务事项“办件库”和“事项库”入库率达 100%，为企业群众提供办件查询、附件下载等服务。实现了 104 项事项跨省通办（企业事项 44 项、个人事项 54 项和法院诉讼事项 6 项），全程网办办件 464 万余件。

专栏 2

长三角通办事项清单

序号	事项名称	办理模式
涉企政务服务事项（44 项）		
1	内资有限公司设立	全程网办
2	内资有限公司经营范围变更	线上线下联动
3	内资有限公司经营期限变更	线上线下联动
4	内资有限公司住所变更	线上线下联动
5	内资有限公司法定代表人变更	线上线下联动
6	内资有限公司股东变更	线上线下联动
7	内资有限公司注销	线上线下联动
8	内资有限公司清算组备案	线上线下联动
9	内资有限公司章程备案	线上线下联动
10	内资有限公司董事备案	线上线下联动
11	内资有限公司监事备案	线上线下联动
12	内资有限公司分公司设立	线上线下联动
13	内资有限公司分公司负责人变更	线上线下联动
14	内资有限公司分公司经营期限变更	线上线下联动
15	内资有限公司分公司营业场所变更	线上线下联动
16	内资有限公司分公司注销	线上线下联动
17	个人独资企业设立	线上线下联动
18	个人独资企业经营范围变更	线上线下联动

续表

序号	事 项 名 称	办理模式
19	个人独资企业投资人变更	线上线下联动
20	个人独资企业住所变更	线上线下联动
21	个人独资企业注销	线上线下联动
22	个人独资企业分支机构设立	线上线下联动
23	个人独资企业分支机构经营场所变更	线上线下联动
24	个人独资企业分支机构负责人变更	线上线下联动
25	个人独资企业分支机构注销	线上线下联动
26	外商投资公司设立	线上线下联动
27	外商投资公司章程备案	线上线下联动
28	外商投资公司注销	线上线下联动
29	工业产品生产许可证发证	线上线下联动
30	工业产品生产许可证注销	线上线下联动
31	定量包装商品生产企业计量保证能力自我声明一体化办理及管理	全程网办
32	人防行业从业企业信息查询	全程网办
33	人防设计甲级资质企业备案	全程网办
34	人防监理甲级资质企业备案	全程网办
35	食品安全企业标准备案	全程网办
36	消毒产品卫生安全评价报告备案	全程网办
37	税务登记信息变更	全程网办
38	外商投资公司分公司设立	全程网办
39	国产保健食品备案	全程网办
40	医疗器械广告审批	全程网办
41	保健食品广告审批	全程网办
42	演出经纪机构《营业性演出许可证》注销	全程网办
43	专利申请受理	全程网办
44	养老机构备案	全程网办

续表

序号	事 项 名 称	办理模式
个人政务服务事项（54 项）		
1	办理跨省异地就医登记备案相关手续	线上线下联动
2	个人社保咨询、参保查询及参保资料打印服务	线上线下联动
3	城镇职工基本养老保险转移接续	线上线下联动
4	敬老卡申领、发放	线上线下联动
5	婚姻登记档案查询	线上线下联动
6	独生子女证档案查询	线上线下联动
7	知青上山下乡档案查询	线上线下联动
8	知青返城档案查询	线上线下联动
9	知青子女入户档案查询	线上线下联动
10	再生育子女审批档案查询	线上线下联动
11	工伤认定档案查询	线上线下联动
12	学籍档案查询	线上线下联动
13	兵役档案查询	线上线下联动
14	复员退伍军人档案查询	线上线下联动
15	三峡移民档案查询	线上线下联动
16	人才引进审批档案查询	线上线下联动
17	享受民政社会救助项目证明出具	线上线下联动
18	婚姻登记预约服务	全程网办
19	办理就医关系转移相关手续	线上线下联动
20	社保卡申请	线上线下联动
21	住房公积金跨地区信息协查	线下办理
22	个人权益记录查询打印	全程网办
23	社会保障卡应用状态查询	全程网办
24	个人申请出具异地贷款缴存使用证明	全程网办

续表

序号	事　项　名　称	办理模式
25	婚姻登记全程网上查询	全程网办
26	独生子女全程网上查询	全程网办
27	知青档案全程网上查询	全程网办
28	非物质文化遗产基本信息查询	全程网办
29	社保证明开具（城乡居民和灵活就业人员）	全程网办
30	标准文献查询、检索服务	全程网办
31	专利申请受理	全程网办
32	核发机动车检验合格标志-6 年免检	全程网办
33	申办大学专科学历公证	全程网办
34	申办大学本科学历公证	全程网办
35	申办硕士研究生学历公证	全程网办
36	申办博士研究生学历公证	全程网办
37	申办学士学位公证	全程网办
38	申办硕士学位公证	全程网办
39	申办博士学位公证	全程网办
40	申办曾用名公证	全程网办
41	申办机动车驾驶证公证	全程网办
42	申办亲属关系（与父母）公证	全程网办
43	申办亲属关系（与子女）公证	全程网办
44	申办亲属关系（与兄弟姐妹）公证	全程网办
45	居民身份证业务办理进度查询	全程网办
46	身份证智能预约导航	全程网办
47	户籍事项证明	全程网办
48	新版社保卡申领	全程网办
49	基本医疗保险关系转移接续	全程网办
50	社会救助项目证明出具	全程网办

续表

序号	事　项　名　称	办理模式
51	出入境记录查询	全程网办
52	基本医疗保障参保凭证	全程网办
53	交通违法罚款缴纳	全程网办
54	提供个人社会保险咨询和参保情况查询及个人参保资料（含个人缴费凭证）打印服务	全程网办
法院诉讼服务事项（6 项）		
1	网上立案	全程网办
2	网上调解	全程网办
3	网上缴费	全程网办
4	法院导航	全程网办
5	辅助工具	全程网办
6	我的案件	全程网办

专栏 3

长三角跨省异地就医便利化改革

——探索医保“同城化”办理

在 2019 年 5 月开通长三角地区异地就医登记备案区域通办的基础上，三省一市进一步探索门（急）诊异地就医免备案直接结算。截至 2020 年底，长三角地区异地就医门诊费用直接结算试点已实现在长三角全部 41 个城市和 8 100 余家医疗机构“两个全覆盖”，三省一市居民异地门诊和住院均可持卡就医、实时结算，实现长三角地区医保一卡通。截至 12 月底，长三角异地门诊直接结算超过 278.22 万人次、涉及医疗总费用 7.02 亿元，医保基金支付 3.96 亿，长三角人民群众真正享受到一体化发展带来的“民生红利”。2020 年 8 月 26 日示范区签订合作协议，探索异地医保备案库试点，实现跨区域就医免备案。探索经办服务清单试点，实现医保服务一站式。拓宽异地结算范围，实现医保异地结算广覆盖。探索互联网+医疗新模式，实现医保结算互联通，探索异地费用联审互查试点，实现医疗费用审核协同化。至2020年8月，青浦嘉善共有51家医保定点医院已接入门诊联网结算系统，吴江与嘉善、青浦的互联互通正在积极测试中。

专栏4

打造长三角跨省申请出具异地贷款缴存使用证明
——助力长三角公积金服务协同

三省一市公积金中心通过业务协同、数据共享，打造三省一市公积金异地贷款缴存使用证明申报系统，区域内职工在长三角地区试点城市间异地购房贷款的，可通过长三角“一网通办”在线开具缴存证明。同时，确保申请人异地缴存信息真实可靠，降低骗贷风险，极大缩短相关业务办理流程和时限，提升群众区域一体化政务服务获得感。8月20日，三省一市住建部门共同签署《长三角住房公积金一体化战略合作框架协议》，包含长三角跨地区购房信息协查、长三角地区异地贷款证明信息互认、购房提取异常地区警示公告等九方面内容，推进公积金业务协同、数据共享，区域内职工在长三角地区试点城市间异地购房贷款的，可通过长三角“一网通办”在线开具缴存证明。同时，公积金部门跨地区购房信息协查确保申请人异地缴存信息真实可靠，降低骗贷风险，缩短相关业务办理流程和时限。

专栏5

长三角启用电子印章
——助推企业异地申请公司设立

2019年9月5日下午，上海市民钱先生、黄女士在青浦区行政服务中心长三角示范区服务专窗提交申请异地办理企业的材料，当天浙江省嘉善县政务数据办大厅“长三角一体化企业开办服务区”就打印出嘉善福兮进出口贸易有限公司的营业执照。这是青浦区于3月29日为嘉善市民姚先生颁发首张“长三角一体化”跨区域通办的营业执照之后，长三角“一网通办”服务能级的再一次提升。首张“长三角”跨区域通办营业执照是在嘉善申请、青浦发照，这一次是在青浦申请、嘉善发照。通过线上线下联动办理，异地收件实现双向对流的双通道，并在收件办理过程中首次启用长三角“一网通办”服务专用章的电子印章，为建设全国一体化政务服务平台提供样板案例。申请人的相关申请材料首先通过浙江政务服务网的线上预审，预审合格后在青浦区登录长三角政务服务“一网通办”系统进行异地收件。通过电子扫描材料与嘉善专窗工作人员“远程协助”完成受理收件登记，出具长三角综合服务通办窗口收件凭证，并直接应用长三角“一网通办”服务专用章的电子印章，这是全程信息化线上办理的有益尝试。最终通过上海“一网通办”专递在企业注册属地嘉善完成办理，网络送达办理结果，实现异地办件就近“最多跑一次”。

专栏 6

有限公司法定代表人变更

2020 年 11 月 11 日，曹先生到宝山区行政服务中心长三角地区政务服务“一网通办”专窗咨询异地办理法人代表变更事宜。专窗工作人员初步审核了该企业提供的办事材料后，曹先生根据专窗提出的建议修改了材料并再次提起变更申请。材料预审通过后，专窗工作人员在长三角政务服务“一网通办”业务系统进行收件，并迅速联系南通市崇川区行政审批中心，进行下一步的工作交接安排。从材料受理到办结，仅仅历时 1 天，中心于 11 月 13 日便收到了南通市崇川区行政审批局寄回的办理结果性文件。曹先生拿到变更后的营业执照很高兴，直呼长三角“一网通办”改革效果好，节约企业办事成本，让他不用在上海和江苏间来回跑动办理变更手续了。

专栏 7

长三角近 200 项涉税事务高效办理

2020 年 10 月 9 日，上海、江苏、浙江、安徽省和宁波市税务局联合制定《长三角“最多跑一次”税务事项清单》。今后，长三角地区内近

200 项涉税事务可以高效办理。该清单结合长三角五省市实际，统一明确对 14 大类 199 项依纳税人申请事项办理“最多跑一次”，主要包括信息报告、发票办理、申报纳税、优惠办理、证明办理、社会保险费及非税收入业务、出口退（免）税、国际税收、信用评价、税务注销、涉税（费）咨询、涉税信息查询、纳税服务投诉、涉税专业服务等方面。五地税务机关将统一清单所列事项的报送资料、办理条件、办理时限、办理方式及流程，并对清单实行动态调整，为长三角地区纳税人提供规范化、标准化纳税服务，营造便捷高效的税收营商环境。①

专栏 8

推进长三角社保服务“同城化”

三省一市人社部门统一业务规则，编制统一办事指南，打造长三角统一申报界面，统一查询入口，实现长三角区域群众可通过“一网通办”专栏查询社会保险个人权益记录以及社会保障卡应用状态，特别是跨区域就业人员，可以查询打印本人名下各地各年度社保权益记录单。

专栏 9

推进长三角档案服务一体化

三省一市档案部门统一高频民生档案数据标准，统一申请表单和办事指南，打通三省一市档案业务系统、电子证照库和物流平台。申请人在长三角平台发起申请，属地档案部门办理业务，查询档案材料统一物流平台送达，实现了长三角地区婚姻登记、独生子女证和知青等民生档案全流程在线申请，办理结果快递送达，零跑动、零材料“一网通办”。

全面拓展长三角“一网通办”线下专窗，实现长三角区域全覆盖。三省一市共同确定了线下专窗工作机制和标准规范，配备扫码枪、读卡器、

① 王弘毅.长三角近 200 项涉税事务高效办理［EB/OL］.http：//ah.anhuinews.com/szxw/202011/t20201116_4960460.html.

高拍仪等硬件，不断扩大事项线下专窗综合受理范围。设置“长三角一网通办”统一标识。截至 2020 年，长三角三省一市已开通 550 个线下专窗办理点，其中沪苏浙皖分别有 70 个、131 个、134 个、215 个，实现长三角区域 41 个城市（地级市）全覆盖，线下专窗服务 3 万余次。

（二）推进数据共享和电子证照互认，支撑跨省办事“全程网办”，助力区域治理协同、服务联动

截至 2020 年，数据共享交换子平台累计交换数据信息 600 万余条，为三省一市“一网通办”运行提供数据共享基础支撑。实现 21 类电子证照的共享互认，并可通过四地的政务服务 APP（上海“随申办”、江苏“政务服务”、浙江“浙里办”、安徽“皖事通”）实现已归集的电子证照亮证亮码，居民可在覆盖长三角区域 41 个地级市的 550 个长三角“一网通办”专窗办事过程中通过电子亮证，窗口扫码，后台调用，实现实体证照免交免带。截至 2021 年 1 月，三省一市电子证照电子亮证 1 150 万余次，共享 4 万余次。在特定现场执法场景中，电子驾驶证、行驶证、道路交通运输经营许可证等 9 类电子证照实现在区域交通运输和公安交警执法场景的亮证、扫码、核验全流程跨省应用，三省一市居民通过本省（市）政务服务 APP 亮出的电子证照与实体证照具有同等法律效力。

专栏 10

长三角地区高频电子证照共享清单

序号	证照应用名称	完成时间
1	企业营业执照	2019 年 5 月
2	居民身份证	2019 年 5 月
3	驾驶证	2019 年 5 月
4	结婚证	2019 年 5 月
5	居住证	2019 年 5 月
6	行驶证	2019 年 5 月
7	出生医学证明	2019 年 5 月

续表

序号	证 照 应 用 名 称	完成时间
8	社会保障卡	2019 年 12 月
9	离婚证	2019 年 12 月
10	食品生产许可证	2019 年 12 月
11	社会团体法人登记证书	2019 年 12 月
12	民办非企业单位登记证书	2019 年 12 月
13	基金法人登记证书	2019 年 12 月
14	残疾人证	2019 年 12 月
15	取水许可证	2019 年 12 月
16	道路运输从业人员资格证（道路客、货运）	2020 年 9 月
17	道路运输经营许可证（道路客、货运）	2020 年 9 月
18	道路运输证（道路客、货运）	2020 年 9 月
19	国内水路经营许可证	2020 年 9 月
20	船舶营业运输证	2020 年 9 月
21	内河船舶证书信息簿	2020 年 9 月

专栏 11

探索交警道路安全领域电子证照应用

——提升区域道路安全一体化协同管理和服务水平

2020 年 9 月 30 日起，长三角地区电子驾驶证、行驶证在区域路面查验、交通违法处理中互认应用。三省一市公安交警部门在各自辖区内交通管理路面查验中，对驾驶人通过沪苏浙皖四地官方渠道（包括上海“随申办”“上海交警”APP、江苏“江苏政务服务”“苏证通”APP、浙江“浙里办”APP 和安徽“皖事通”APP 等）出示的电子驾驶证、行驶证予以认可；对随车未携带实体机动车驾驶证或行驶证，如果能够通过官方渠道电子亮证，核查后状态正常的，免于处罚。三省一市公安交警部门在各自辖区内适用简易程序处理交通违法中，对驾驶人通过沪苏浙皖官方渠道出示的电子驾驶证、行驶证予以认可；在不涉及驾驶证记满 12 分，扣留机动车驾驶证以及后续调查处理等情况下，允许使用电子驾驶证、行驶证处理交通违法。

专栏 12

探索区域交通运输领域电子证照应用

——提升道路运输区域一体化协同监管和服务能力

2020 年 9 月 1 日起，三省一市实现道路运输从业人员资格证（道路客、货运）、道路运输经营许可证（道路客、货运）、道路运输证（道路客、货运）、国内水路经营许可证、船舶营业运输证、内河船舶证书信息簿等 6 类电子证照在跨区域交通运输执法中的亮证、调用和扫码核验全流程互认应用。三省一市交通运输部门对于交通运输企业、人员通过沪苏浙皖四地官方渠道（包括上海“随申办”APP、江苏“江苏政务服务”APP、浙江“浙里办”APP 和安徽“皖事通”APP 及国家政务服务平台 APP）出示的电子证照予以认可，交通运输行政执法人员不再要求查验纸质证照。

（三）全面支撑区域内常态化疫情防控

在“新冠”疫情席卷全球且将长期存在的严峻形势下，长三角“一网通办”全面提升了“不见面办理”比例，“一网办”“在线评”等“无接触”“一站式”服务为小微企业和个体工商户服务、复工复产提供了强有力的支撑。疫情期间，积极响应国家疫情防控要求，坚持疫情防控和经济社会发展两手抓、两不误，三省一市政务服务主管部门积极对接，建立疫情防控信息共享机制，在健康码制定标准、使用范围、互认机制等方面制订了紧急方案，建立长三角区域健康码互认共享机制，推动三省一市健康码在长三角范围内互信互认，三省一市人员跨区域流动无须多次隔离或者出具健康证明材料。截至 2020 年底，三省一市累计共享交换的健康码数据达 5 400 多万条。依托长三角“一网通办”数据共享交换平台，建立长三角健康码人员信息库，实现各省（市）健康码数据共享互通。推广三省一市健康码互认应用，作为在交通出行，居住小区，企业复工复产，以及公共管理和服务机构的通行凭证，确保一码通行，健康通行，支撑疫情期间区域治理协同、服务联动，为三省一市乃至更多省市务工人员返岗、企业复工复产、群众工作生活提供更多便利，为今后区域探索“一码通行”打下坚实基础，积极推进区域治理能力和治理体系现代化。

与此同时，长三角政务服务“一网通办”实践仍然处于探索和发展中，还存在亟待解决的问题。

一是协同推进机制尚不完善。三省一市跨区域、跨部门、跨层级政务服务主管部门和部分业务部门碎片化严重，缺乏基础性的统一规范和有效协同机制，业务流程、材料、系统还存在一定差异，异地收件、问题处理、监督管理、责任追溯机制尚未健全。

二是标准化程度有待提升。目前，通办事项存在同一事项名称、标准、办事指南核心要素、办理深度不统一等问题。三省一市电子证照的发展理念和路径存在一定差异，电子证照的制发版式、归集范围、电子证照记载信息以及可验证程度等不尽相同。健康码互认共享作用还没有充分发挥，健康码在政务服务“一码通办”、交通出行“一码通行”等应用场景中的互认共享还需加强。网办成果多，线下专窗成果少且线下办件量统计困难、线下好差评统计困难；个人办件量大，企业办件量小。

三是缺少法律法规保障。2003 年 6 月 28 日，中华人民共和国全国人民代表大会通过了《中华人民共和国居民身份证法》，但是没有涉及电子身份证的效力等法律盲点。在电子证照的跨省通办中，电子载体信息缺乏相关法律、法规的有力保障，不利于长三角政务服务“一网通办”的开展。

四是“数字鸿沟”有待解决。根据中国互联网络信息中心（CNCERT）调查，截至 2020 年 6 月，我国城镇地区互联网普及率为 76.4%，农村地区互联网普及率为 52.3%；60 岁及以上网民群体占比提升至 10.3%，互联网进一步向高龄人群渗透。在“新冠”疫情期间，徘徊在互联网之外的老人群体无法享受到“一网通办”政务服务。

四、理论与启示

长三角政务服务“一网通办”改革实践的深入推进，是习近平“以人民为中心”思想在政务服务工作中的落实，也是对中国特色社会主义的国家治理体系和治理能力现代化理论的发展。相关工作的经验和价值可以从以下两个理论层次来认识和解析。

（一）以制度创新完善区域合作与一体化的制度规范

包含长三角“一网通办”在内的长三角一体化建设在本质上是通过区域内的资源配置再优化，促进区域内生产要素的自由流动和效率提高，同时在整体上提高长三角区域参加全球资源配置的能力。更多的域内相互依赖必须解决两个问题，一是一体化福利的共享问题，二是对相互依赖引致风险的最小化问题。解决之道在于建立有效的合作制度框架，并在不断磨合中以渐进方式形成区域内的相互认知和信任，解决正式制度所不能完全覆盖的问题。

长三角“一网通办”建设充分体现了以合理制度安排推进区域协同发展的逻辑。首先，形成中央干预和区域自主合作的双重推进领导格局。我国长期横向合作的实践证明，仅仅是自上而下的干预，或者完全是自下而上的合作，在现有行政体制下都很难取得成功。①长三角“一网通办”建设充分体现了两个方向驱动力的叠加和共振。一方面，国办秘书局印发长三角三省一市《长三角地区政务服务“一网通办”试点工作方案》，明确长三角政务服务一体化改革顶层设计和实现路径。另一方面，三省一市在传统横向合作基础上，衍生出强烈的合作愿望，区域内各种自发自主合作范围广、形式多样。在两方面力量的共同作用下，“一网通办”更容易形成长期稳定的合作格局。第二，尊重起点，各自创新，注重协同。基于上海在长三角发展中的龙头地位，也基于上海与各省在发展上的区位差异，同时也基于上海作为“一网通办”发源地和制高点的实际，上海被确认为长三角“一网通办”的牵头方，在国办电子政务办的指导下和兄弟省份的配合支持下，实施统筹协调工作。在这样一个相对松散的合作机制下，各省可以独立开展各项“一网通办”工作的创新，同时又能进行必要的交流、协同和一体化。第三，健康有效的竞合关系构建。在当前的协作体制下，三省一市传统上存在的竞合关系得到维持和巩固，形成在大合作格局下的地方间竞争，使得区域内“一网通办”工作能够保持其活力和创新，

① 周凌一.纵向干预何以推动地方协作治理？——以长三角区域环境协作治理为例［J］.公共行政评论，2020，13（4）：90－107.

形成以竞争促发展，以协同促提升的良性循环，发展、竞争、协同三者之间相得益彰。第四，注重绩效，优化配置。“一网通办”工作既着眼于区域整体发展能级的提升，也注重所有参与省市的福利改进。在长三角“一网通办”体系建设过程中，各参与方充分展现了互相尊重、互利互惠、充分协调和共建共享的合作方式；同时，各参与方也充分展现大局意识和长效观念，不争一时一地之利，使得相关工作顺利推进。

长三角“一网通办”过程中的政府间合作和由此形成的各种制度安排，在相当程度上推动了区域公共治理的规范化和理性化发展，正在有力拉平区域内公共服务基础实施的配置，全面提高本区域的公共竞争力水平，为形成长三角世界级城市群创造基本的条件。

（二）以技术赋能推进政府改革和治理升级

第四次产业革命和全球数字政府的发展为中国的政府改革提供了新动能。科技赋能政府的理念一方面要求运用新兴科技解决已有的治理问题，一方面要求在技术采纳过程中实现政府本身的升级换代。[①]在长三角“一网通办”发展过程中，这两方面都得到了充分体现。

首先，运用数字技术提升政府效率。让“群众办事像‘网购’一样方便”是长三角“一网通办”改革的直接目标，其基本依托是“数据多跑路，群众少跑路”的技术应用路线，即利用技术提高公共生产力，实现“互联网+政府”的技术升级和转型。科技赋能政府的理念，将“科学技术是第一生产力”的观点从国民经济的领域应用到公共管理的领域，也即转移到一个通常被认为是劳动密集型的服务领域。与典型的生产产品的制造业不同，“一网通办”所依赖的科技要实现以人为中心的服务提供，科技赋能体现在对服务需求的快速和精确预计、对服务供给的准确决策和生产以及对服务的高效和便捷的提供上。在这方面，大数据、人工智能、云计算等多项新兴科技都有广阔的用武之地。

其二，运用数字技术实现组织与体制再造。在电子政务的早期发展阶段，数字技术与行政组织的关系主要表现为技术对组织的嵌入，即技术试图体现公共部门的现有组织结构和业务流程，主要通过信息手段来对过程进行提速。数据因此是一种附属性的工具，是在既定业务流程边界内发挥

---

① 敬乂嘉.“一网通办”：新时代的城市治理创新［M］.上海：上海人民出版社，2021.

效率提升的功能，不具备革命性再造的能力。现代数字政府情境下的业务流程再造则要实现数据“反客为主”的功能转型。在长三角“一网通办”实践中，其最直接贡献是通过业务流程再造，实现用户与政府之间的单一公共服务界面，最大程度使得公共服务更高效、更便捷、更精准和更主动。“一网通办”政务服务体系以用户为中心，由用户驱动，最终由用户评价，实现把便利留给用户，把困难留给政府的改革方向。①在此基础上，各省市在行政审批、机构设置、职能配置、部门协调等一系列公共管理的结构性方面进行了系统性的调适，典型案例如上海的“一业一证”改革等，加速推进了政府、市场与社会的关系调整与优化。

（三）工作启示

用“以人民为中心”发展理念推动政务服务的价值重塑。“以人民为中心”发展理念是长三角一体化的价值归宿和检验标准，也是国家治理现代化逻辑在区域一体化发展上的落实。长三角一体化首先要明确依靠谁、服务谁的价值归宿问题，才能对一体化过程中的复杂问题作出经得起历史考验的决策。习近平总书记 2019 年考察上海期间提出“人民城市人民建，人民城市为人民”，要求上海将“以人民为中心”的发展理念充分贯彻到“一网通办”的改革目标和实践过程中，着力实现人民在“一网通办”改革中的共建、共治和共享角色，以之为统领取得全方位的理念创新。

“以人民为中心”发展理念在长三角政务服务“一网通办”的发展中得到充分贯彻，是确保三省一市通力合作的政治保障和理念保障。长三角三省一市均在理念再造上下功夫。以牵头的上海市为例，在 2017 年底上海市召开的优化营商环境推进大会上，中共上海市委书记李强提出“政府公务员要强化服务意识，当好服务企业的‘店小二’，做到有求必应、无事不扰”。“店小二”精神成为建设高质量公共服务体系的流行语，也成为上海“一网通办”改革的标签。在上海“一网通办”改革过程中，着力推动“以部门为中心”向“以用户为中心”转变，和“政府本位”向“人民中心”转变。改革大力提倡“将复杂与困难留在后台，将便利与高效留在前台”，倡导“用我们的辛苦指数换取群众的幸福指数”，聚焦政务服务的“堵点”和“痛点”，围绕“高效办成一件事”来实现以顾客为中心的服

① 赵勇，叶岚，李平.“一网通办”的上海实践［M］.上海：上海人民出版社，2020.

务设计。改革在新的历史条件下彰显了“全心全意为人民服务”的人民政府红色基因和文化本色。与此同时，浙江省推出了具有全国影响的“最多跑一次”改革、江苏省推出了“不见面审批”、安徽省推出了“皖事通办”，均着眼于提高为群众和企业服务的效率和效能，“一网通办”使人民受惠、企业受益，也因此得到了广泛的支持。长三角政务服务“一网通办”就是在三省一市各自高水平政务服务的基础上展开的。

因此，长三角政务服务“一网通办”建设始终在尊重民意、汇集民力、凝聚民智和改善民生等方面下功夫。在跨省政务服务供给上，探索性、创新性地形成和完善人民需求的发现与整合机制、人民利益的实现与调适机制以及人民满意度的评估与反馈机制，使得“一网通办”建设随时与人民的最紧迫需求和最关心事务结合在一起。比如，上海牵头三省制定每年度的工作计划都是通过向社会广泛征求意见建议，充分吸收企业群众的“金点子”，摸清企业群众的迫切需求和跨省服务的堵点、难点，来形成每年的工作任务。通过这样的年度工作计划，不断升级长三角“一网通办”系统，通过区域政务服务一体化反向倒逼提升三省一市公共服务均等化水平，从而带动区域公共服务能力的整体升级，为区域经济社会全面发展创造条件。

五、展望与建议

在实践探索中，长三角政务服务“一网通办”改革需要进一步在更大力度、更广范围和更深层次上优化升级。

（一）工作展望

未来，长三角“一网通办”着眼于高质量发展，提升质量效益。充分依托全国一体化政务服务平台公共支撑能力，坚持需求导向，场景应用驱动，加强跨省业务和数据协同联动，深化高频电子证照跨区域互认应用，重点围绕跨区域社会保障、健康医疗、老有所养、住有所居、教育就业、智慧交通、婚育户政、生态环保、公共法律服务、档案服务、涉税服务、市场监管、科技创新等领域，打造高频跨省服务场景应用，推进跨省联办服务，探索政务服务一体化制度创新。建立高效数据供需对接机制，降低长三角区域数据共享门槛。推动长三角“一网通办”从“可办”向“好办”发展，让区域企业群众享有更多“同城待遇”，进一步提升区域企业群众的获得感和满意度。

一是推动更大力度的“一网通办”改革。推动高效办成“一件事”跨省通办，三省一市对“一件事”所涉及的政务服务事项，围绕申请条件、申报方式、受理模式、审核程序、发证方式、管理架构等进行再造，实施一体化办理。推进医疗付费、企业纳税缴费等一系列群众获得感强、办事频率高但业务流程再造难度较大的“一件事”跨省通办。推进电子证照的共享互认，在更广的领域“减材料”，实现三省一市政府核发的电子证照免于提交，已经有实体证照的免于提交纸质证照。打造统一的跨省办事服务体验，拓展跨省服务场景应用，三省一市统一办理事项业务标准，统一申报页面、统一流程管理。

二是推动更广范围的“一网通办”改革。进一步深化和拓展长三角“一网通办”，动态拓展高频跨省事项，推动更多公共服务事项接入长三角“一网通办”，拓展移动端跨省事项。拓展长三角各类电子证照应用场景，推动电子证照在长三角广泛应用，并向社会化领域拓展。全面推进线上线下集成融合，进一步加强政务服务中心标准化建设与管理，巩固完善“综合窗口”改革。持续推进三省一市健康码数据互认共享，加大政策执行力度和宣传推广力度，推进健康码在跨区域应用场景中的认可效力执行到位，区域用户能够通过三省一市政务服务移动端实时出示的有效健康码，不强制要求用户出示所在地健康码进行认证，提升区域健康码互认便捷性和安全性。

三是推动更深层次的“一网通办”改革。持续加强长三角区域统一的数据共享交换平台建设，探索运用区块链技术，推动跨省政务数据在安全、可信的环境下跨区域共享，建立长三角区域数据共享高速通道，赋能跨省通办多端的应用场景。持续提升公共数据质量，建立长三角数据异议核实及处理机制，完善电子证照纠错机制，加强电子证照安全制度建设和授权管理，加强公共数据质量实时跟踪监测，建立数据资产评测和问题数据反馈机制。推进基于跨省数据共享基础上的信用联合惩戒工作，增大失信人违法的成本，遏制违法企业个体“打一枪换一个地方”情况的发生。

（二）发展建议

长三角政务服务“一网通办”需要政府进行全方位、全过程、全要素的变革，全面再造政府政务服务过程与效果。

一是实现理念再造。在理念上实现从“政府本位”到“服务本位”的再造，从“政府为中心”向“人民为中心”的转变。“一网通办”不是政府简单的提供“菜单”，提供无差别的公共产品，而是请民众“点菜”，满足个性化的需求，强调以民众便利获取公共服务和公共管理为价值取向。“一网”要求政府信息和服务“能进网的应当进网、能共享的必须共享”，不设路障设路标、不打回票打清单、不给否决给路径；将复杂留给后台、简单留在前台；将困难留给后台、便利留在前台。“让数据多跑路，让人民少跑腿”也是这一改革理念的重要体现。同时，要关注弱势群体，克服“数字鸿沟”，切实解决老年人在运用智能技术方面遇到的突出困难，推进授权代理、亲友代办等功能，方便不使用或不会操作智能手机的老年人网上办事，线下渠道有效发挥兜底保障作用。

二是推进标准再造。按照“业务先行、数据支撑、标准引领”原则，持续推进事项标准化建设，按照国家“四级四同”标准化要求，共同梳理跨省通办事项清单，推动实现服务事项名称、编码、依据、类型等基本要素在国家、省、市、县四级统一，推动跨省事项“无差别受理，同标准办理”。深化数据共享应用和标准化建设。积极争取国家部委支持三省一市跨省通办事项标准化、规范化建设，推动电子证照的标准化，支持在长三角地区电子证照在政务服务领域和社会领域更广泛的互享共认。

三是深化流程再造。业务流程上实现从碎片化到整体性的再造。“一网通办”打破传统的地域、部门行政壁垒，在政务服务体制机制上突破与创新，充分体现协同效应，把部门内部流程和跨部门、跨层级、跨区域的流程全部纳入整合重构范围。不断优化用户操作界面，简化操作步骤，扩展服务能力；优化服务事项办理流程，大幅精简企业和群众办事过程中提交的申请材料，缩短办理时限，推动同一事项无差别受理、同标准办理，让“数据跑路”代替“群众跑腿”，拓展跨省“零材料”事项、“零跑动”事项、“掌上办”事项等便民服务。从民众的需求出发，全面及时准确了解企业和群众对政务服务的感受和诉求，接受社会监督，重新优化和简化政府行政工作流程，加强各个政府部门之间的内部沟通，避免相互推诿的内卷化损耗。

四是加强监督再造。进一步完善好差评制度，强化“用户评价”和“售后服务”功能，欢迎企业和公民监督、评价、反馈，打造系统闭环。

政府要充分发挥民众的监督反馈，与时俱进，不断升级服务理念、服务流程、监督体系。这是政府以民为本、刀刃向内的自我革命，可以充分听取、吸收、采纳“客户”的意见和建议，不断优化公共服务流程和标准，提供更精准、更高效的政务服务。

五是实现参与主体再造。“一网通办”开创了数字政府治理主体多元参与机制，跨层级、跨部门、跨区域多主体、扁平化解决问题。条条分割、块块分割的体制顽症得到缓解，甚至可以说找到了出路。克服了“区域政府各管一块，政府部门各管一条，块块有标准，条条有门槛”的老百姓办事难和难办事的体制壁垒，消除了公益部门、私营部门和公民等主体参与政府治理面临的障碍和困难，构建了数字政府治理领域的多元主体参与规范、多元参与渠道，使多元主体能够切实参与并协同推进数字政府治理进程。

六是完成组织与制度再造。强化跨省协同推进工作机制。上海牵头会同三省，建立完善跨区域、跨部门、跨层级业务协同推进工作机制，三省一市结合自身优势领取牵头工作任务，三省一市互为牵头和配合，按照“谁牵头谁负责，谁相关谁配合”的原则，进一步压实业务牵头部门主体责任。“一网通办”本质上是解决政府与市场、社会的关系，通过政府组织与制度再造，更好发挥政府在经济社会发展中的引导和服务职能，更好激发经济与社会主体的活力。为了实现政府的职能转变和升级，必须对政府自身的组织、组织体系、各项制度和规则进行调整，这涉及政府数字化的组织领导体系、审批职能的创新和完善、纵向政府间的公共服务关系、横向部门间包括区域内的协调配合与一体化发展、政府信息公开与绩效问责、公共数据以及一般性数据立法、数字政府建设中的政企合作等。政府的组织和制度再造为“一网通办”提供基本的公共能力基础和结构支撑，以及长期可持续发展的制度保障。

（执笔者：敬乂嘉，复旦大学全球公共政策研究院院长、国际关系与公共事务学院教授；贝聿运，上海市大数据中心应用开发部部长；袁敏华，安徽外国语学院讲师）

经济・科技篇

长三角各地共建科技创新协同“一张网”

随着经济社会的不断发展，科技对于经济发展的促进作用不断增强，科技资源的整合与共享对于支撑区域创新发展、提高区域创新能力、促进区域经济发展具有重要意义。长三角是我国创新能力最强的区域之一，区域科技资源丰富、分布较为均衡且各具优势特色。长三角科技资源共享服务平台为区域科技资源高效配置和综合利用构建了畅通的渠道，是落实长三角科技创新共同体建设的重要载体，对提升区域科技创新实力具有重大战略意义。

一、缘起与背景

“科技基础条件资源”一般笼统称为“科技资源”，是从事科技活动所需要资源的总称，是促进科技进步与创新的基础。广义的科技资源包括科技人力资源、科技财力资源、科技物力资源、科技信息资源、科技政策与管理资源等诸多方面。狭义的科技资源指科研活动所需的物质和信息，主要包括科研设施与仪器、生物种质与实验材料等科技物力资源，以及科学数据、科技文献等科技信息资源。科技基础条件资源是支持科技创新活动的基本保障，具有公益性、基础性和战略性等特征。

2005 年，为贯彻落实《2004—2010 年国家科技基础条件平台建设纲要》精神，推动安徽、江苏、浙江和上海市大型科学仪器设备资源跨区域共享，长三角 16 个城市围绕《建设区域科学研发仪器设施共用服务平台》专题，2007 年 6 月四方共同签署《长三角大型仪器开放协作平台共建协议书》，联合设立长三角科技资源共享服务平台建设工作小组。2007 年开通的长三角大型科学仪器设备协作共用网（www.3gst.com），可视为长三角科技资源共享服务平台的雏形。但是囿于十几年前的数字化环境和技术，该协作共用网只是将各地的大型科学仪器信息在一个网站上进行展示，用户只能在网站上进行信息查询，网站功能简单，但是这一思路也为后期建设真正的长三角科技资源共享服务平台奠定了基础。十多年来，沪苏浙皖四方不断推动大型科学仪器共享的制度化建设，自 2007 年上海正式颁布施行了全国首部促进大型科学仪器共享的地方法规——《上海市促进大型科学仪器设施共享规定》，苏浙皖纷纷出台促进大型科学仪器共享的规章制度；四地持续完善长效合作机制，探索合作方式，如 2010 年上海与嘉兴开始了首个资源跨区域应用服务驿站；2013 年长兴与上海率先开始了科技创新券跨区域合作试点。通过制度建设、多种形式的协同服务，四地不断加深互信和合作，有效保障了区域间科技资源开放共享向纵深发展。

为加快推进科研设施与仪器向社会开放，进一步提高科技资源利用效率，2014 年，国务院印发了《国务院关于国家重大科研基础设施和大型科研仪器向社会开放的意见》（国发〔2014〕70 号）。根据 70 号文的精神，三省一市在前期良好工作的基础上大力开展大型科研仪器设施的开放共享工作，推动科技资源公共服务体系建设，建立公共服务平台，出台相关的政策，并形成共识：由上海牵头，三省一市共商共建，形成合力，四地在政策、资源、平台、服务四个方面进行互联互通。

2016 年底，长三角三省一市主要领导签署了《沪苏浙皖关于共同推进长三角区域协同创新网络建设合作框架协议》（以下简称《协议》），强调并落实了《城市群规划》中对区域协同创新网络的建设要求。《协议》进一步提出“推进区域科技创新资源共享。深化长三角大型科学仪器协作共用网以及科技文献、专业技术服务、资源条件保障等共享平台建设。逐步构建长三角地区技术要素的网络化对接平台。在前期试点基础上，推进创新券在长三角区域内通用通兑，降低科技型中小企业及创业团队的创新成本。集聚区域内资源，依托各地国家级、省部级重点实验室、科研机构等，探索建设跨区域的功能型平台。”

2017 年，根据科技部、国家发展改革委、财政部共同发布的《“十三五”国家科技创新基地与条件保障能力建设专项规划》（国科发基

〔2017〕322号），“十三五”期间，我国将全面推进科技资源开放共享和高效利用。明确了科技资源的开放共享包括“科研设施与仪器开放共享”“国家科技创新基地对社会开放”“科学数据、生物种质和实验材料共享服务”三大领域。

2018年8月，上海市科委牵头组织召开沪苏浙皖四方工作会议，就三省一市协同合作将长三角科技资源共享平台建设成为国家级示范平台，以平台为载体深入推动区域协同创新的重要共识，商议了协调共建机制，为实现长三角科技资源从信息共享向服务共享跨越，奠定了合作基础。10月30日，科技部和四地科技主管部门在浦江论坛上共同宣布建设“长三角科技资源共享服务平台”，成为长三角区域科技合作的一项重要举措。年底，该平台正式在上海立项启动。

2018年12月，上海、江苏、浙江、安徽三省一市再次共同签署了《长三角地区加快构建区域创新共同体战略合作协议》，将聚力服务国家战略联手承担重大科技创新任务，共同推进区域内大科学装置建设和科技资源共享，并试行科技创新券在长三角范围内通用通兑。

在国家战略要求下，各方通力协作，克服种种困难，2019年4月26日，“长三角科技资源共享服务平台（www.csjpt.cn）”正式开通试运行。从此，长三角科技资源将通过“一张网”，形成区域联动、分工协作、协同推进的区域协同创新体系。

2019年12月，中共中央、国务院印发的《长江三角洲区域一体化发展规划纲要》中提出“加快科技资源共享服务平台优化升级，推动重大科研基础设施、大型科研仪器、科技文献、科学数据等科技资源合理流动与开放共享”，对长三角科技资源共享服务平台的建设提出了进一步优化升级的要求。2020年12月，为贯彻落实《长江三角洲区域一体化发展规划纲要》，持续有序推进长三角科技创新共同体建设，按照推动长三角一体化发展领导小组要求，科技部会同上海市、江苏省、浙江省、安徽省人民政府共同编制了《长三角科技创新共同体建设发展规划》，再次强调要“推动创新资源开放共享和高效配置”，依托上海科技创新资源数据中心等机构，建设长三角科技资源共享平台，完善利益分享机制，促进区域资源优势互补和高效利用。整合三省一市高校、科研机构、各类创新基地和专业化服务机构的科技创新资源，引入国家科技资源共享平台优质资源，形成科技资源数据池。不断完善长三角科技资源共享服务平台功能，完善财政奖补机制，支持成立科技资源开放共享服务机构联盟，推动重大科研基础设施、大型科研仪器、科技文献、科学数据、生物种质与实验材料等科技资源开放共享与合理流动。

为顺应规划任务部署要求和实际创新需求，长三角科技资源共享服务平台不断完善功能，在试运行基础上，长三角平台不断地深化资源整合数据挖掘工作，完善绘制长三角科技资源地图，加强服务功能设计，于 2020 年 7 月重点推出了需求对接、网上实验室、科技 114 服务热线等新的服务功能，其中网上实验室整合了生物医药、集成电路等领域的资源，为产业提供服务支撑，不断加强创新资源与产业链的融合，新版本平台通过服务功能的升级迭代，提升了服务能效，进一步满足了长三角科创用户日益增长的服务需求。

二、做法与举措

在长三角科技资源共享服务平台建设推进过程中，三省一市相关机构积极协商谋划，克服种种困难，从摸清家底做起，通过建立目录、搭建线上平台、设立线下服务站点、开通服务热线、推动科技创新券互联互通等方式，打通科技资源共享壁垒，初步建立起了一张覆盖全面、服务创新、政策托底的科技创新服务“一张网”。

一是建立平台建设运行指导小组。为推动长三角科技资源共享服务平台快速签约、快速建设，科技部在三省一市科技主管部门定期协商机制的基础上，主导建立了国家与地方联动的指导协调机制，即由科技部、国家科技基础条件平台中心、地方科技主管部门以及各相关建设单位共同组成长三角科技资源共享服务平台建设运行指导小组。该机制在推动区域政策互通、资源整合，加快推进科技资源区域流动，推动国家级科技资源在长三角区域的开放共享等方面发挥了关键作用。

二是摸清长三角科技资源家底。长三角区域拥有大量科技创新资源，2018 年底，三省一市仅大型科学仪器设备总量就达到 38 030（套），其中，上海市 23 026 台（套）、浙江省 5 400 台（套）、江苏省 6 729 台（套）、安徽省 2 875 台（套）。要建设好长三角统一的科技资源平台，首先就要摸清长三角地区的科技资源家底。建设方对长三角区域重大科研基础设施、仪器设备、国家级实验室、工程中心、高新园区、服务机构、科研人才、科技政策等进行了全面的排摸。对基础科学、应用研究、实验技术、成果转化及科技管理多种类别的人才信息进行汇集和分析，初步形成了长三角科技人才库和三省一市科技资源协同创新服务资源池。

三是建立科技资源开放共享目录。按照国发 70 号文要求，凡是由国家财政支持购置的科研设施和仪器设备必须向社会开放共享，形成共有资源，加入共享范围。四地都按文件要求，采集各自的科研设施和仪器设备的信息，通过数据接口的方式，将信息汇集到长三角科技资源共享服务平台。通过建立数据标准，数据资源不断汇集，在区域科技资源数据池基础上，建立科技资源开放共享目录。

四是搭建服务平台。长三角各地都早已建设有自己的科技资源集聚平台，但是平台框架、底层技术和数据格式都不统一。长三角科技资源共享服务平台由上海市、江苏省、浙江省、安徽省相关单位联合共建，围绕长三角产业与区域共性发展需求，集聚长三角科技“资源、服务、政策、成果”，建设一个科技资源信息公开、服务共享、管理协同的平台；并通过政府管理与市场运营的双轮驱动模式，打破区域界限，促进跨区域科技资源的共享共用。(见图 1)

图 1 长三角科技资源共享服务平台界面

长三角科技资源共享服务平台网站共分为科技资源、科技服务、长三角科技创新券三个板块。科技资源板块，基于 GIS 信息地理系统技术，展示了长三角区域的大型仪器设备、重大科技基础设施等科技资源，并具有160万条标准文件检索、查询功能。科技服务板块，借助大数据分析技术，以多样化图形展示方式，对长三角科技资源的存量和变量进行了多维度分析，特别对先进陶瓷科技创新资源进行了集成化展示。长三角科技创新券板块，以上海市青浦区、江苏省苏州市吴江区、浙江省嘉善县和安徽省马鞍山市为试点区域，实现了长三角科技券跨区域通用通兑的服务功能，具备线上申请、使用和兑现的流程化管理和全作业线上留痕控制。

五是设立线下科技创新服务站点。除了线上平台搭建，长三角科技资源共享服务平台还通过在各城市设立线下服务站点，畅通资源与企业的服务渠道，逐渐形成“研发—技术—人才—市场—服务”的创新链条。除了责任主体单位以外，长三角科技资源共享服务平台通过市场化手段吸纳众多科技服务机构和科技中介机构，为长三角区域内的企业和科研单位提供跨区域的科技服务。截至2020年底，已在长三角地区设立了10个服务驿站。

六是开通“科技114”双创服务热线。2019年8月，长三角科技资源共享服务平台开通了长三角“科技114”双创服务热线“400－600－5114”。热线以原有的上海科技服务热线为基础，统一对外受理用户需求，并转派给成员单位或服务机构处理，有效扩充和完善了长三角区域的热线服务知识库，并形成了相应的跨省合作与联动机制，为有科创需求的个人和企业提供咨询和相关服务。

七是推动科技创新券互联互通。按《长三角地区加快构建区域创新共同体战略合作协议》要求，要试行科技创新券在长三角范围内通用通兑。长三角科技资源共享服务平台的建设，也正好为科技创新券通用通兑提供了工作平台。由于各地科技创新券政策存在较大差异，无法一次性实现通用通兑，因此选择首先从科技创新券跨区域使用进行突破，通过梳理长三角各地区的科技创新券政策，率先选择了推动上海与苏浙两省八地（嘉兴、长兴、海宁、慈溪、南通、宿迁、苏州、无锡）建立科技创新券跨区域互认互用机制，使当地企业购买上海的科技服务后，能便捷地获得财政补贴。如2019年全年，嘉兴市就有113家企业使用了上海67家机构的相关服务，合同金额累计达到3 680万元，创新券兑现金额336万元。

但是这种试点方式，只是试点地区的长三角企业可购买上海的科技创新服务，上海企业却无法购买长三角的相关服务。2021 年 1 月，上海市科委、江苏省科技厅、浙江省科技厅、安徽省科技厅和长三角生态绿色一体化发展示范区执行委员会联合发出《关于开展长三角科技创新券通用通兑试点的通知》，支持试点区域内科技型中小企业向长三角区域内服务机构购买专业服务。这意味着身处四个试点地区的企业无论购买试点地区哪家科技服务机构的创新服务，都能享受创新券抵扣的财政补贴，特别是上海企业也能“用券”购买长三角试点区域的创新服务，相当于从“单通”变成了“双通”。此外，试点区域每家企业每年使用创新券的额度原则上可以达到 30 万元。通过长三角区域科技创新券政策互联互通，进一步深化了长三角科技资源共享服务平台的服务网络、渠道，加速了科技资源在长三角区域的流动，降低了长三角区域的整体创新成本，激发了企业的创新活力。

八是通力打造科技资源共享政策体系。长三角科技资源开放共享离不开政策的大力推动。上海注重推动大型科学仪器设施共享的顶层制度设计，建立了“1+3+1”的大型科学仪器设施共享的法规政策体系框架，包括一个法规《上海市促进大型科学仪器设施共享规定》，《信息报送》《奖励评估》《新购评议》三个配套管理办法和《上海市科技创新券管理办法》一个普惠性政策，全面推动大型科学仪器设施向社会开放共享；浙江省、江苏省和安徽省也纷纷出台了促进大型科学仪器设施共享的制度文件，如浙江省从 2008 年起先后出台了《关于推进浙江省大型科学仪器设备协作共用的若干意见》《浙江省省级财政资金新购大型科学仪器设备联合评议试行办法》《关于推广应用创新券促进大众创业创新的通知》等一系列政策；江苏省和安徽省也出台了相应的规章制度。在此基础上，四地科技管理部门进一步达成建立区域科技资源开放共享服务体系的共识，四地科技主管部门通过建立促进资源开放共享的规章制度、绩效考核办法等，以多种方式引导鼓励各单位的科技资源对外开放，引导企业使用区域内的科技资源，促进资源与需求的合作，形成长三角三省一市协同机制，推动大型科学仪器跨省市共享。

三、理论与启示

长三角科技资源共享服务平台的建设虽然是基于国家政策的要求，但是也有其建设的理论依据，主要依据的是区域协同创新理论。普遍认为协同学由哈肯（Haken）在1973年创建，哈肯认为复杂系统内由于各个子系统之间的非线性相互作用，使得整体功能大于单个要素的功能之和，这种现象就叫作协同。20世纪八九十年代，随着协同理论被应用到创新领域，很多研究者注意到企业在进行合作创新时，通过深入合作与资源整合让各个创新主体发挥出自己的优势与能力，能实现1+1+1>3的创新效应。由于协同创新过程中具有多个参与主体，并且强调彼此之间的互动与联结，使得协同创新具有天然的网络化属性，协同创新网络的概念开始被国内外学者使用。

2012年，四川大学学者王丽钧在《跨行政区域创新体系的形成与演化研究》一文中提出受区域经济聚集与扩散效应的影响，科技创新要素在区域间自由流动，形成了区域经济的集聚和专业化分工，并降低交易成本，由此影响公共资源的配置，形成了开放性、自组织性和多样性的区域创新体系。

浙江大学教授陈劲在《协同创新的理论基础与内涵》一文中对区域协同创新的认识更是贴合中国实际，他指出协同创新的主要特点有两点：一是整体性，创新生态系统是各种要素的有机集合而不是简单相加，其存在的方式、目标、功能都表现出统一的整体性；二是动态性，创新生态系统是不断动态变化的。因此，协同创新的内涵本质是企业、政府、知识生产机构（大学、研究机构）、中介机构和用户等为了实现重大科技创新而开展的大跨度整合的创新组织模式。协同创新是通过国家意志的引导和机制安排，促进企业、大学、研究机构发挥各自的能力优势、整合互补性资源，实现各方的优势互补，加速技术推广应用和产业化，协作开展产业技术创新和科技成果产业化活动，是当今科技创新的新范式。在科技经济全球化的环境下，实现开放、合作、共享的创新模式被实践证明是有效提高创新效率的重要途径。

专栏1

欧盟科研基础设施开放共享模式

欧盟科研基础设施网络体系是世界上相对最完备最开放的体系。2013年，欧委会在互联网上首次对外公布了欧洲800座可对欧洲科技人员开放的科研基础设施分布图，希望通过此举方便欧洲科技人员的研发创新活动。欧盟科技人员从此可以最大化地利用欧洲的研发创新资源，从而拓广研发创新的视野。首批公布的对外科研基础设施，均得到过欧盟及成员国公共财政的资助，其中欧盟研发框架计划资助的科研基础设施有80座，成员国国家科技计划资助的有720座。2016年，欧盟研究与创新总司下属的开放创新与开放数据司，其下设的研究基础设施处起草了《欧洲获取研究基础设施章程》（European Charter for Access to Research Infrastructures，以下简称《章程》）。《章程》提供了三种不同的开放共享模式，各科研基础设施的运营单位，可以根据自己选择的不同的开放共享模式制定不同的开放共享规则。这三种模式分别是：一是卓越驱动的开放模式（Excellence-driven Access）。这种模式下，申请者提出开放共享申请后，由内部或外部同行专家对其申请是否属于科学卓越、原始创新进行评估，或者从技术和伦理等方面评估其开放共享申请是否具有可行性，若专家意见是肯定的，申请者就可以获得最好的科研基础设施、科研资源和服务。二是市场驱动的开放模式（Market-driven Access）。主要指用户和科研基础设施运营单位通过签订协议就开放共享的费用达成协议，这种协议一般不对外公开。三是广泛的开放模式（Wide Access）。依据这种模式，科研基础设施运营单位将尽其所能向广大用户提供大量的科研数据和数字化服务。

◇ 资料来源：欧盟官方网站，http://europa.eu。

长三角科技资源共享服务平台的建设与陈劲的观点不谋而合，其建设动力正是源于国家推动长三角一体化发展的战略意志，其建设方式和目标也是为充分调动企业、大学、科研机构等各类创新主体的积极性和创造性，推动跨学科、跨部门、跨行业组织、跨区域实施深度合作和开放创新，对于长三角地区加快不同领域、不同行业以及创新链各环节之间的技术融合与扩散，具有非常积极的战略影响。

长三角科技资源共享服务平台是运用信息与系统工程集聚、共享、分析科技资源，以网络共享为基础的开放式创新平台，是实现长三角地区科技资源优化配置和高效利用、重大项目联合攻关、产业集群协同创新、政产学研金介融合合作等一系列提升科技协同创新绩效的重要载体；是通过将区域分散的科技资源进行有序集聚整合，为科技创新活动提供共享服务支持的复杂系统，其建设与发展有助于避免科技资源的重复购置与闲置浪费、充分发挥科技资源的规模与互补优势及其创新引导功能。长三角科技资源共享服务平台的建设工作离不开完善的工作机制、先进的数字技术能力和市场化的推进方式。

长三角科技资源共享服务平台深度使用大数据、云计算等新一代信息技术，挖掘“互联网+”服务模式潜力。通过互联网技术，平台实现了多地区用户互认登陆、科学仪器在线预约、网上实验室、需求发布与对接、标准文献下载等多种服务功能，降低了由区域隔阂造成的时间和距离成本，提高了科研效率，实现了跨区域科技资源的共享服务。通过大数据、云计算等技术，长三角科技资源共享服务平台形成了多样化的服务手段，打造了“网上实验室”、开通了“服务热线”、开展了技术培训，精准对接科技资源的供给与需求。

“政府管理+市场运营”是长三角科技资源共享服务平台规划建设前期就明确的原则，以解决平台长期、长效发展的问题。长三角科技资源共享服务平台探索性提出了“4+1+N+X”的市场化服务模式，即由沪苏浙皖 4 家建设单位共同认可的 1 家市场化运营机构作为责任主体，同时通过市场化手段吸纳 N（大量）家科技服务机构和科技中介机构，为长三角 X（众多）家企业提供跨区域的科技服务。通过落实市场化服务运营主体，组建“长三角科技资源共享服务机构联盟”，布局本地化服务载体，不断完善和升级长三角科技资源共享服务平台特有的资源体系、服务产品、服务标准、推广渠道和服务体验，以市场化手段推进科技服务的深入开展，推动长三角科技资源共享服务平台由“可看”向“可用”过渡，努力实现科技资源服务于大众创新、万众创业。

四、成效与问题

长三角科技资源共享服务平台从 2019 年 4 月试运行以来，以需求为导向，共建为手段，共享为目标，数据化标准化为核心，集聚长三角地区各类优质科技资源，建立科技资源服务运营体系，实现长三角科技资源从信息共享向服务共享跨越，为科技创新和经济社会发展提供了有力支撑。用户只需登录网站，足不出户就能纵览长三角科技资源信息，点点鼠标就能预约使用，满足了千万企业及科研单位等用户的创新需求。长三角科技资源共享服务平台初步实现了科技资源的搜索定位功能，平台上的“网上实验室”模块，通过 GIS 等信息技术手段，将大型仪器、服务机构等资源与地图进行结合，可在地图上对资源进行搜索与定位。同时，“长三角区域科技资源创新地图”通过可视化的形式来展现区域内科创资源的分布，方便用户使用。如果已有资源无法满足需求，用户还能通过平台的“需求大厅”板块直接发布需求，等待适配资源主动对接。

截至 2020 年底，长三角科技资源共享服务平台已集聚包括上海光源等在内的重大科研基础设施 22 个；科学仪器 35 546 台（套），总价值超过 431 亿元；各类科技人才信息 20 万条；国家级科研基地 387 个；加工梳理了 2 429 家服务机构的 15 700 余条仪器检验检测服务项目；整合了国内外标准 160 余万条。长三角科技人才板块已集聚 20 余万科技专家信息。

开通以来至 2020 年底，访问量高达 120 万人次，收到各类科技需求 142 个，解决需求 106 个，解决率达到 74.6%。仅上海 110 家服务机构的 3 261 台（套）大型仪器就为沪苏浙皖三省一市的 18 200 家企业提供了共享服务，样品约 518.07 万件，服务收入达到了 10.23 亿元。长三角科技资源共享服务平台实现了跨区域科技资源轻松共享，为共享创新资源、营造科技创新生态、促进创新驱动发展发挥了重要的作用，有效推动了科技资源与服务的跨区域共享。

专栏 2

长三角科技资源共享服务平台应用案例

科越医药（苏州）有限公司通过长三角科技资源共享服务平台查找与预约，找到了上海药明康德新药开发有限公司，获得了抗体、化合物测试试验等服务，有效缩短了新药的研发周期，降低了研发和投入的成本。

上海煤科检测技术有限公司通过长三角科技资源共享服务平台为江苏嘉轩智能工业科技股份有限公司提供定制化服务，用一个多月时间顺利完成了全国首个 315 KW 的矿用隔爆型三相永磁同步电动滚筒产品型式检验，出具了符合性能要求和防爆安全的检验报告，并颁发了该类产品的首张防爆检验合格证，支撑了企业产品投入市场应用。

浙江大学能源学院化工机械研究所研究团队通过自主研发攻克了高压氢环境箱低温工况下的抗氢脆设计、低温高压氢气动密封、高压氢环境箱快开等核心技术，研发成功了我国首套且唯一的 140 MPa 氢气与材料相容性测试系统（测试压力等级世界第三），为丰田汽车研发中心（中国）有限公司常熟加氢站项目、国家能源集团如皋加氢站项目、上海舜华新能源系统有限公司金山加氢站项目、浙江能源集团嘉善加氢站项目、江苏国富氢能技术装备有限公司苏州张家港市加氢站项目等服务，有力推动了长三角地区氢能、氢能汽车产业的技术进步。

◇ 资料来源：长三角科技资源共享服务平台，http://www.csjpt.cn/。

长三角科技资源共享服务平台在建设过程中不可避免地遇到不少困难，在三省一市科技资源主管部门的协调下，众多问题被一一解决，使这一项目能够顺利落地并持续推进至今。但是在具体操作过程中还存在以下问题亟待解决：

一是科技数据资源化建设任重道远。长三角区域科技资源共享目前还处在信息共享阶段，信息的准确、及时是后续数据加工处理的基础和关键。需要长期、稳定地投入进行数字化持续开发和迭代。如果在平台的应用功能开发上，将物联网、人工智能、区块链等技术充分应用，就能提高平台的使用效率、降低信息沟通成本、提高服务的智能化程度。

二是还未形成长效的支持和保障机制。目前长三角科技资源共享服务平台的建设是由上海市科委出资，一期项目已经结束，需要持续持久地支持，但是相关机制尚未形成。区域科技资源共享激励政策也需要进一步设计完善，为高校、科研院所等机构服务长三角区域科技创新扫清障碍。长三角科技创新券政策也需要升级，让互联互通真正变为通用通兑，让科技资源能够真正在区域内高效流动。

三是还未形成市场化的运行和管理机制。区域科技资源共享服务平台本着边研究边建设边服务的原则推进建设，在政府主导与市场运营相结合的双轮驱动下开展建设和服务工作。前期建设期主要以政府主导，引导市场服务参与的模式开展推进，随着平台功能完善，服务落地的需求凸显，需要有市场化的运营机构来承担平台的运营工作，一方面通过市场化的手段，利用政府的政策要求，不断聚集上游服务机构和资源，另一方面建立畅通的服务渠道，通过设立各类服务机构，形成区域化、网络化的服务渠道体系，采集需求，对接资源，满足社会创新的需求，最终形成以需求为导向的平台服务模式，以支撑平台长久运行。

五、展望与建议

2020年8月20日，习近平总书记在安徽合肥的扎实推进长三角一体化发展座谈会上再次指出：当前，新一轮科技革命和产业变革加速演变，更加凸显了加快提高我国科技创新能力的紧迫性。上海和长三角区域不仅要提供优质产品，更要提供高水平科技供给，支撑全国高质量发展，勇当我国科技和产业创新的开路先锋。

下一步，计划对现有长三角科技资源共享服务平台进行升级优化，持续集聚长三角科技资源，推动科技资源合理流动与开放共享；进一步探索跨区域服务模式，促进创新链与产业链深度融合，增强长三角地区创新能力和竞争能力；努力形成长效运营机制，建立长三角科创产业高质量融合发展体系，共同推动长三角地区成为全国重要创新策源地。

计划到2023年底，长三角科技资源共享平台基本形成技术先进、模式创新、服务优质、生态完善的发展格局，对长三角地区科技创新的支撑度显著提升，有效支持长三角地区产学研科技创新。

为能顺利完成平台建设，达到设定目标，建议从五个方面进一步推进工作：

一是建议建立完善的长三角科技创新资源共享服务政策体系。目前虽然已经推出了科技创新的统一政策，但是还未形成统一的政策体系，下一步还需要在大型科研仪器设施跨区域共建共享、研发基地协作等方面持续推出统一的政策措施。

二是建议建设长三角区域大型科学仪器服务中心。接下来，还需要对接国家科技基础条件资源平台，最好能促使长三角三省一市核心城市全都加入平台，在更高层面形成科技资源区域创新共同体。用更多方式激励长三角区域内的3 000余家服务机构、4万余台/套大型科学仪器设施、长三角范围内所有大科学装置和设施都来加盟长三角科技资源共享平台。

三是建议组建长三角科技资源服务联盟。希望能够承接全国科研仪器服务联盟长三角运营中心服务职能，持续搭建“4+1+N+X”资源服务体系；支撑G60科创走廊、青嘉吴一体化示范区科创发展。

四是建议通过云计算、大数据、物联网、人工智能、区块链等新技术、新手段的应用，试点建设共享服务技术应用示范点，加强跨区域科技资源共享的数字化治理与赋能，提升服务机构跨区域服务能力。

五是建议围绕生物医药、集成电路、人工智能、新材料等高新技术领域，在科技部指导下，推动区域科学数据共享，打造跨区域专业领域科学数据应用中心，培育、撬动若干个跨区域新型研发机构与共性技术研发子平台，探索平台对高新技术产业的深度服务能力。

长三角科技资源共享服务平台的建设不是一朝一夕所能完成的，三省一市科技主管部门和相关运营方，将会持之以恒，久久为功，力争将长三角科技资源共享服务平台打造成为具有全国影响力的科技公共服务品牌和示范项目，建设成为长三角区域创新共同体建设的重要载体，国家跨区域科技创新共享共建的示范平台。

［执笔者：赵燕，上海市研发公共服务平台管理中心副主任；王文杰，上海市研发公共服务平台管理中心主管、工程师；陈广玉，上海图书馆（上海科学技术情报研究所）正高级工程师；姜鸣，上海牵翼网络科技有限公司副总经理、高级工程师］

中新苏滁高新区：长三角园区合作新样板

习近平总书记早在2010年11月就肯定“苏州工业园区是（中新）双方互利合作的成功典范，体现出中方学习借鉴的特色”。①新加坡原总理李光耀先生也指出“苏州工业园只是一个开始。这种合作不仅是与苏州的合作，未来，也要在中国更多的地方以及更广阔的领域积极扶植与发扬”。2012年4月正式开工建设的中新苏滁高新技术产业开发区（原名苏滁现代产业园）是苏州工业园区走出江苏省实行市场化合作共建的第一个开发园区，已成为中新合作实践新样板、安徽园区建设的新探索和长三角一体化发展的新典范。

一、缘起与背景

中新苏滁高新区最早缘起于安徽东向发展的战略思路，落实于《皖江城市带承接产业转移示范区规划》的实施。②自2010年初，滁州市积极抢抓示范区建设的良好机遇，开始掀起“大滁城”建设的浪潮，提出建设合宁之间新型中心城市的目标。

2010年底，滁州市委、市政府了解到苏州工业园区开发商中新集团“拟走出苏州，寻求新区，建设更高层次工业园区”的消息，立即与中新集团展开对接。滁州在与国内多个省会城市（武汉、西安等）的竞争中脱

① 中新集团是中新苏州工业园区开发集团股份有限公司的简称，由中国、新加坡两国政府于1994年8月合作设立，作为园区开发主体和中新合作载体，为苏州工业园区开发建设做出了重大贡献。2019年，中新集团在上海证券交易所挂牌上市。

② 2010年1月12日，《皖江城市带承接产业转移示范区规划》获得国务院正式批复，安徽沿江城市带承接产业转移示范区建设纳入国家区域发展战略。

颖而出，最终成为中新集团首家走出江苏的合作伙伴。从滁州市领导到苏州工业园区考察，与中新集团沟通，到与苏州市领导的交流，再到滁州市委市政府向省委省政府汇报，滁州市与中新集团详细协商合作方案，最后达成协议（详见专栏 1）。

专栏 1

走进苏滁“联姻”的故事

“醉翁系沧浪，欧苏共风流”，1 000 多年前，滁州醉翁亭、苏州沧浪亭，同期名扬天下。如今，苏滁两市如何穿越时空，携手合作，书写长三角一体化发展新华章。今天我们就一起走进苏滁，探寻当年有趣的“联姻”故事。

作为中国和新加坡的合作典范，中新集团一直希望能把苏州工业园区的成功模式在中国其他地区复制。苏州工业园区积累了丰富的人才、资本和招商资源，但受制于发展空间，难以充分发挥其效应。因此，中新集团一直着力实施“走出去”战略，谋划在新区域以更高的水准建设工业园区。滁州市的主要领导得知这个消息之后，就主动向苏州工业园抛出橄榄枝。2011 年 5 月，受苏州市委市政府邀请，滁州市委市政府主要领导率党政代表团专程到园区考察，与苏州市委市政府和中新集团进行了全方位对接。

对于苏州工业园来说走出去是大势所趋，但是对于选择也是慎之又慎。在没有接触滁州之前，苏州工业园的主要选择对象是省会城市，考虑到省会城市给予的各项合作条件会更优越，同时他们也不想走得太远。与滁州深度接触之后，彻底改变了他们的看法。滁州地处合宁之间、辐射腹地、承接首站；同时也在京沪线上，交通便利；滁州人工作务实、高效；安徽相关省市领导高度重视，所有这些都给苏州工业园考察人员留下深刻的印象。在考察过程中，一位安徽的领导就非常实在地说：“借助这个项目，对于安徽来说，可以大大地提升对外开放的水平，大大地提升产业承接的水平，大大地提升工业化、城镇化加速融合推进的水平，是一件大好事，好事就一定要办好。”为此，安徽省委省政府专门作出了支持苏滁产业园建设的专题会议纪要。在园区地块选择方面，苏州工业园考虑必须要有一定的建设基础，尤其是在基础设施建设方面，滁州提供的地块正好符合他们的标准。最后还有一个非常重要的因素是苏州方看中了滁州的清流河，河道穿园区而过，与苏州人的人文情怀不谋而合。2011 年 8 月 9 日滁州市与中新集团签订了合作开发意向书。同年 12 月 27 日在合肥，滁州市政府与中新集团签订了合作协议，苏滁现代产业园呼之欲出。

众里寻他千百度，蓦然回首，那人却在灯火阑珊处。苏滁的“联姻”成就了一段佳话，更为我国产业园区的发展，提供了可复制、可推广的苏滁样板。

2011 年 11 月 15 日安徽省人民政府为了支持中新苏滁现代产业园建设召开了专题会议。会议指出，建设苏滁现代产业园，是贯彻落实党中央、国务院重要会议精神，推动长三角区域合作发展的标志性项目，有利于探索合作共建的发展模式和体制机制，有利于提高安徽省承接产业转移水平，有利于加速皖江示范区对外开放进程。会议还强调，建设中新苏滁现代产业园是一件大事、实事、好事。要求滁州市一定要坚持科学承接的理念，高起点规划、高水平建设、高效率推进，务必办实办好；要坚持依法行政，严格执行国家的有关法律规章，按政策办事，确保合作共建规范有序推进；要求省有关部门要全力支持，搞好服务，努力将中新苏滁现代产业园打造成为长三角合作发展的先行区和皖江示范区建设的典范。

2011 年 12 月 17 日，在合肥市稻香楼宾馆，中新苏滁工业园区开发集团股份有限公司和滁州市人民政府在此举行了隆重的苏滁产业园建设项目的签约仪式，此举也正式掀开了全面建设苏滁现代产业园项目的新篇章。

专栏 2

中新苏滁高新区发展大事记

1. 2011 年 11 月 15 日，安徽省委、省政府专门成立了由安徽省常务副省长为组长的中新苏滁现代产业园协调推进领导小组，省有关部门和滁州市负责同志为成员，全面协调推进园区建设；11 月 20 日，长江三角洲主要领导座谈会在合肥召开，会议明确协调推进中新苏滁高新区项目;12 月 27 日，滁州市政府与中新集团签订合作框架协议。

2. 2012 年 4 月 28 日，苏滁现代产业园开工典礼隆重举行。省委书记张宝顺、省长李斌、新加坡驻上海总领事王首毅，及安徽省、苏州市相关负责人出席奠基典礼。

3. 2013 年 11 月 28 日，园区首个外资项目派洛特克正式开工建设。截至目前，园区已引进来自 11 个国家和地区的外资项目 48 个，成为滁州乃至安徽的外资集聚区。

4. 2014 年 5 月 30 日，新盛诺投产，成为园区首个投产工业企业。截至目前，累计引进项目 200 多个，协议引进资金超 550 亿元。

5. 2015 年 9 月，国务院批准将园区纳入苏州工业园区开放创新综合试验区；5 月 21 日，南京市琅琊路小学正式落户园区南；9 月 30 日，东升邻里中心开业运营。

6. 2016 年 5 月，中共中央、国务院印发《长江经济带发展规划纲要》，推动安徽滁州和江苏苏州合作共建，打造跨省、跨江承接产业转移园。6 月，国家发改委批准以园区为主体设立国家级滁州产城融合示范区。

7. 2017 年苏滁国际商务中心投入使用，成为园区新地标，琅狮大桥建成通车，打通了园区与市政务新区无缝对接的重要通道。

8. 2018 年 2 月 26 日，园区正式进入《中国开发区审核公告目录》;3 月 28 日，星恒电源正式落户园区，成为园区首个单体投资超百亿元项目。

9. 2019 年 2 月 13 日，安徽省人民政府正式批复同意，将苏滁现代产业园更名为中新苏滁高新技术产业开发区，四至范围、规划面积和主导产业与原苏滁现代产业园保持一致。

2019 年 5 月，中共中央、国务院印发《长江三角洲区域一体化发展规划纲要》要求：加快推进中新苏滁现代产业合作园等一批省际合作园区建设，推动产业深度对接，集群发展。

2019 年 5 月 23 日，在长三角地区主要领导座谈会期间，滁州、苏州两市政府签订《中新苏滁高新技术产业开发区合作协议》，继续深化合作。

10. 2020 年 4 月 16 日，中新苏滁高新技术产业开发区扩区研究报告通过专家评审，为园区下一步的扩区工作提供了政策理论依据。

二、做法与举措

中新苏滁高新区在苏皖两省、苏滁两市的推动下，全面学习借鉴苏州工业园区的成功经验，从规划入手，从拆建起步，从招商起跳，从空白起家，各项工作扎实推进，现在已发展成为滁州市东部一个集工业、城市为一体的现代化新城。

（一）出政策：省市区三级联动持续优化园区政策

为了皖江示范区规划在滁州的具体落实，省市两级政府迅速出台政策。首先，安徽省人民政府同意批准筹建中新苏滁现代产业园，比照省级开发区管理，现代产业园规划控制面积 36 平方公里（起步区 12 平方公里）。要求省住房城乡建设厅、省国土资源厅会同滁州市政府按程序修编滁州市城市总体规划和土地利用总体规划，将中新苏滁现代产业园纳入滁州市城市总体规划和土地利用总体规划范围。其二，拟建的中新苏滁现代产业园管委会享有省辖市经济管理权限，包括项目审批、土地、规划、财政、建设、环保、城市管理等，并可根据需要设立土地收储机构。其三，从 2012 年起，省政府计划单列专项安排给中新苏滁现代产业园 5 000 亩建设用地指标，如当年用地指标未用完，结转到下年使用并补足到 5 000 亩指标（执行到 2015 年），要求中新苏滁现代产业园工业项目投资强度不低于 400 万元/亩。其四，2012 —2015 年，安徽省财政每年从皖江示范区建设专项资金中安排 1 亿元，支持中新苏滁现代产业园建设；入园企业新增企业所得税、个人所得税省级分成部分，全额补贴给中新苏滁现代产业园；园区农用地转为建设用地需缴纳的新增建设用地使用费的省级集中部分，将全部返还中新苏滁现代产业园区。

（二）建组织：共商共建管理主体和开发运营主体

按照“有为政府、有效市场”的原则，充分借鉴苏州工业园区管理经验，滁州产业园组建“双主体”管理机制。由滁州市政府选调市政府各部门优秀干部组成工作团队，组织成立苏滁现代产业园管委会，作为市政府派出机构，履行行政管理职责，负责征地、拆迁及政府性投资的公益性基础设施项目投入（包括水电气源厂建设）。同时，由中新苏州工业园区开发集团股份有限公司与滁州市城市建设投资有限公司合资组建了中新苏滁公司，①作为产业园的开发运营主体，负责规划编制、道路、河道、绿化及土地平整等基础设施建设。在此基础上，管委会与中新苏滁（滁州）开发有限公司建立了“一会两委”工作机制，即定期召开管委会、开发公司联席会议，重大事项坚持共同协商、共同决策，成立了招商引资工作委员会和规划审批工作委员会，建立了高效运转的共建推进机制。建立两市主要领导定期互访机制，研究解决园区发展中的重大问题，极力协调和制定省市政策和资源支持园区，坚持合作中优化，优化中深入合作。

（三）搭平台：创新驱动启迪科创空间初展新姿

中新苏滁高新区搭建了苏大天宫科技园、灏谷科技园等五大创新平台，成立了创业孵化中心，让企业创新有渠道、有场所、有保障。高新区制定出台《关于支持企业创新发展若干政策》，围绕企业自主创新、创新平台建设、产品研发、技术攻关等 11 个方面加大资金扶持力度，让人才、设备、资金、项目都充分活跃起来，全方位激发企业创新动力。先后获批省级创新平台 10 个，一批企业分别与清华大学、中国科技大学、同济大学等 20 余家单位合作建立了研发中心，园区高新技术企业数、企业研发经费、科技型中小企业数、高新技术产业增加值、科技成果登记等主要科技指标每年均保持较大幅度递增。

（四）绘蓝图：高水平规划先行引领园区有序开发

园区建设规划先行，充分借鉴苏州工业园区经验，按照“产城融合、产业先行、以人为本、宜居宜业”的理念，由中新集团投资 3 000 多万元，委托新加坡邦城规划院等单位编制了概念性规划、总体规划、专项规划等 30 项规划（详见专栏 3），园区规划遵循“三个 1/3（即 1/3 用于产业，1/3 用于商住，1/3 用于公共建设配套）”的发展理念，对产业、商住、配套用地进行整体规划布局，明确产业、城市的发展节奏和实施路径，做到一次性规划、分期建设、滚动开发。按照“先规划后建设、先地下后地上、先产业后城市”的开发建设时序，围绕“美丽、健康、智慧”

① 中新苏滁（滁州）公司注册资本为人民币 8 亿元，其中，中新集团股比 56%（新加坡方面在园区间接持有 16% 的股份）、滁州城投股比 44%。

新型园区要求，有序有效进行园区高标准、高品质建设。多年来，园区规划和建设严格遵循“三生融合”，探索出了一条建设苏滁产业园的新路（详见专栏4）。在生产空间布局上，设立苏州模式的“一站式”服务中心，实行“二号章”行政审批，实现封闭管理运作，管理服务无缝对接；在生活空间便利上，建设首家邻里中心——东升邻里中心，开办市民学校，实施社区商业、社区管理、社区服务、社区组织建设“四位一体”新模式；推行苏州工业园区城市管理物业化的经验，通过政府购买服务、市场化运作方式，实现园区道路保洁、绿化亮化等29项功能一体化管理；与苏州工业园区测绘地理信息有限公司合作，组建了圆信苏滁测绘地理信息有限公司，全力打造智慧园区管理模式，建立人口、法人、地理信息三大库；在生态空间宜居上，全面梳理园区原有水系，采用格宾石笼生态护坡技术，建设“会呼吸”的河道。对古树名木等实施保护性移建，围绕一棵400多年古银杏规划建设银杏公园。依托原有水面，规划建设大王公园、鱼尾狮公园、苏州公园、东望湖公园等分别体现“春、夏、秋、冬”主题的生态公园，全力打造水清岸绿宜居的绿色生态园区。

专栏3

苏滁产业园规划清单（见图1）

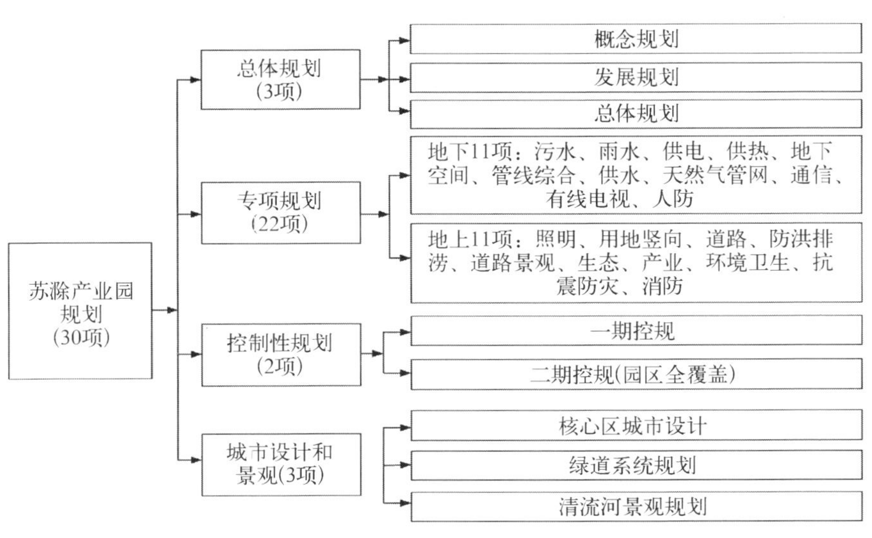

图1 苏滁产业园规划清单

专栏 4

苏滁产业园区模式探索

邻里中心建设模式

苏滁产业园的东升邻里中心在服务理念方面，提出让顾客满意、经营者满意、政府满意的“三满意”的服务理念；在物业形态方面，以综合型大厦为主，层数大多为四层商业楼体；在配置标准方面，按 2 万人组团配置一个邻里中心标准规划，辐射直径为 0.5 公里— 1.5 公里，面积按 1 000 m^2—1 500 m^2/千人配置；在业态定位方面，邻里中心的业态中 80% 以服务业为主，其中 40%— 50% 为餐饮业；在运营管理方面，功能定位在先，招商紧随其后，再将单纯的物业管理跨越到“现场管理加物业管理”。

城市物业管理模式

苏滁现代产业园城市物业管理开展园区城市管理和标准化厂房、商务办公楼、公寓小区服务等工作。一、以先进经验打造“大管家”。物业管理公司以政府购买服务的方式，建立园区“大管家”，由“大管家”管理市政公共设施、商务写字楼、政府办公楼等维护及市容管理工作。同时，邀请苏州中新和乔物业公司专家负责园区物业管理工作，聘请 6 家外包服务单位，负责园区的道路保洁、垃圾清运、绿化养护、路灯机电管理、市政设施维护、河道桥梁等。二、以精细智能管理新家园。组建大数据库实现园区管理全覆盖；搭建智慧城市管理平台；开通苏滁城管通 APP，通过 APP 客户端，物业管理人员能够对园区所有的设施进行督查；引进垂直式垃圾压缩站；建立有温度的幸福驿站。三、以提前服务对接新项目。物业公司主动提前介入园区厂房和小区建设工作，配合建设单位对图纸进行会审，根据后期物业管理经验，对道路、排水、路灯、绿化、监控等配套设施提出优化意见，并定期参与园区建设专项检查等。

智慧园区建设模式

滁州圆信苏滁测绘地理信息有限公司，以“数字苏滁”为建设目标，全力打造智慧园区管理模式。一、组建园区信息资源库。公司整合园区现有的地理、人口、法人三大数据库，把全部在建项目数字测绘地理信息一并纳入框架，构建大数据信息采集平台。二、融入国家级框架管理。框架设计使大比例尺园区精细化管理与市级、省级系统以及大尺度国家级地理空间框架做到无缝对接，可以把最新实拍航空影像数据与园区测绘地理信息数据的无级缩放相结合。三、共享空间信息互通。通过“数字苏滁”地理空间框架建设，园区所有行业经济社会及地理信息大数据信息就汇集到地理信息公共平台。四、提供立体式智能服务。“智慧苏滁”APP 可以将历年影像、区划界限、城市规划、土地管理、市政管线及城市部件等 6 大类 50 余项图层以“一张图”的形式进行全面的呈现，能够实现数据快速浏览、信息查询、信息共享及数据交换等功能，同时也能为规划、市政、园林、交通、土地利用、城市管理等各个领域提供服务。“智慧苏滁”采用模块化设计，根据不同单位和使用目的，做到增减模块，灵活配置，为园区招商、国土规划、建设、应急管理等工作提供服务。

“一站式”服务模式

苏滁产业园在“一站式”服务中心设置行政审批窗口区、便民服务窗口区、企业服务中心窗口区三大功能区，设立工商、质监、国税、地税、经发（发改、商务、经信）、规划、建设、环保、国土、房产、消防、企业服务中心、公安等 14 个窗口，可以办理涉企行政审批和服务类事项 140 余类。为进一步方便企业和群众，服务中心还推行预约服务、延时服务、上门服务等便捷举措。多措并举，有效实现企业开办“只进一扇门、只到一个窗口、只交一次材料”，给企业带来极大便利。

“二号章”审批

“二号章”审批就是经发窗口获得了安徽省商务厅直接授权，建设、环保、规划、房产、国土、气象等 6 个审批窗口可以享有市级部门“二号章”审批权限，建立了与市中心对接的网上联合审批平台，完善“一表制”收费功能，完成工商、质监、国地税“三证合一”“一照一码”办理工作。

29 项功能一体化管理

园区功能一体化管理主要分为，园区道路保洁、垃圾清运、绿化养护、路灯机电管理、市政设施维护、河道桥梁等 6 大类、29 项具体细化管理。

（五）转理念：组织党政干部深入学习先进园区经验

地方要发展，理念需先行。中新集团高度重视现代园区建设理念和高效政府管理理念的导入，中新集团作为苏州工业园区开发主体，将“软件转移”作为“走出去”合作发展的重要前提。[①]与园区整体规划同步进行干部培训，分期分批组织滁州市经济社会建设一线干部赴新加坡、苏州学习培训，全面接受先进园区的建设理念，系统地学习发达地区政府服务和营商环境，营造先进理念和做法，全面接受先进园区的建设理念，让滁州的干部开拓视野，更新观念，拓展思维，以促进滁州市广大干部进一步解放思想，进一步开放心态，进一步优化服务，使“学苏州、找差距、促发展”成为滁州广大干部队伍的一致共识。2020 年 10 月起，滁州市开展“双对标”，[②]努力打造“亭满意”营商环境，全市单位树立“长三角地区能办的事滁州都能办”的理念。中新苏滁高新区也在积极推进、多点发力，努力打造“亭满意”，分别在优化审批、精准扶贫、完善配套等方面为企业发展提供暖心服务平台。思想意识差距，价值观念差异，认识视野不同，思维方式错位，合作对话就不在一个“频道”上，往往是合作的深层障碍。所以，思想观念的对接，才是合作共事的精神基础。

（六）强招商：依托中新集团招商网络全球化招商

中新苏滁公司充分借助中新集团的“高端、品牌、外资”既有优势，利用好其全球化招商网络资源，在新加坡设立了境外招商机构，立足东南亚、面向欧美，积极开展全方位、全球化招商，同时，深耕苏州等长三角地区，积极开展招商引资。按照园区产业规划，重点围绕电子信息、新能源新材料、汽车及装备制造、营养健康四大主导产业的“四梁八柱”规划框架，坚持招大引强的主思路，全面展开招商活动。一旦获取招商信息，园区管委会与中新公司专业招商团队迅速出征，组织有投资意愿客商来园考察，遴选引入项目，迅速召开招商引资工作委员会，合力研判，迅速决策，落实地块，政策到位。以最短的时间、最快的速度、最亲商的服务，赢得来园投资者高度评价，吸引了一批批投资者来园创业投资。

三、理论与启示

根据中新苏滁高新区多年实践，上升到理论层面来认识该园区合作建

---

① 软件转移即思想观念、干部作风、思维方式、工作视野、营商环境等软性因素，被中新集团称为软件转移。

② 双对标即对标省外先进、对标省内一流。

设和招商引资行为，其理论依据可以从产业转移理论来作出相应的解释。

（一）产业转移内涵及理论依据

产业转移是经济发展水平不同的地区之间产业转移的经济现象，是发达国家或区域产业升级，将落后产能向欠发达国家或区域迁移；或者由于产业发展空间受限，按照市场原则寻找更有利于本产业发展的空间区域进行投资生产。不同国家之间的产业转移较为多见，因为一国范围内市场统一，无关税等壁垒，市场交易基本无障碍，产业转移较为少见。因此理论上说，产业转移主要是指国际产业转移。其代表性的理论观点有九种（详见专栏 5）。

专栏 5

产业转移理论代表性观点

产业转移理论代表性观点主要有以下几种：第一是赤松要（Akamatsu， 1935）提出的雁行模式，即某一产业的发展从接受转移到国内生产，再到向外出口的三个阶段；或者从一般消费品生产到资本品生产，或者是从低附加值产品生产到高附加值产品生产，然后再有序向国外转移。第二是弗农（Vernon， 1966）提出的产品循环理论。从产品生命周期视角、产品生产周期的变化来解释产业国际转移现象，即发达国家的产品按照生命周期有序地转移到发展中国家生产获取边际价值收益。第三是刘易斯（Lewis， 1978）的产业转移机制理论，是建立在赫克歇尔-俄林（Heckcher-Ohlin Theory，简称 H－O 理论）要素禀赋理论基础上的产业转移机制理论，即发达国人口自然增长率下降，劳动力不足，劳动密集型产业向劳动力充裕的落后国转移。第四是小岛清（kojima， 1978）的比较成本产业转移理论，即在一国没有比较优势的产业，向具有或潜在具有比较优势国家或区域转移，将本国的“边际产业”转移到移入国或地区。仍然是建立在 H－O 理论基础上，加入了供给可能性论、地点选择论以及经营学的研究方法来研究产业转移。第五是邓宁（Dunning J.H，1979）的国际投资发展周期理论即国际生产折中理论，一国从国际产业移入获得发展，然后人均 GDP 提升、产业结构优化和企业竞争力增强，再将一些产业转移到国外的过程。第六是普雷维什（Prebisch， 1981）依附理论，即用中心-外围来解释发达国与发展中国家的产业经济联系。发展中国家为了实现工业化被迫性产业移入的强烈需求，进口替代战略成为产业转移发生的根源。第七是甘特维尔（J. Cantwell， 1998a，1998b）的研发领域产业转移理论，指出欧美大型跨国公司以在海外其他国家设立研发中心的方式进行研发领域的产业转移，其主要目的在于获得更好的研究开发能力，获得更多更新的知识，主要有 HBE（home-base-exploiting）型和 HBA（home-base-augmenting）型。第八是基维奇（Peter Gourevitch， 2000）三动因理论，即要素成本、集聚效应、公共政策等三个国际产业转移动因。第九是尤利多（UNIDO， 2002）的全球价值链（GVC）理论，即在全球范围内，连接某产品生产、销售和服务等不同价值增值环节的跨企业和跨国家或区域网络组织，其内容包含产品的概念设计、研发、生产制造、市场营销、售后服务，以及最终消费和回收处理的整个过程。

（二）中新苏滁高新区的理论解析

大量实证研究表明，劳动力、内部交易成本、市场、国家政策、土地价格、环境、国际经济形势等因素都对跨区域产业转移产生一定影响。我们认为，中新苏滁高新区承接产业转移，主要依据小岛清的比较成本产业转移理论和基维奇的三动因理论，关键在于商务成本有比较优势。商务成本包括要素成本、交易成本两部分。要素成本是指获得土地、资本、劳动力、技术等生产要素的成本；交易成本主要由集聚效应、公共政策引起。习近平总书记指出："一体化的一个重要目的是要解决区域发展不平衡问题。发展落差往往是发展空间。"从理论上来看，这个落差和空间在哪里？ 仅就产业转移所涉及的商务成本来看是客观存在。

从要素成本来看，中新苏滁高新区与中新苏州工业园相比较，站在产业主体（投资主体）企业的角度，中新苏滁高新区土地价格有绝对优势。劳动力成本有一定的比较优势，但不是很明显，因为国内劳动力是自由流动的，大多数劳动者宁愿去苏州打工，也不愿意留在滁州，工资水平相对较低一些的滁州，更难以招到优质劳动力。就人才而言，滁州市的人才获取远比在苏州更难，如果没有支付更高的工资，很难吸引到人才。资本和技术市场是统一的，具有强流动性，资本获取也取决于地方金融机构的发达程度，技术取决于对技术的支付能力，特别是在园区初创时期，技术知识的流动性差，技术人才的知识交流有限，是不利于落后区域的。那么，投资者愿意到中新苏滁高新区投资，很大程度上是看中土地价格绝对优势和劳动力成本相对优势。

从交易成本来看，企业在开办期和持续期所产生的各种费用的总和，一般包括获取各类生产要素难度、税费以及法律政策体系、市场秩序、政府部门办事效率、地理位置及基础设施等方面。各类生产要素难度方面，滁州除了在土地要素上获取难度小于苏州等发达区域，其他要素获取难度都相对较大。税费层面，税收需要按照国家法律来执行，缺乏足够的调整空间，各种收费具体数量多少有一定空间，但是空间不大。法律政策体系方面，主要看具体执行情况，法律是国家制定的，政策是地方出台的，可操作性强，但是要依法办事、以国家政策为基准，就看地方的创新能力和执行效果。市场秩序方面一般不取决于地方，而是取决于整个大市场环境，地方保护主义反而不利于企业发展。政府部门办事效率方面有巨大的操作空间，之所以中新集团看上滁州市并在此投资合作，很大程度上是看上了当时“大滁城”建设的总体规划、政府的强烈发展意愿和办事效率，这在我们调查中得到了验证。地理位置方面，滁州虽然属于安徽省，但离南京只有 30 多公里的距离。基础设施方面，滁州在京沪高铁干线上，离南京机场和合肥机场都较为方便，离港口距离较近，其他交通基础设施比较完善。从以上比较来看，政府部门办事效率和地理区位具有比较优势。

综上所述，经中新集团全面跟踪测算，中新苏滁高新区综合投资成本长期低于长三角发达地区平均水平的20%以上。中新苏滁高新区成为中新集团选择的第一个“走出去”的新园区，在产业转移的条件、动力和商务成本核算上都是一个较好选择，最终形成了一个产业转移的新型示范地。

（三）中新苏滁高新区建设启示

习近平总书记指出：“解决发展不平衡问题，要符合经济规律、自然规律，因地制宜、分类指导，承认客观差异，不能搞一刀切。”经过深入中新苏滁高新区调研了解到，中新苏滁高新区在八年合作建设过程中能够自觉抓住长三角一体化发展的“高质量”和“一体化”两个关键词，与习近平总书记在扎实推进长三角一体化发展座谈会上的讲话精神高度契合，并率先践行，成为一体化发展的先行者、见证者和受益者。中新苏滁高新区的高质量发展，为园区的扩区增容，以及其他园区建设带来很好的启示作用。

启示一：产业转移需要伴随理念和机制转移。优化营商环境要做到“软”“硬”兼施，硬环境和软环境需要协调一致。产业转移不仅仅是“腾笼换鸟”式从一个发达区域将企业搬迁到落后区域，也不是从一个园区转移到另外一个园区，而是伴随着落后地区思想观念的转变，园区建设理念的提升，园区建设高水准规划的先行，招商引资方式的转变，园区管理方式的升级，园区产城融合式发展，生态环境整体优化。

启示二：产城融合需要同步引入城市运营模式。由中新集团直接引进苏州工业园区社区商业、社区管理、社区服务、社区组织建设“四位一体”新模式，采取“请进来”委托管理等形式，直接导入到中新苏滁高新区，实现管理服务的无缝对接，实施精细化的管理。所以，园区城市运营商业模式转移成了中新苏滁高新区承接产业转移的重要保障。

启示三：在承接中创新与在创新中承接并举。中新苏滁高新区建立之初就确定了园区承接项目的高标准，绝不接受长三角地区乃至世界各地的落后产能和污染项目。坚持在创新中承接，在承接中创新，高标准招引拥有科技含量和市场前景的投资项目。始终把招商引资作为“一号工程”，紧盯行业领军企业、龙头企业和关键配套企业，坚定不移攻坚战略性新兴产业。承接产业转移，我们要正确地认识到它不是承接发达地区的落后产能，也不是承接国内过剩的产能，而是面向未来产业发展趋势，面向全球优势企业在中国布局的需要，面向科技成果转化的需求，开展招商引资活动。“捡到篮子都是菜”的园区招商模式，已经不能够适应发展新形势的需要，也不是高水平园区建设初衷。

启示四：园区合作是实现一体化发展的重要途径。长三角一体化发展有多条路径、方式，园区合作是一种发达区域与欠发达区域实现一体化发展的重要模式。滁州市各级领导干部在与中新集团合作建设中新苏滁高新区中，学会了高水平建设园区的方式方法，获得了经济发展能力；同时还带动了周边县区发展经济和开发区建设水准，大大提升了“大滁城”的整体发展水平，在全省已经从较为落后的城市发展成为前三名城市。

四、成效与问题

中新苏滁高新区自 2012 年 4 月开工建设以来，在两省两市领导关心和大力支持下，按照“中新合作的新实践、安徽园区建设的新探索、皖版苏州工业园区和新型城镇化试验田”的目标定位，全方位借鉴苏州工业园区的成功经验，在规划理念、建设标准、产业层次、运营模式等方面取得全面进展。园区发展呈现出良好态势，主要经济指标连续多年保持较快增长，现已成为滁州经济社会发展的重要增长极，长三角一体化合作园区的先行样板。

（一）中新苏滁高新区建设成效

中新苏滁高新区秉持“有为政府，有效市场”的理念和做法，在借鉴苏州工业园区运作模式基础上进一步顺应形势不断创新，各方面的工作均取得显著成效。

其一，招商引资，成效显著。截至 2020 年底，累计签约引进项目 276 个，注册各类企业 602 家，协议引进资金超 720 亿元，其中，来自 11 个国家和地区的外资项目 51 个，世界 500 强企业投资建设的项目 2 个，境内外上市公司投资项目 25 个，来自苏浙沪的项目占比逾 7 成，比如总投资 100 亿元的星恒电源、总投资 3 亿美元的达亮电子、总投资 30 亿元的苏大天宫等重大项目均来自苏州。目前在建工业项目 80 多个，投产运营企业 150 多家。拥有苏州星恒电源、台湾达亮电子、美国普立万新材料、美国安特普新材料、新加坡欣阳科技、京东物流、胜华波汽车电器、长久专用车、寒锐钴业、日泰紧固件等一批国内外知名企业。

其二，整体建设，产城融合。固定资产投资累计 300 亿元，建成道路、河道 150 公里和绿化 300 万平方米，20 平方公里实现“九通一平”，配套建成蓝白领公寓、标准化厂房、邻里中心、安置房、国际商务中心、学校、医院、酒店等综合服务设施 260 万平方米，开发建设商品房 350 万平方米，滁宁城际铁路、滁州大道等重点外联工程全面开工建设，园区实现内通外联；先后引进苏州国际外语学校、上海兰卫高端医疗机构、南京琅琊路小学等项目，苏州高新公司、中新公用公司、中新置地公司、华泰人力资源公司等也纷纷参与园区开发建设，进一步强化功能支撑，形成了以产业为中心、以城市为依托的发展格局。

其三，绿色园区，宜居宜业。园区严把环保准入关，坚决做到环保一票否决制；现已建成污水管网4.68公里、雨水管网8.19公里，雨污分流已实现全面覆盖；建成清流花谷、双城路等绿化景观23.7万平方米；鱼尾狮公园、清流河景观二期及滁州大道等绿化景观80余万平方米有序建设。以滁州母亲河——清流河为依托，全面打造清流河景观带，其中清流花谷荣获中国风景园林工程银奖和安徽省“徽园杯”园林绿化优质工程，园区绿化面积达300万平方米。基于前期友好合作的经历和取得的成效，2020年6月5日在湖州召开的2020年长三角地区主要领导座谈会上，苏州市、滁州市正式签订了中新苏滁高新区扩区协议，下一步将继续按照协议约定，加快推进扩区工作，保障园区未来产业发展空间。

其四，经济发展，实力提升。从2016年起，连续四年在全省省级以上开发区综合考核中进入前20强。主要经济指标增速连续多年在滁州市保持领先，2019年财政收入增长27.5%，固定资产投资增长20.9%，规上工业增加值增长48.6%。2020年1—9月，规上工业增加值同比增长69%，战略性新兴产业产值同比增长93.4%，财政收入同比增长8.5%。

（二）中新苏滁高新区建设中存在的问题

一是空间瓶颈制约园区发展。中新苏滁高新区产业发展空间不足已成为制约园区发展的最大瓶颈。园区在开发建设中，始终遵循“先工业后商住”的理念，短短几年时间已经招引了数百个项目入驻，现可供工业用地不足2 000多亩，预计每年需要3 000亩产业用地。按照园区招商引资进度，2021年将无地可供，扩区发展迫在眉睫。因此，滁州市委市政府要抓紧向省委省政府汇报扩区需求，省委省政府要像当年支持中新苏滁现代产业园建设一样全力支持，高效行动，抢抓机遇。

二是招商引资有待优化提质。中新苏滁高新区在招商引资方面苏滁两方都在积极抓住各种机会，合力共进虽然取得了不错的成效，但是从入住园区的企业来源和企业品牌来看，具有全球影响力和竞争力的企业为数不多，入园企业绝大多数来自苏浙沪，但世界500强企业、注册资本百亿元企业占比不高。

三是考核激励需要调整优化。中新苏滁高新区管委会人员大多数来自滁州市各市直部门，较之于之前的工作，工作人员任务重、压力大，事务繁杂，在考核激励的过程中不能搞“一刀切”，应充分考虑其工作的特殊性，防止出现工作效率低、人员流动性大等问题。

四是人才储备建设明显不足。中新苏滁高新区所在的滁州市所属高校仅有 4 所，目前只有 1 所高职院校滁州职业技术学院与中新苏滁高新区建立产教融合示范基地，在调研中我们也了解到该校的专业与园区企业的专业匹配度并不是很高，高水平人才培养院校缺乏，所以地方技术人才的供需还有待进一步加强。

五、展望与建议

展望未来，市委市政府领导要求要深入贯彻习近平总书记在扎实推进长三角一体化发展座谈会上的讲话精神，按照一体化和高质量发展的要求，抢抓长三角一体化发展机遇，实现扩区发展，着力争创国家级高新区、建设智慧园区，努力建成长三角一体化示范园区。

一是继续优化完善双主体管理机制。做好合理的分工安排。秉持双方招商引资分工不分家，园区管委会以内资为主，中新公司以外资为主，重大项目合力攻坚，招商队伍和资源实现最大化利用，招商引资和招才引智并举，始终保持园区健康的发展势头。

二是继续保持强劲的招商压力传递。坚持园区实行全员招商，以职能部门为主体的 12 个招商部持续发力，进一步完善《招商引资考核办法》，营造“人人关心招商、人人参与招商、人人为招商服务”的浓厚氛围。

三是进一步严格招商项目准入。招商引资工作委员会继续完善优化《招商引资工作委员会议事规程》，根据产业发展大趋势，严把招商项目质量关，遵循园区高质量发展的原则，所有入园项目必须经招商委会议研究方可通过。

四是搭建平台提升新发展动能。着力推动企业与大院大所开展产学研合作建立研发中心。学习借鉴苏州、南京等地经验，制定出台《支持企业创新发展若干政策》，激励企业创新发展，全方位打造产业+科研+金融的创新生态链。

五是力争在“十四五”期间争先进位多作贡献。按照计划再通过 7—8 年的努力，继续扩大基础设施投资建设，带动区域投资 1 300 亿元，常住人口达到 20 万人左右，建成融产业、商贸、金融、居住于一体的现代产业新城，成为滁州经济社会发展一个重要增长极和长三角一体化高质量发展的新典范。

为了更好地建设中新苏滁高新区，使其在滁州市经济社会发展中发挥更大作用，在长三角一体化发展中起到更好的示范作用，提出以下几点建议：其一，园区发展要认清大势，抢抓长三角发展机遇，在双循环中有作为。2020 年 9 月，习近平总书记提出要加快形成以国内大循环为主体、国内国际双循环相互促进的新发展格局。面对国内外形势的新变化，尤其是 2020 年初“新冠”疫情在全球蔓延以来对全球经济带来的巨大冲击，园区产业应充分对接国内外经济形势的新变化，优化产业结构，充分利用好国内稳定的市场资源，对国际市场要作谨慎研判。借助长三角一体化发展的有利时机，提升园区企业优化升级和在国内园区的综合竞争力、影响力。其二，园区要抢抓全球产业链调整机遇优质招商。中新苏滁高新区和中新苏滁公司要深入贯彻十九届五中全会精神和习近平总书记视察安徽讲话精神，充分研判国内外经济形势变化，深刻领会国家产业发展“坚持自主可控、安全高效，分行业做好供应链战略设计和精准施策，推动全产业链优化升级”的要义，高度重视发展数字经济，推进园区数字产业化和产业数字化，推动园区数字经济和实体经济深度融合发展，打造数字化产业园区。坚持园区“四大产业”定位，高度重视创新驱动，构建战略性新兴产业增长引擎。抓住全球产业链供应链大调整的良好时机，瞄准“锻造产业链供应链长板”和“补齐产业链供应链短板”，做好招商谋划并全力招商。

（执笔者：刘志迎，中国科学技术大学教授；朱颖，安徽工业经济职业技术学院副教授；袁敏华，安徽外国语学院讲师；杜娟，安徽广播电视大学讲师；刘瑞超，中国科学技术大学创新研究中心特聘研究员、安徽省发展战略研究会）

参考文献：

① Akamatsu K. A historical pattern of economic growth in developing countries [M]. The Developing Economies, 1962, Preliminary Issue No.1, pp.3 - 25.

② Vernon R. International investment and investment trade in the product cycle [J]. Quarterly Journal of Economics, 1966, 80(2): 190 - 207.

③ Lewis, W. A. The evolution of the international economic order [M]. Princeton, New Jersey: Princeton University Press, 1978: 32 - 35.

④ 小岛清.对外贸易论[M].天津:南开大学出版社,1991.

⑤ Dunning J. Toward an eclectic theory of international production: some empirical tests[J]. Journal of International Business Studies, 1979, 11(1): 9 - 31.

⑥ 普雷维什.外围资本主义:危机与改造[M].北京:商务印书馆,1990.

⑦ Cantwell, J. Tolentino, P.E.E. Technological accumulation and Third World multinationals [M]. Discussion Paper in International Investment and Business Studies, University of Reading, No.139, May 1990, p.24.

⑧ Peter Gourevitch, Roger Bohn and David Mckendrick. Globalization of production: insights from the hard disk drive industry[J]. World Development Vol. 28, No.2, 2000, 301 - 317.

⑨ UNIDO. Competing Through Innovation and Learning, Industrial Development Report 2002/2003 [R]. https: //zh. scribd. com/document/201105586/Industrial-Develop ment-Report-2002.

⑩ 王辉堂,王琦.产业转移理论述评及其发展趋向[J].经济问题探索,2008(1).

⑪ 汪斌,赵张耀.国际产业转移理论述评[J].浙江社会科学,2003(12).

⑫ 张友国.区域间产业转移模式与梯度优势重构:以长江经济带为例[J].中国软科学,2020(3).

⑬ 李玮.全球价值链理论和发展中国家产业升级问题研究[J].工业技术经济,2017(1).

⑭ 江静,刘志彪.商务成本:长三角产业分布新格局的决定因素考察[J].上海经济研究,2006(11).

⑮ 刘志迎.长三角一体化面临的"剪刀差"难题及破解对策[J].区域经济评论,2019(7).

温州（嘉定）科创园：长三角“科创飞地”模式

“飞地经济”是区域产业合作的一种重要形式。2017 年，国家发改委等八部委印发《关于支持“飞地经济”发展的指导意见》，标志着其由地方多元探索实践，上升为国家推动区域协同发展的重大举措。一直以来，长三角“飞地”合作实践走在全国前列，尤其是在长三角区域一体化战略与创新驱动战略推动下，近年来形成的“科创飞地”模式，构建了产业要素流通的“双向”通道，为长三角产业协同发展注入了新活力。温州（嘉定）科技创新园就是“科创飞地”模式的典型案例之一。温州、嘉定两地依托科创园在产业合作、政策联通、园区运营管理等方面积累了可资借鉴的实践经验。

一、缘起与背景

“飞地（enclave）”作为一种特殊的人文地理现象，最早出现在 1526 年签订的《马德里条约》。①现在通常是结合空间分离性和行政管理特殊性，指代特定的行政区域或特定土地空间等。历史上，曾有不少因政治、军事、民族等原因产生的飞地行政区，尤其以世界近代历史上殖民统治而产生的“殖民飞地”最为普遍，是一种掠夺式经济模式。进入现代社会以来，某些发达国家开始以跨国公司为载体在发展中国家建立“工业飞地”，以加工园区为代表，但和所在地经济联系较弱。

我国“飞地经济”快速发展始于改革开放初期，当时发达经济体在我

① 1525 年发生的帕维亚战役中，法兰西斯一世被俘。1526 年 1 月，被迫签订《马德里条约》，规定：将法国在意大利的领地、佛兰德斯、阿图瓦、图尔奈及法国的部分领地割让给查理五世。

国建立的“海外经济飞地”，成为我国沿海经济特区和开放城市进行外资加工产业合作的主要模式，有效带动了我国出口加工贸易的快速发展。其中20世纪90年代我国和新加坡共建的苏州工业园区，是我国第一个跨国联合开发区，作为“飞地经济”模式大获成功，成为我国对外开放的窗口和国际经济技术合作的典范。紧接着，我国部分地区纷纷以“飞地经济”探索区域经济合作，通过资源优势互补，有效促进了互利双赢发展。例如，1994年，浙江省在金华市区规划创建的金磐扶贫经济开发区，扶持磐安县异地发展工业经济，帮助其更好地保护生态环境，创新了两地扶贫开发和生态补偿的合作模式。2001年，在福州市委市政府推动下，永泰县委县政府在马洋工业园区中划出工业用地，建设福州永泰马洋工业集中区，把已有和新上工业项目集中到工业区，帮助山区贫困乡镇破解工业发展瓶颈。2003年，江阴—靖江工业园区在靖江市建立，两地签署协议，明确园区投资开发、经营管理以江阴为主，配套环境、服务以靖江为主。2005年建立的大连长海（皮口）海洋产业加工园区，也是借助普兰店市（现为普湾新区）在交通、土地等方面的优势，来促进长海县工业快速发展。

21世纪初期，我国沿海发达地区如广东、江苏、上海等，基于跨区产业转移的飞地建设已经可以做到规模化运作。2005年，广东省制定《关于我省山区及东西两翼与珠江三角洲联手推进产业转移的意见》，支持珠三角地区主要6市（广州、深圳、珠海、佛山、东莞、中山）通过共建产业转移园，将传统产业向粤东西北区域转移。2009年，江苏省为振兴苏北经济发展，出台《关于进一步加强共建园区建设政策措施的通知》，明确苏北各地可与省内外发达地区政府、大型企业自建或共建园区，促进“飞地经济”发展。上海也先后出台《淘汰劣势产业“十一五规划”》《关于加快本市产业结构调整盘活存量资源的若干意见》等，鼓励各工业园区、开发区积极与周边地区合作建立“飞地工业园”，并确立了“两头在内，中间在外”的产业发展模式。2010年，沪苏浙皖共同签署《关于共同推进皖江城市带承接产业转移示范区建设合作框架协议》，就引导和推进产业有序转移、加快交通基础设施对接、进一步开放要素市场、推进园区合作共建、构建信息互通平台、加强人才交流合作等达成共识。

2010年后，更多省份和地区认识到“飞地模式”的巨大经济效益，纷纷开始将“飞地经济”作为本地经济发展的突破口和助推器，使得我国

“飞地”建设进入“全国开花”阶段，常熟（北京）创新中心、沪苏大丰产业联动集聚区、深汕特别合作区等著名“飞地经济”应运而生。2017年，国家发改委等八部委联合印发《关于支持“飞地经济”发展的指导意见》，明确要求创新“飞地经济”合作机制，发挥各地区比较优势，优化资源配置，促进要素自由有序流动，推进区域协同发展。

目前我国经济已进入高质量发展阶段，创新日益成为经济社会转型发展的第一驱动力，“飞地经济”也在创新转型。近年来，部分中小城市为了促使价值链向高端环节迈进，开始在大城市寻求建立“科创飞地”，充分利用大城市在人才、资金和技术等方面的溢出带动效应，促进本地产业的转型升级发展。特别是借着长三角更高质量一体化发展的强劲东风，越来越多的长三角城市主动到上海等核心城市寻找科技要素支撑，通过建立“科创飞地”集聚人才、研发技术、孵化项目。在众多实践探索中，浙江省温州市与上海市嘉定区合作设立的温州（嘉定）科技创新园（以下简称科创园），形成了具有代表意义的合作模式。

基于两地汽车产业优势互补、协同发展的现实需要，2018 年 11 月，上海市嘉定区与浙江省温州市召开推进更高质量发展战略合作交流会，联合发布 10 大举措，①共同设立“科技创新（研发）园”。2019 年 12 月 16 日，在嘉定工业区城北路上海金融谷，温州、嘉定两地领导共同为温州（嘉定）科技创新园开园，这也是温州在上海打造的规模最大的“科创飞地”，建筑面积 9 610 平方米。两地先后签署《浙江温州市、上海嘉定区推进更高质量发展战略合作框架协议》《温州市嘉定区更高质量一体化发展深度融合示范区建设工作举措》等协议，重点聚焦数字经济、智能装备、生命健康、新能源智能网联汽车、新材料等五大重点产业领域，吸引温商企业研发机构入驻，推进创新创业成果在园区孵化。与此同时，2018 年 7 月，两地在浙江省推进长三角一体化发展大会上签订《上海嘉定工业

① 根据《温州市嘉定区更高质量一体化发展深度融合示范区建设工作举措》，10 大举措具体为：一是在嘉定共同设立“科技创新（研发）园”，进一步做活做实“产业飞地”，把“飞地”提升拓展为“深度融合示范区”。二是在温州共同设立“先进制造业深度融合发展示范区（嘉定工业区温州园）”，嘉定企业可以在温州拓展生产基地，招商引资项目可以落户温州。三是共同支持发起设立民营经济发展基金。四是共同设立科技成果展示交易服务平台。五是共同推动上海市、浙江省自贸试验区可复制经验进一步在两地推广共享。六是共同打造更加开放高效的营商环境。七是共同吸引内外资企业总部及先进制造业落户。八是共同打造优势产业集群。九是共同构建高层次人才发展体系。十是共同深化智慧城市建设成果。

区温州园合作框架协议》，温州市拿出1.58平方公里土地作为嘉定部分产业的集中承载区。由此，“双向飞地”雏形基本形成。

2019年12月，两地又签署《科创园二期合作意向书》，拟在嘉定新城核心区设立温州（嘉定）科技创新园二期，作为温州科创园（嘉定）总部基地，用地30.1亩，打造温州在上海的先进制造业研发机构集聚区和产业孵化基地。2020年7月，《嘉定工业区温州园二期项目合作框架协议》正式签署，明确将重点培育以汽车关键零部件制造、汽车科创服务业为重点的创新型汽车产业集聚。2021年1月，温州（嘉定）科技创新园二期工程在上海嘉定区正式开工。至此，“飞地模式”已成为两地科技资源互补、产业分工合作的重要载体，对推动两地产业协同发展具有重要意义。

专栏1

科创园二期项目介绍

为了继续深化两地合作，2019年12月，温州市和嘉定区签订《科创园二期合作意向书》，打造温州在上海的先进制造业研发机构集聚区和产业孵化基地，形成两地双向流通、资源共享、研发集聚、产业培育、合作交流为一体的科技创新“飞地”，全力助推温州、嘉定两地更高质量一体化发展，并力争在长三角国家战略推进过程中形成示范亮点。

项目内容：一是引进以由温州市电气、鞋业、服装、汽摩配、泵阀组成的五大传统制造业和由数字经济、智能装备、生命健康、新能源智能网联汽车、新材料等组成的五大战略性新兴产业为主体的优质企业研发中心；二是引入符合战略新兴产业的优质前瞻性科研团队落户，进行研发、科技创新以及孵化加速，实现科创在上海，人才集聚在上海；三是以科创园为依托，与广大科创平台和投资融资机构一道积极探索，在创新政策共通、人才柔性引流、区域创新、收益共享等方面突破体制机制，加快形成具有国际水准、国内一流、特色鲜明的协同创新示范共同体，打造成为长三角区域创新共同体的新样板；四是以科创园为支撑，进一步深化落实温州嘉定高质量一体化发展合作举措，不断扩大合作领域，拓展合作深度，充分发挥“科创飞地”、科技招商、温商回归的窗口和前排作用，联动上海推动两地产业加快转型发展。

二、做法与举措

自2018年以来，嘉定区和温州市依托“科创飞地”以项目化扎实推进两地对接交流，在园区招商引资、功能打造和服务保障等方面，探索建立跨区域发展合作机制和利益共享机制，创设了许多有效举措，实现了两地产业协同发展。

一是双向共建，联动合作。两地采取“双向飞地”模式，由双方在两地共同推进科创园和产业园建设，致力于拓展“技术在上海，转化在温州，产业在温州”合作模式。其中在嘉定共同设立科创园，温州行业龙头骨干企业、科技创新企业可以来嘉定共享科技资源，在汽车及零部件、智能制造、电子信息等重点领域，引导产业链上下游企业设立实验室、研发中心、技术中心等，如浙江创力电子股份有限公司等已依托园区与上海高校、科研院所进行了多项合作、联合攻关。与此同时，在温州共同设立“先进制造业深度融合发展示范区（嘉定工业区温州园）”，嘉定企业也可以在温州拓展生产基地。2019年9月，首个20亿元汽车制造业项目（上海韩全画峰汽车检测科技有限公司）已完成企业投资建设协议签订，在温州占地400亩，作为温州和嘉定两个工业区开展一体化发展落地的首个投资项目，实质性推动了两地汽车产业的协同发展。此外，为推进两地园区发展，双方还建立了合作联系会议制度和党政主要领导互访机制。每半年举行一次两地党政主要领导联席会议，研究决定共建园区重大事宜。两地还成立了合作协调推进机构，确定各自牵头部门负责承办合作中的具体工作，定期召开工作协调会。

二是资源共享，政策协同。两地充分发挥各自相对优势，特别是借助嘉定在科技、资金、人才等方面优势，依托科创园加强与上海资本机构、科研院所等联动，如泰越资本、维度资本等投融资机构，遴选一批优秀的产业孵化项目。与此同时，嘉定区和温州市还不断强化政策协同、规则协同、标准协同、要素协同，实施两地营商环境联建、资源共享互联、监管执法联动等。第一，在政策规则协同方面，科创园2019年10月印发《温州（嘉定）科技创新园入驻机构管理细则（试行）》（以下简称《管理细则》），明确企业研发中心和产业孵化中心的入驻条件与流程、支持政策和绩效考核标准等。根据《管理细则》，企业研发机构和产业孵化机构均可享受租金和物业费减免优惠政策。此外，科创园项目还可享受温州市

《关于加快推进工业经济高质量发展的若干政策意见》等产业政策；①入驻科创园的高层次人才，可同等享受《温州市柔性引才实施办法（试行）》《关于高水平建设人才生态最优市的40条意见》等温州市相应人才政策。②目前，科创园还把科创企业的优惠政策汇编成册，并帮助企业及时享受到税收加计扣除等优惠。第二，在跨区营业执照办理方面，两地共同签署了《浙江省温州市市场监督管理局 上海市嘉定区市场监督管理局支持两地民营经济互补互融发展合作方案》等文件，支持负面清单带动下的集中登记地制度，缩减了"实地经营"场地要求。依托上海"一网通办"网上服务平台，实现新设企业信息一次性填报。第三，在监管执法衔接方面，两地建立知识产权跨区保护模式，逐步形成对侵犯知识产权行为的全链条的联合打击，如建立《温嘉两地重点商标保护名录》，实行两地名录信息共享，强化具体管理、重点保护和宣传推广等。还建立网络交易监管异地协作机制，就建立网络案件线索、电子取证、商品质量抽查信息、电商新业态研究信息共享机制等方面在各自管辖范围和职责内进行相互合作、协调一致。建立涉及两地食药案件的同步查办机制，案源发生地市场监管部门立案后如发现需在另一方所在地追查或取证的，可以直接致函异地局联办，做到同步检查和证据共享，提高跨城办案效率。

专栏2

温州"飞地"人才政策

2019年5月，温州市根据《关于高水平建设人才生态最优市的40条意见》（温委发〔2018〕28号），印发《温州市柔性引才实施办法（试行）》，旨在突破地域、户籍、身份、档案、社保、人事关系等限制，实现"不求所有、但求所用"的一种引才机制。

在"飞地经济"引才方面，对温州市用人单位在市外全资设立的主要从事研发（设计）的机构，其全职聘用的各类人才可申报各级重大人才工

① 2019年7月，温州市印发《关于加快推进工业经济高质量发展的若干政策意见》，在激发企业加大研发投入、培育产业新动能、企业做大做强、企业提升质量竞争力等方面对企业进行税负减免、现金奖励和土地优先供应等。

② 2019年6月，温州市印发《关于高水平建设人才生态最优市的40条意见》（简称《人才40条》），主要是明确对引进温州的海内外各类人才进行现金奖励、项目扶持和服务保障等。2019年7月，温州市针对《人才40条》制定了《温州市柔性引才实施办法（试行）》。

程，入选者享受全额个人奖励或特殊支持，用人单位引才奖励按50%兑现。对入驻温州市的海外创新中心、域外孵化器等“人才飞地”的高层次人才创业项目，给予场租减免优惠或租金补贴，全额享受“创业券”和“创业发展资助”。

三是供需对接，优化服务。嘉定区和温州市正合力推动园区功能布局的形成完善，为入驻企业精准提供各项保障服务。第一，共同打造企业研发平台和公共研发服务平台，鼓励推动驻区高校院所与入驻企业共建研发机构和实验室，同步引导入驻企业共享嘉定区项目研发和成果转化等公共研发服务资源。此外，科创园已与上海大学、上海应用技术大学、上海汽检中心等高能级科创平台建立合作关系，努力为入驻企业搭建人才、技术、咨询等桥梁。第二，共同推动两地信息互联互通，两地在标准化技术机构、标准化专家、各级标准的制定修订等方面实现数据信息共享互通，特别是推进“国家机动车产品质量监督检验中心（上海）”和“国家汽车电气零部件产品质量监督检验中心（浙江）”两大质检机构的合作，促进检测资源、检测业务互联互通、优势互补、协同创新、合作共享。第三，共同打造上海（温州）离岸孵化器，吸引创新创业项目和科研院所成果转化项目等入驻，共同推动科技成果转化、科研产品试验、人才引进培育、创业项目孵化。科创园正与上海大学技术转移中心筹建“沪温科技成果概念验证中心”，与上海知名的孵化器代表“新微创源国际创新港”建立战略合作伙伴机制，旨在为园区入驻机构及温州企业引入社会资源与资本，快速提高科创园入驻单位技术研发和成果转移效率。第四，共同做好企业技术研发资金保障工作，根据入驻企业技术研发需求，帮助对接投融资机构，如温州银行、泰越资本、维度资本等，以便针对入驻企业的需要寻求合适的资本或基金。第五，共同做好人才服务保障工作，一方面是依托区内房屋租赁专业管理公司，为入驻企业提供优质住房资源；另一方面，配合对接区内优质人才服务公司，为入驻研发中心和项目团队提供人才外包服务，解决企业人才在上海缴纳“五险一金”及人才招聘等相关事宜。

三、理论与启示

“飞地经济”基于其独特的经济特征，具有多元化运作模式，在实践中得到大范围推广，其背后既有传统经济学理论支撑，也有其自身对现有理论的创新发展，适应了当下区域经济发展的现实需要。

（一）“飞地经济”特征分析

“飞地经济”是一种嵌入式的区域经济发展模式，最明显特点是在行政上不存在隶属关系的地区建立产业园区，进行产业和相关配套要素的转移，推动资源在更大范围内进行重新配置。它既具有一般产业园区的某些经济特征，又具有新的特点。一是通过园区间承接模式，扩大产业转移整体规模。单个产业园，主要是园区对企业模式，一般是针对单个企业招商，逐步形成聚集效应。而“飞地经济”是在两地政府引导下，更加强调两地产业基础、资源禀赋和市场条件的互补性，通过建立合作机制，将产业链部分环节整体从“飞出地”迁入“飞入地”，更多是针对产业链的招商，更易于产业集群发展。二是以复合输出模式，增强产业转移的综合性。单个产业园主要是依靠资本的增值效应以及带动效应来拉动地方就业，提高财政收入。而在“飞地经济”模式中，不仅仅是简单的注入资金，还需输出先进的经营理念和管理办法，带动当地的产业技术、营商环境、人力资源的综合提升。三是通过主动发展模式，实现区域均衡发展。一般产业园主要是园区所在地获益，最终会形成区域竞争格局，且不乏先进地区对落后地区的非零和博弈现象。而“飞地经济”模式主要是通过双方政府层面达成利益共享机制，秉承优势互补、互惠互利的发展理念，实现错位发展和共同收益。四是以共同治理模式扩大生态治理效益。一般产业园主要是单方面治理，部分地方政府为了短期经济效益，很可能承接一些低附加值、高耗能、高污染的企业。但在“飞地经济”模式下，基于利益捆绑，存在相互监督，落后污染产能很难有市场，“飞地”园区在生态标准上一般是就高原则，也能够最大程度地实现集约高效生产。

（二）“飞地经济”模式比较分析

目前，采用“飞地经济”模式的产业园区众多，依据运营主体、管理模式和转移方向可分为多种类型。

一是根据主体的国别属性，分为境内“海外飞地”和境外“海外飞地”。两者都是两国政府通过签署合作协议，一般是发达国家通过对接直接投资方式，将产业链的终端环节如加工制造等转移至其他国家，对发展中国家而言为境内“海外飞地”，而对发达国家而言为境外“海外飞地”，比如中新苏州工业园区，对我国而言，为境内“海外飞地”。目前我们国家也在积极寻求海外合作，利用自己在制造业方面的优势如资源优势和技术优势等，新建境外“海外飞地”，如我国和白俄罗斯共建的中白工业园，目前双方已从产业环节合作走向产业链合作。

二是主体的所有权性质，分为政府主导模式和企业主导模式。其中政府主导的共建模式是在地方政府之间开展合作的，将产业由经济发达地区向经济不发达地区进行转移，一般是双方政府联合出资成立投资公司，按照市场化模式进行管理运营，财税统计、财税分享等按照园区发展阶段，按照一定比例在两地分配。根据地方政府层级，又分为省（市）内合作和跨省（市）联合共建两种模式，比如上海市内浦东新区的张江药谷和奉贤区的东方美谷之间的“双谷联动”合作，就是属于市内合作。而上海、江苏共建的沪苏大丰产业园就属于跨省联合共建模式。而园区企业主导建设模式是在企业之间开展合作，根据企业之间的从属关系又可以分为龙头企业牵头建设和企业共建两种模式。其中龙头企业牵头建设是指由企业在其他地区建立较大规模的生产基地，并按照当地商业惯例进行开发运营，带动“飞入地”的经济发展。企业共建主要是处于产业链不同环节的企业通过资源优势互补合作建设“飞地”，如宁波中策动力机电集团与华人财团李氏机构合作，在尼日利亚建设中策工业园区。

专栏 3

中新苏州工业园区

中新苏州工业园区隶属江苏省苏州市，1994 年 2 月经国务院批准设立，是中国和新加坡两国政府间的重要合作项目，被誉为“中国改革开放的重要窗口”和“国际合作的成功范例”。2019 年，苏州工业园区共实现地区生产总值 2 743 亿元，公共财政预算收入 370 亿元，进出口总额 871 亿美元，在商务部公布的国家级经开区综合考评中，苏州工业园区连续四年位列第一，并跻身科技部建设世界一流高科技园区行列。

管理模式完全引进新加坡园区管理经验，其中中新苏州工业园区开发股份有限公司主要负责基础设施建设、招商引资、物业管理等多元化服务，而苏州工业园区管理委员会主要负责政策规划、落实等。在利益分配机制方面实行股份制，根据中新双方于 1999 年 6 月签署的《关于苏州工业园区发展有关事宜的谅解备忘录》内容，确定从 2001 年 1 月起，中新苏州工业园区开发股份有限公司实施股比调整，中方财团股比由 35% 调整为 65%，中方承担公司的大股东责任。

此外，近年来，苏州工业园区为了缓解人力资本提高以及土地供应紧缺等压力，开始采取“飞地”模式与其他园区合作。一是苏州宿迁工业园，由苏州工业园区和宿迁市政府共建产业园，园区管理、服务和资金等完全由苏州工业园区整体打包提供。二是苏州南通科技产业园，由苏州工业园区内的科技企业建立，目标是建立江苏省经济转型示范区。三是苏相合作区，由苏州工业园区和苏州相城区工业园合作建立，基于各自优势，以先进制造业、生产性服务业为主，重点打造差异化姊妹新城。

二是根据运营管理模式，分为扩张式、托管式和协作式。其中扩张式是指园区只是通过“飞地”模式扩大规划面积，而“飞地”享受的待遇如税收优惠和政策支持等都保持不变，如上海漕河泾新兴技术开发区在闵行区扩建浦江高科技园、深汕特别合作区等。托管式是指发展状况良好的园区兼并整合经营不善的园区，主要采用托管的方式，将自身先进的管理经验等带入其他园区，帮助这些产业园区做强做大，如余姚经济技术开发区异地整合滨海产业园、远东工业新城等。协作式是指园区与“飞入地”政府进行协商合作，“飞入地”政府以土地价格入股等方式参与园区的具体运作，而园区主要负责日常经营管理，如武汉江汉经开区江北民营科技园与东西湖区合作共建高桥园等。

专栏 4

深汕特别合作区

2008 年，在广东省政府主导下，深汕产业园区在汕尾市鹅埠镇建立。2011 年，广东省政府印发《关于深汕（尾）特别合作区基本框架方案的批复》，批准设立深汕（尾）特别合作区，主要以先进制造业和现代旅游业为基础产业。2018 年，深汕特别合作区全年生产总值达 53.13 亿元，同比增长 4%；全社会固定资产投资 66.74 亿元；规模以上工业增加值 26.92 亿元，同比增长 4%。

合作区为三层管理机制，第一层为两市政府领导决策小组，第二层为合作区管理机构，第三层为合作区开发管理公司。合作区管理机构主要为合作区管委会，其中，深圳市主要负责经济管理和开发区建设，汕尾市主要负责社会事务管理。在深汕特别合作区机构设置上，深圳特别合作区在公检法相关机构设置的基础上，单独设置地区税务机构和公安机构，从而加强地区的经济合作。在机构主要领导人员安排上，以两地共同协商、相互推荐和共同委派原则实行。

在利益分配机制上，按照深圳市、汕尾市和合作区 1∶1∶2 的比例，不过为了促进特别合作区经济发展，增强特别合作区建设资金，在 2015 年，全部收益归合作区所有，2020 年，收益的 75% 归合作区所有。土地出让资金中大部分归深圳市所有，小部分则归汕尾市所有。

三是根据要素转移方向，分为顺向飞地、逆向飞地和双向飞地。其中“顺向飞地”是指在“飞地经济”发展初期，经济发达地区因为土地限制、要素价格上升等，将部分产业迁入欠发达地区，比如沪苏大丰园区、漕河泾新兴技术开发区海宁分区等。“逆向飞地”是指随着欠发达地区的经济发展，为了突破本地技术“天花板”，在经济发达地区建立研发中心等，如位于杭州未来科技城的衢州海创园等。“双向飞地”是指经济发达地区和欠发达地区通过签署双向协议，经济发达地区在欠发达地区建立“产业飞地”，用于转移本地部分成熟产业；同时经济欠发达地区在发达地区建立“逆向飞地”，利用其技术、资金、人才等实现本地产业转型升级。这种双边互换模式，更能满足两地经济发展现实需要，并能实现共建共享，具有可持续性，如温州（嘉定）科创园。

专栏 5

上海漕河泾新兴技术开发区海宁分区

漕河泾海宁分区作为沪浙首个跨区域合作园区项目，园区充分承接上海漕河泾强大的品牌效应、国际化服务理念及丰富的客户资源优势，一跃成为中国经济区域合作的优秀样本。在运作模式上，2009 年成立上海漕河泾新兴技术开发区海宁分区经济发展有限公司（简称“分区公司”），它是漕河泾海宁分区唯一的开发、建设、经营和管理主体，负责漕河泾海宁分区内的规划建设、招商引资和园区管理服务等工作。

在财政体制和利润分配方面，前 5 年，园区内新增增值税、所得税地方留存部分，由地方财政补贴按一定比例返还给分区公司，后 5 年，逐步降低这一比例，然后返还给分区公司。由于园区处于初创期，且目前由上海有关开发区主导推进园区发展，除了享受相关优惠政策和奖励政策外，海宁尚未与上海方面进行比例分成。

（三）理论创新与实践创新

温州（嘉定）科创园属于政府主导、政府与市场共同运营的“逆向飞地”模式。一期主要采取项目入驻方式，由温州市科技局运营。二期项目正处于建设阶段，由温州市科技局和温州市国有企业现代服务业发展集团共同谋划推进，其中市科技局负责运营管理，现代服务业发展集团负责投资建设，这种合作模式补充和发展了传统产业发展理论。

一是拓展产业梯度转移理论，探索了由低到高的逆向产业升级新理论。产业梯度转移理论，主要源于弗农提出的工业生产的产品生命周期理论，认为产品生产经历创新、发展、成熟、衰退等四个阶段。随着产品生命周期阶段的变化，生产活动逐渐从高梯度地区向低梯度地区转移，主要是从要素价格高、生产成本大的地区逐渐向相对便宜的地区转移，从而形成一种梯度推进扩散态势。在这种被动产业转移模式下，低梯度地区很容易长期陷入“低端锁定”状态。

而“科创飞地”模式，是经济相对落后地区为获得经济发展地区充裕的人才、资金、技术等先进要素，采取研发团队入驻或者建立研发中心等模式，通过溢出带动效应，来促使整个地区产业的升级转型。这是低梯度地区通过主动承接追赶，实现跨越赶超发展的有力表现，明显不同于从高梯度地区流向低梯度地区的传统产业转移理论。因此，“逆向飞地”模式是对传统产业梯度转移理论的一种补充和发展。

二是创新非均衡发展理论，探索了打破“地理二元经济”格局的互利共赢新路径。由于不同地区在资源禀赋和资源配置效益上存在差异，非均衡发展理论认为这种社会资源的差异性和非均衡性，造成了不同经济部门或不同产业的经济增长过程的不平衡。瑞典著名经济学家缪尔达尔（Myrdal）在1957年提出循环累积因果原理，即经济发达地区在资本驱动下，通过不断积累，在基本公共服务等方面具备优势，使得技术、人才等高端经济要素日益集中到该地区，而回荡效应使得不发达地区积累对自己不利的因素，最终经济上出现“地理二元经济”的空间结构布局。

“科创飞地”模式，则通过资源要素的“蛙跳式”空间运作，基于城市间产业互补性，使得经济欠发达地区获得发达地区的技术、人才等先进要素，突破本地产业发展“天花板”，促进本地快速实现转型升级；而发达地区在欠发达地区建设“产业飞地”，获得自身稀缺的土地、劳动力等要素，最终实现两地的均衡发展，更是打破了“地理二元经济”格局，补充发展了非均衡发展理论。

三是打破了市场万能论等理论，探索了政府市场的协同推进新模式。由于存在垄断、公共物品、外部性和信息不完全或不对称等，使得市场难以解决资源配置的效率问题，此时市场作为一种经济手段已不能实现资源配置效率的最大化，此时就必须借助政府的干预。

“飞地经济”模式一方面通过政府层面的直接对话，发挥政府在利益分配、人才待遇等方面集中突破制度障碍的优势，实现政策协同；另一方面采用以企业为主的运营模式，在激励机制等方面充分发挥市场的作用，有利于调动运营主体的积极性，解决之前政府单方负责运营带来的低效亏损而企业单方面运营又在政策突破上举步维艰的问题，更加强调了政府与市场的同步协作，是对市场失灵理论的创新和突破。

（四）合作启示

从传统发展模式来看，地缘相邻的两地发展更易于接轨，但温州和嘉定并未接壤，彼此相隔400多公里，它们能够成功实现合作，主要在于产业和科技资源能实现优势互补、互利共赢机制的建立和政府市场的联合推动。

一是产业互补是合作基础所在。产业链互补是不相邻两地能够克服地理障碍进行产业合作的基础。嘉定区是中国汽车工业的重要发源地之一，拥有众多内资整车企业、合资整车企业、外资车企研发中心，及新兴造车企业和汽车零部件企业。温州也是中国非常重要的汽车零部件生产集聚区，整车的 2 万个零部件中，温州可以生产 1/4 的种类。同时，嘉定区聚集着大量科研机构，如中科院上海硅酸盐研究所、上海光学精密研究所、中国工程物理研究院上海激光等离子研究所、国家智能传感器创新中心等，研发力量强大，能为温州产业转型升级提供科技支撑。通过温州（嘉定）科技创新园，两地跨区域联手，可以打通创新项目在大城市孵化与本土产业化联动发展的通道，实现区域创新资源与产业结构的优势互补。同时，随着两地合作领域不断拓宽，效益也将不断提升，两座城市将共同享有更多跨区域结出的科技、产业“果实”。

二是互利共赢是合作动力所在。合理的利益分配机制是调动两地积极性的关键，即便短期没有收益，但是长期来看整个行业的成长都将是两地合作的根本动力。当下，科创园是以项目入驻为主，短期内是没有收益的，因此目前双方还没有进行利益分配。但是温州和嘉定通过“双向飞地”模式给两地合作都带来了积极性，一方面，温州在嘉定建立科创园，获得其最需要的创新要素；另一方面，嘉定在温州建立产业园，同样获得其急需的成熟产业转移空间，真正做到双方的互利共赢。

三是政府市场联动是效率所在。科创园目前采取政府和市场双重管理模式，其中政府主要负责政策协同，并推进项目建设，而企业主体以市场需求为导向，主要负责园区的具体运营工作，这样能够充分激活温州企业的研发动力。在政府合作层面，2018 年 7 月两地签署温州市—嘉定区推进更高质量发展战略合作框架协议，确定了主要领导定期沟通机制。随后，两地职能部门建立常态沟通机制，温州市派出 14 名挂职干部在嘉定区相关部门协调对接工作，其中多名干部都是经济、产业、科创领域的“老兵”。

四、成效与问题

科创园已运营近 2 年时间，目前双方在企业成长、创新能力和经济发展等方面初具成效，尤其是在“新冠”疫情造成交流沟通困难的情况下，依然取得明显成效。

（一）主要成效

一是园区发展初见成效。科创园聚焦数字经济、智能装备、生命健康、新能源网联汽车、新材料等五大重点产业领域，先后引入恒丰泰精密机械股份有限公司、亚龙智能装备集团股份有限公司等 29 家企业，其中企业研发中心 24 家、产业孵化团队 5 家。科创园为企业突破“天花板”提供技术、资金、人才等要素支撑，2020 年已与 21 家科研院所及科创资源平台签订战略合作协议，同时与 10 家科技中介服务机构建立合作伙伴关系。比如恒丰泰精密机械股份有限公司，通过“飞地”引入国内高端制造的研发和市场团队，目前已在多个不同行业的“机器换人”项目中进入实施阶段，其中在太阳能跟踪技术板块，根据在谈项目情况，2020 年下半年订单突破千万元，2021 年订单有望突破亿元；在浓密机技术板块（该技术主要应用于矿山充填项目），目前已实现订单近 3 000 万元。

二是企业能级显著提升。科创园主要聚焦于创新要素的汇集，通过知识溢出效应来提升企业的研发能力，2020 年度入园企业新增专利申报数 159 项，现有在研开发项目 92 项，累计研发投入达 9 232.8 万元。如奔腾激光（温州）有限公司通过和浙江大学谭建荣院士团队开展机床轻量化设计和智能制造的布局，研发的 20 千瓦高功率激光切割机目前已经实现接近 30 万台的市场装机，装机量全球领先。此外，其 8 千瓦高功率激光切割机获得浙江省科技进步二等奖，是全省唯一一家由企业独立完成的科技进步二等奖。在人才引进方面，截至 2020 年 7 月，科创园引入各类专业人员 200 多人，其中硕士学位以上学历或副高以上职称的人才 39 人。此外，科创园还联合温州、苏州等连续成功举办三届长三角技术成果交易博览会，在精准医疗、5G 技术等领域，科技成果交易额达到了 2 500 多万元。

（二）具体问题

由于“飞地经济”涉及领域间关系、尺度间关系和政府市场关系等，这就使得“飞地经济”治理结构更加复杂，目前科创园在很多方面仍存在需要进一步优化提升的空间。

一是利益分配机制仍需深化。由于行政区划不同，加之现行制度安排，在涉及招商引资、税源落地等与产业协同发展息息相关的方面，两地尚未建立成熟的利益分配机制，使得双方有时仍会在自主事权范围内比拼政策优惠和展开盲目竞争，导致资源分散浪费、功能碎片化，也造成一定程度的同质化现象。

二是创新协作仍存在壁垒。两地对省（市）级高新技术企业和成果、人才资质认定、企业研发机构设立等存在不同评判标准，对创新生态的共育共建还缺乏有效抓手，在一定程度上导致了创新成本的上升和创新资源的浪费，也阻碍了科技创新生产要素的自由流动和合理配置，降低了科技创新的效率。

三是“双向飞地”机制有待优化。目前温州在嘉定建立的“科创飞地”，主要是项目团队入驻模式，而真正的研发中心或者研发子公司数量还是较少。另外，嘉定在温州建立的产业园，目前只是温州承接嘉定产业梯度转移的传统产业园模式，由温州委托企业运营，园区企业注册地在温州。两地双向合作机制仍需继续优化。

五、展望与建议

未来，科创园将坚持“资源让渡、双向借道、协同创新”理念，立足嘉定，放眼长三角，深入科技资源腹地，在创新政策共通、人才柔性引留、区域创新收益共享等体制机制方面不断突破创新，引导更多温州企业走上“异地研发孵化、本地成果转化”的借梯登高、借力创新之路，打造集双向流通、资源共享、研发集聚、产业培育、合作交流为一体的新型“科技飞地”，形成具有“国际水准、国内一流、特色鲜明”的协同创新示范共同体，努力引领长三角产业创新协同发展。为此，建议如下：

一是探索建立合理的财税分享机制。建议加大改革创新力度，逐步建立完善嘉定温州之间的风险共担和利益共享机制。比如做好财税分享企业的确认和源头标识，尤其是对增量企业进行财税分享。积极推动建立专项“飞地经济”统计指标的分配制度，最大限度地调动双方积极性。探索按照约定的收益分配比例、佣金比例或依据出资比例、招引人才或项目的贡献度、咨询服务成效等对合作收益进行分配等。

二是进一步强化区域政策协同。针对两地标准不一致等问题，需要两地深化政策对接，促进标准协同，打通要素流通各个“堵点”。其中对于高新技术企业和成果认定标准不一致问题，建议可以根据两地差距，实行梯度分级认定标准，促使企业逐级提升创新能力，在达到标准高的一方的要求后，由企业自由选择享受一地的支持政策。对于人才资质互认方面，建议借鉴自贸试验区做法，建立柔性引才政策，比如可以通过项目合作、科技咨询、技术入股、合作经营等多种方式柔性使用国内外人才智力资源。

三是进一步深化开放合作发展。建议推进科创园从双边平台向区域平台发展，成为长三角产业协同发展的公共服务平台。探索建立以政府为主导，以科研机构、企业等为主体的区域联合创新平台，继续推进长三角汽车产业创新联盟、嘉定—温州工业互联网平台以及长三角科交会等平台建设，扩大溢出效应，结合区城产业基础和资源禀赋，以产业转型升级、科技和模式创新需求为导向，实现产业链、价值链、创新链的深度融合，提升区域产业配套能力和科技实力。

（执笔者：杨亚琴，上海社会科学院研究员；张鹏飞，上海社会科学院助理研究员；张来春，上海社会科学院副研究员）

参考文献：

① 李新益.大连市推进“飞地经济”发展值得学习借鉴[N].六盘水日报，2020-11-07(3).

② Pallavi Banerjee, Soulit Chacko, Bhumika Piya. Paradoxes of being and becoming South Asian single mothers: The enclave economy, patriarchy, and migration[J]. Women, Gender, and Families of Color, 2020, 8(1): 5-39.

③ 刘一凡.“一带一路”倡议下中非合作的战略对接与挑战[J].现代商贸工业，2020，41(28)：61-63.

④ 王南南.疫情对会展业的影响及应对策略[J].现代商贸工业，2020，41(29)：10-12.

⑤ 魏志宇，李中闯.浅谈新冠疫情后地方会展产业的恢复与发展：以吉林省长春市为例[J].中国商论，2020，(17)：22-25.

⑥ 林润栋.打造会展+工业生态圈 开启广佛会展全面协同新时代[N].佛山日报，2020-08-24(A09).

⑦ 闵思奇.“一带一路”推进下西部地区物流产业竞争力评价及对青海的启示[J].物流工程与管理，2020，42(8)：47-50.

⑧ 李猛，黄振宇.促进区域协调发展的“飞地经济”：发展模式和未来走向[J].天津社会科学，2020，(4)：97-102.

⑨ 唐传勇.探索“飞地经济”模式 助推产业园区发展[N].海口日报，2020-04-20(10).

⑩ 侯庆海.基于产业融合的飞地经济发展策略探讨[J].对外经贸,2020,(3):34-36.

⑪ 柴雪晴,曹邦英.飞地经济:文献综述与研究展望[J].商业经济,2020,(1):145-147.

⑫ 任姝玮."飞地"经济助力沪苏产业联动共赢[J].浦东开发,2019,(8):37-39.

⑬ 杜宇.飞地经济模式及其互利共赢机制研究[J].理论观察,2019,(7):78-80.

⑭ 杜悦英.沪苏大丰:长三角飞地经济探索者[J].中国发展观察,2019,(12):24-30.

⑮ "反向飞地"招商新模式引发关注[N].中国企业报,2019-05-14(7).

⑯ 许婷.飞地经济区的管理体制创新[D].武汉大学,2019.

⑰ 丁伟伟.飞地经济发展研究:一个文献综述[J].经济师,2019,(4):55-57+102.

⑱ 高幸,雷晓寅.我国飞地经济研究现状综述[J].北方经贸,2019,(3):13-18.

探索建设长三角资本市场服务基地

长三角资本市场服务基地由浦东新区政府和上海证券交易所共同打造，成立两年多来，围绕服务长三角一体化发展国家战略和科创板注册制改革任务，践行科技与金融融合发展以及区域经济协同发展的理论，充分发挥金融服务资源集聚优势和上市服务综合功能优势，积极呼应区域实体经济投融资和上市需求，全面助力长三角“硬科技”企业对接科创板。在基地全面服务和助推之下，长三角企业在科创板的集聚度、显示度凸显。

一、缘起与背景

2021 年 1 月 20 日伊始，上海和合肥这两个国家科学中心城市之间的高铁行程缩短到 2 小时以内，这对于每个月都来往两地的企业家来说又方便了许多。合肥在 2020 年增加了 7 家科创板企业，下半年几乎每个月都有企业在上海证券交易所科创板敲锣。2020 年 11 月 25 日，长三角资本市场服务基地合肥分中心正式落户合肥高新区，这是基地在上海之外的第 13 个分中心，也是基地辐射长三角、打通金融和科创两大要素，为科创板提供有源之水，培育更多科创企业上市的有力举措。

专栏 1

长三角资本市场服务基地走进合肥

2020 年 11 月 25 日，长三角资本市场服务基地走进合肥，与合肥市地方金融监督管理局、合肥市高新区管委会联合举办“长三角资本市场服务基地合肥分中心揭牌仪式暨上交所助航 · 知识产权专题培训活动”。揭牌仪式中有 100 家合肥科创企业入选基地上市储备库，开启进军资本市场新征程。

上海和合肥之间的这种互动源自两年多前国家最高领导人向世界发出的铿锵有力的声音。

2018 年 11 月 5 日，在首届中国国际进口博览会开幕式上，习近平总书记向世界宣布了 16 条开放举措，给上海提出了三大任务，即增设上海自贸区新片区、设立科创板并试点注册制、支持长三角一体化发展并上升为国家战略。在上海市委、市政府的高度重视与大力支持下，9 天之后的 2018 年 11 月 14 日，浦东新区政府和上海证券交易所共同发起设立的长三角资本市场服务基地揭牌；2019 年 4 月，位于张江的基地实体空间正式启用。

基地主要承担两大重要任务：

一是在科创板并试点注册制的契机下，着力打通金融、科创两大要素，营造支持科创板发展、帮助企业创新的良好金融生态，培育孵化具有强大竞争力的企业上市科创板，更好地推动上海国际金融中心和科创中心联动发展。

二是以推动长三角金融服务一体化为战略支点，充分发挥上海金融资源的集聚优势，发挥龙头带动作用，加强金融服务实体经济的能力，促进长三角高质量一体化发展。

从国家层面来看，基地的设立是浦东作为三大任务主要承载地、主动承接长三角一体化发展和科创板试点两大战略任务的重大行动；从上海层面来看，基地设立是在为促进上海金融中心和科创中心的联动发展服务，着力打通金融和科创两大要素；从浦东层面来看，基地的设立能够让拥有更多要素市场、金融资源的浦东发挥好龙头辐射作用，推动陆家嘴金融城和张江科学城的“双城辉映”。

专栏 2

科创板开市一周年报告

2020 年 7 月，长三角资本市场服务基地联合科创数据研究中心，发布了《国家使命——科创板开市一周年报告》。报告用市值力、辐射力、创新力、责任力、市场力、经营力、创投力、人才力八个指标构建了科创板的科学评价体系，并用数据智能的方式挖掘出科创板开市一周年以来的科创板“大数据”。

二、做法与举措

基地立足长三角、对接科创板，集聚各类金融要素资源，协同长三角中心区主要城市，联动线上与线下双渠道，边建设边做实功能，逐步将八项功能丰富扩展为十项，并围绕十大功能，为企业提供覆盖全生命周期的综合服务。

专栏 3

长三角资本市场服务基地十大功能

通过线上线下的结合，基地实现了从上市发现推荐到上市行政服务、上市辅导培训到金融风险防范的全过程服务（见图 1）。

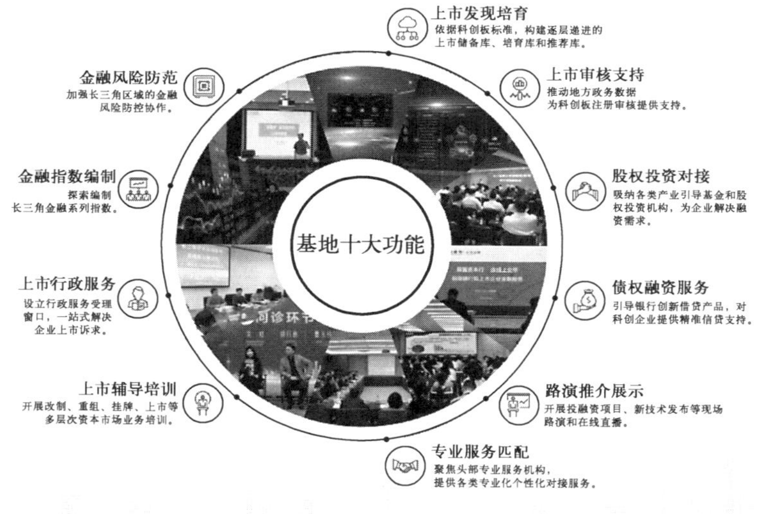

图 1　长三角资本市场服务基地十大功能

（一）构建多层次服务体系，打造长三角一体化科创金融服务生态圈

为了有效服务长三角区域科创企业，基地快速建立覆盖长三角的工作网

络，通过战略合作签约的方式，与长三角地级以上城市结为联盟城市，目前已经有包括南京、杭州、合肥三个省会城市在内的29个城市，实现了长三角中心区城市全覆盖，共同服务对接当地企业。同时，为了增强辐射能力，基地进一步增设服务节点，在具备条件的联盟城市挂牌设立基地分中心，目前已设立的分中心共有15个，这些分中心与基地本部实现网络互联、信息互通、资源共享，进一步缩短服务半径，提升基地辐射效能。（见表1）

表1 长三角资本市场服务基地的联盟城市及分中心

联盟城市	
江苏省（9个）	南京市、无锡市、常州市、苏州市、南通市、扬州市、镇江市、盐城市、泰州市
浙江省（11个）	杭州市、宁波市、温州市、湖州市、嘉兴市、绍兴市、金华市、舟山市、台州市、衢州市、丽水市
安徽省（9个）	合肥市、芜湖市、马鞍山市、铜陵市、安庆市、滁州市、池州市、宣城市、黄山市
分中心	
南京、杭州、合肥、无锡、无锡（江阴）、徐州、常州、苏州、南通、盐城、扬州、镇江、宁波、温州、绍兴	

同时，为了强化金融服务功能，满足不同市场主体的融资需求，基地集聚各类资本市场服务资源，重点吸引银行、证券等金融机构、VC/PE等投资机构和法律、会计、税务、咨询等中介机构，并选择各行业的头部机构发展成为基地联盟成员，目前已有126家。证券机构如“三中一华”、海通、民生；投资机构如高瓴、红杉、达晨、深创投、IDG；专业服务机构如“四大”、国浩、立信。此外，基地还主动对接国家知识产权运营公共服务平台国际运营（上海）试点平台、上海股权托管交易中心、浙江清华长三角研究院、中欧陆家嘴国际金融研究院等多个重要功能性平台，实现服务对接、优势联合。借助金融机构和专业服务机构的力量，基地还组建了专家库，确保了基地服务的专业性和权威性。

（二）推进基地信息管理系统建设，打造助力“硬科技”企业对接科创板功能高地

为了实现长三角区域科创企业的精准发现、精准对接、精准服务，基

地开发建设了科技金融服务平台和信息管理系统（见图 2），形成类内外网联通的数据交互体系，线上全面对接基地的十大功能，联合基地分中心及联盟城市、联盟成员，共同为科创企业提供全生命周期金融服务，助推“硬科技”企业加速登陆科创板。

图 2　长三角资本市场服务基地信息管理系统

一是首创上市发现培育体系。建立了“一个模型、两套标准、三个资源库”层层递进的上市发现培育体系（见图 3）。

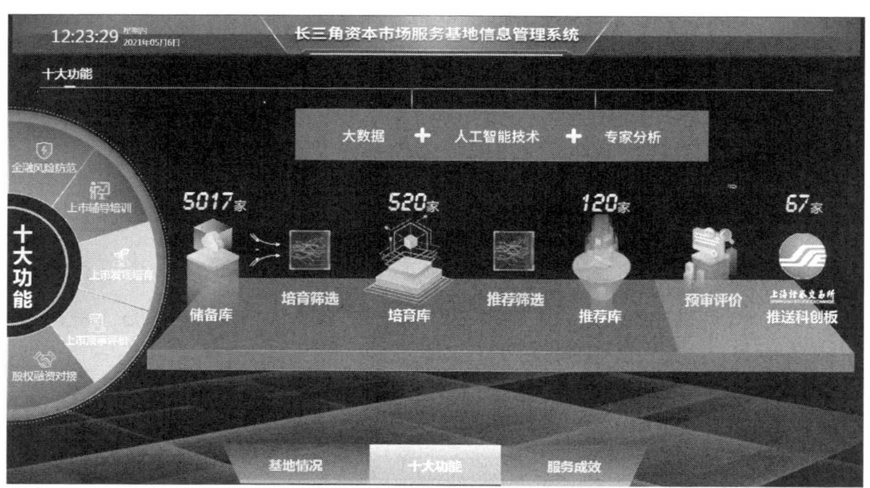

图 3　信息管理系统三个资源库

基地创建了一个人工智能筛选模型：以科创板上市申报企业为样本，利用大数据和机器学习来提取上市基因，建立筛选标准。然后导入长三角科创企业数据与筛选标准进行实时基因比对、相似度打分，自动获得筛选结果（见图4）。

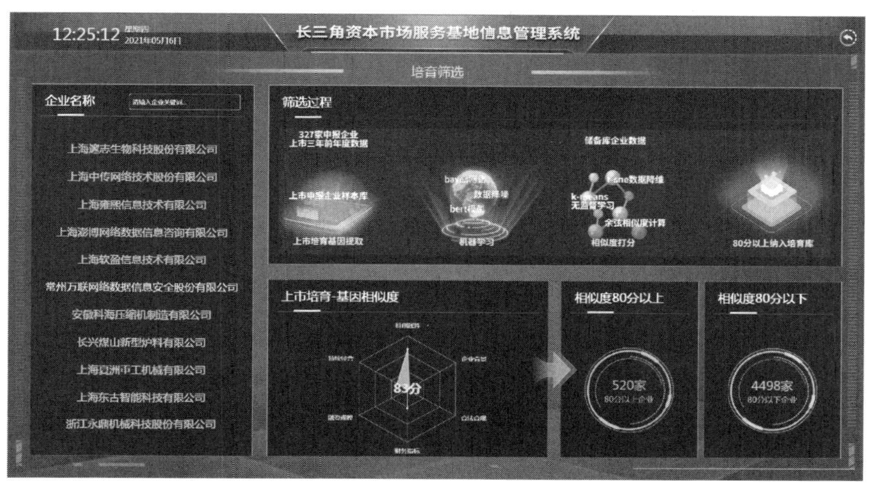

图4 信息管理系统的筛选与比对模型

建立两套筛选标准：分别将样本企业三年前数据作为培育筛选标准，一年前数据作为推荐筛选标准，科创企业数据先后与两个筛选标准比对，根据比对的相似度进行打分，超过80分的企业将通过筛选。如能通过培育筛选，说明企业有望在2—3年内达到上市申报条件；如能再通过推荐筛选，说明企业已具备一年内进行上市申报的条件。

借助“大数据+人工智能”技术，我们面向长三角三省一市，对科创企业进行数据归集和两次比对筛选，从而建立了储备库、培育库、推荐库三大资源库。目前储备库企业5 017家，培育库企业520家，推荐库企业120家。通过上市发现培育体系，从海量企业中“大海捞针”“沙里淘金”，为科创板注册制提供“源头活水”。

二是首创上市预审评价模块。对照科创板上市标准和上市审核问询要点，我们进一步构建预审评价指标体系。系统通过智能算法模型，结合上交所及行业专家意见，对标4 000家上市公司形成的行业均值，对进入推荐库的企业进行精准画像和综合打分，预审通过的企业将成为科创板的“预备班”，截至目前，基地已向上交所推送的企业累计达67家，其中，49家企业已成功上市，18家企业正在上市申报中。

预审评价功能模块既可帮助企业自身和服务机构发现差距、查缺补漏，也可提供上交所审核支持，把好企业质量关（见图 5）。

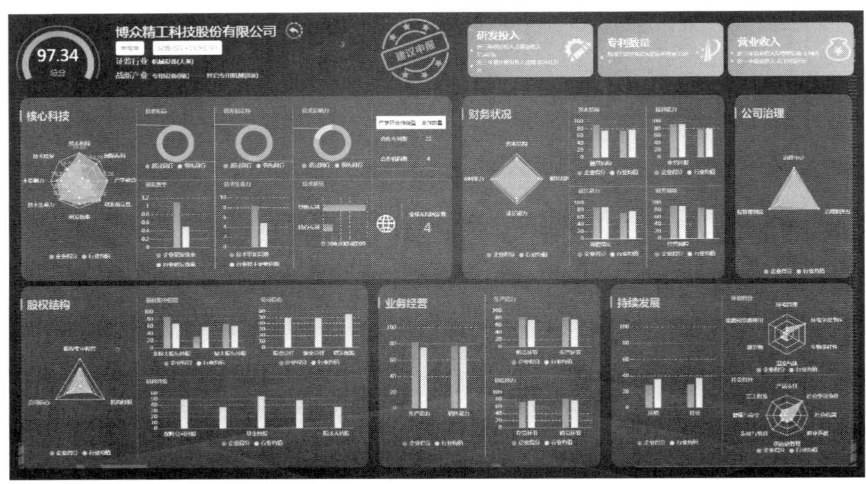

图 5 信息管理系统的上市预审评价模块

三是加快建设“金证创通”科创金融服务平台。将基地十大功能全面对接外网平台，为基地分中心、联盟成员、科创企业提供股权、债权及中介服务的在线供需撮合以及上市辅导培训、路演推介、政策咨询、行政服务等互动功能，并探索智能筛选、智能评估、智能撮合等在线金融服务的首创性改革，打造服务科创企业全生命周期的一站式投融资精准对接平台（见图 6）。

图 6 “金证创通”科创金融服务平台

（三）助推长三角企业加快上市，为长三角新经济发展注入新动能

一是打造系列品牌活动。基地与上交所紧密合作，举办上交所“启

航”“护航”“助航”首期科创板专题培训。开展“基地走进长三角”系列活动，与南京、杭州、合肥基地分中心联合举办金融合作交流会，为当地企业开展上市培训和投融资对接，得到了各分中心和当地企业的积极响应。开展科创板专题培训，基地举办科创企业上市研讨会，充分发挥中金公司、华泰证券、国浩律所等基地联盟成员机构的承销、保荐专业服务优势，为科创企业提供上市要点、行业投资、企业估值等问题的专业解读，加快企业上市进程。创设“上市问诊”模拟审核，2020 年以来连续七期邀请上交所专家对来自长三角的 60 余家冲刺科创板企业进行“一对一”的把脉问诊，解答企业疑难问题，服务企业上市最后一公里，这个品牌活动特别受到拟上市企业的欢迎。截至目前，基地已举办各类活动 230 余期，服务长三角企业 3 000 余家，线上线下参与人数超 3 万人次。

二是加大投融资支持力度。基地与镇江、南京、无锡等分中心举办金融合作交流会与线上云路演，支持长三角优质企业对接 400 余家股权投资机构及投资人，高瓴资本、深创投、张江科投等联盟成员单位先后领投全应科技、纽脉医疗、冰鉴科技、钛米机器人等一批长三角科技企业。同时基地与工商银行上海分行、上海银行总行以及招商银行长三角区域 9 家一级分行签约，针对长三角企业分别提供总额 100 亿元、200 亿元和 460 亿元专项授信额度和专门利率优惠政策。

三是加强上市辅导服务。基地建立了“服务专人对接、上市专班辅导、需求专属清单、行政专项协调”的精准服务机制，将浦东上市后备企业全部纳入服务范围，“一口受理”、及时解决企业上市合规问题。特别是“新冠”疫情发生后，会同海关、社保等部门，无违规证明办理时限从 5 天缩短到 1 天，并实现全程网办，确保企业申报进程不受疫情影响。同时，基地联合联盟成员单位，针对疫情期间科创板 IPO 问题，分别推出线上讲座和网络公益课程，并通过在线服务方式向联盟城市提供抗疫新政解读、经济形势研判及实务操作指南，加强企业实务指导。

四是支持上市公司高质量发展。加强已上市与拟上市企业经验分享，基地邀请已上市企业分享 IPO 过程中的关键问题，加强同行业间的信息交换和智慧碰撞，帮助拟上市企业破解瓶颈问题，助推上市工作顺利开展。推动提升科创板上市企业质量，基地主动对接上交所、证监局及地方政府各部门，充分整合各方资源，提供多项政策、制度的支持与服务，加速推进已上市企业再融资、并购重组等项目的落地，协助企业插上资本之翼。依托特殊人才引进政策，协调解决科创企业员工落户需求，帮助科创板企业人才找到服务通道，加速人才和企业的融合，为企业创造吸引和留住优秀人才的良好环境。

三、理论与启示

（一）以政产学研的理论为基础，打通金融和科创两大要素

1993 年，美国纽约州立大学亨瑞·埃茨科威兹教授提出政产学融合的“三螺旋模型”（Triple Helix）理论（见图 7）。该理论认为，一个知识型社会，其潜在的创新和经济发展更显著地依赖于多种知识在校园的交流融合，以及产业和政府创造各种工业或社会的途径来支持知识的产生、转移和应用。而创新持续上升则来源于大学、产业和政府的支持及这三者之间的良性互动。

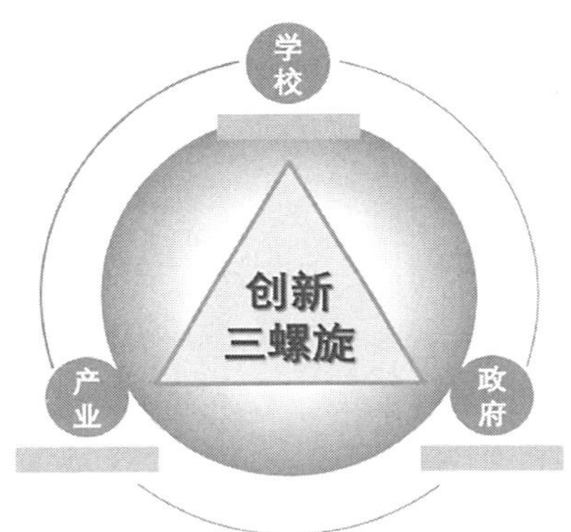

图 7 政产学融合的“三螺旋模型”

基地借鉴这一理论，创造性地打通了科创生态中的几大要素，让这些要素融合发展。在整个科创生态中，科创企业、政府、金融服务体系都是独立的，其中科创企业是科创的主体，围绕着科创企业的上市流程有创投、券商、注会、审计等一系列服务中介，而企业又是在长三角各地行政部门的管理之下，交易所则承担着审核科创板企业上市的任务。

在科创体系中，科创企业、政府、金融服务机构都是独立的实体，通过基地，以信息管理系统为抓手，把这些实体协调在一起，相互支持良性互动，让金融资本和科创两大要素深度融合，产生“化学反应”，从而推动金融服务实体经济的高质量发展。

（二）以基地平台和信息系统协调区域经济一体化的理论实践创新

长三角一体化作为国家战略，区域一体化的发展目标非常明确，在现

行的行政体制之下长三角区域政府和实体都在探索不同的一体化路径。浦东作为最多金融要素市场的承载地，长三角资本市场服务基地用一个信息管理系统突破了传统的城市空间，是区域经济发展的一个创新。

专栏 4

基地通过信息管理系统实现了区域的扁平化协调

基地通过信息管理系统实现了区域发展的扁平化协调（见图 8）。联合各地分中心和联盟城市，面向长三角一市三省，多渠道归集科创企业。

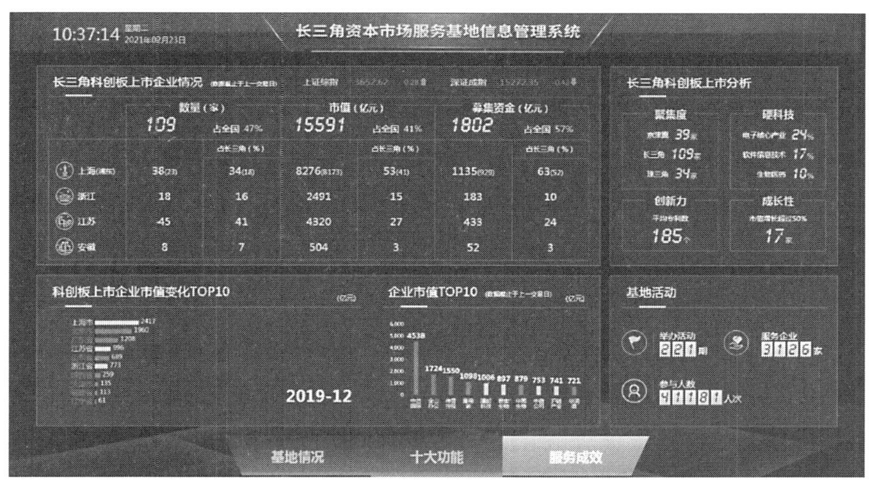

图 8　信息管理系统归集长三角科创企业

在回答如何在城市群实施一体化这一问题上，可将视野转向美国旧金山湾区。旧金山湾区（San Francisco Bay Area，简称湾区）现在是全球科技创新的重要区域，硅谷就是湾区创新的代表，湾区由旧金山、奥克兰、圣荷西等 9 个县、101 个城镇组成。2018 年的数据显示，33 家世界 500 强企业总部在湾区，大家都知道的 IT 巨头谷歌（Google）、推特（Twitter）、来福车（Lyft）、英特尔（Intel）等公司都在湾区。2017 年，湾区总 GDP 超过了 7 800 亿美元，相当于世界 GDP 排第 18 名的国家。

作为区域一体化成功的国际标杆，美国旧金山湾区在协调区域发展方面的成功经验值得借鉴。总结起来，就是第三方机构、利益各方等参与、提供服务。

和长三角类似，旧金山湾区是由101个独立的城镇组成的，开始都是各自为政。“二战”结束之后，如何维持战后的繁荣成为“湾区”一个重要话题。当时，《旧金山新闻》（*San Francisco News*）建议成立一个“协调该地区，努力解决关键的过渡问题并从工业、商业和外贸机会中获利的组织”，并获得了共识。旧金山湾区委员会（Bay Area Council）就是最早成立的协调组织，后来又成立了旧金山政府协会（Association of Bay Area Governments，ABAG）、大都会交通委员会（Metropolitan Transportation Commission）等非官方民间组织，这些组织成为第三方协调机构，协调湾区各地政府的区域发展。执行委员会是湾区委员会的最高权力机构，目前由一位主席、一位秘书长和43家公司的董事长或知名人士担任。而43位委员包括了从文化到高校到公司高管的各个阶层，比如毕马威（KPMG）、来福车（Lyft）、洛杉矶巨人队高管等。目前的会员公司有300多家。根据官网公布的会员企业名单来看，这个组织几乎囊括了湾区各行业的头部企业，脸书（Facebook）、苹果（Apple）、西门子（Siemens）等湾区知名公司都是该组织成员单位。旧金山湾区委员会不是一个空架子，而是一个研究咨询和服务机构，为成员单位提供专业咨询服务。根据湾区委员会官网介绍，目前有32位专职研究员，每周向会员发放电子周报。同时，湾区委员会每年举办多种论坛和活动，成为为委员会成员服务和成员之间交流及发声的平台。

长三角资本市场服务基地充分认识到主动服务长三角科创企业的重要性，积极发挥长三角各城市以及参与主体的作用，将基地定位于协调和服务长三角一体化、建设科创生态。在具体的实施上，基地充分发挥自己的专业优势和信息优势，创造性地通过线上系统与线下活动的有机结合，把长三角29个城市的地方金融管理部门、产业园区、科创企业，126家创投、券商、审计等服务机构融合在一起，疏通金融资本进入科创要素的渠道，促进了长三角金融服务的一体化。

通过长三角资本市场服务基地建设实践探索，主要有三方面启示：

一是必须坚持打造配套服务体系，提升科创企业幸福度。长三角资本市场服务基地建设要以提升科创企业获得感和幸福度为出发点和落脚点，依据企业发展生命周期，充分发挥基地的金融要素市场集聚辐射功能，支持企业根据自身上市发展阶段对接多层次资本市场，将服务覆盖至筛选、培育、辅导、审核全过程，尽心尽力为企业办实事解难题。

二是必须坚持深化长效合作共建机制，提升联盟成员凝聚力。基地坚持战略合作机制，汇集众多行业头部机构，通过开展多种形式的分享会、培训会、座谈会，搭建联盟成员沟通交流平台，加强互动合作、信息互通、资源共享，凝聚长三角联盟城市和联盟机构共识，合力为科创企业上市提供全方位、全流程的金融服务。

三是必须坚持强化科技金融应用，提升基地服务新能级。基地坚持信息管理系统建设，以信息化和智能化为抓手，围绕基地功能开发多项功能模块，建立更加有效、更加长效的资源联结机制，推动联盟城市、联盟成员机构和各类市场主体通过线上平台实现信息共享、服务对接、业务互动，打造发掘培育科创企业登陆科创板的功能闭环。

四、成效与问题

长三角资本市场服务基地经过两年多的探索和实践，充分利用浦东要素市场集中的优势，充分发挥辐射功能，在服务长三角，发现和培育科创板企业方面已经形成了成功的“开始”，在“点”上已经有了突破，但从系统科学的角度看，整个长三角资本市场服务基地的运作还需要提升。

（一）主要成效

一是基地建设从无到有、做实做强。2019 年，上海市政府办公厅印发《关于着力发挥资本市场作用　促进本市科创企业高质量发展的实施意见》，发布“浦江之光”行动计划，基地建设成为该计划的重要组成部分。2020 年，基地建设被列入上海市委、市政府重点工作，并被纳入上海市“十四五”规划和科技部《长三角科技创新共同体建设发展规划》。

二是长三角科创板上市企业的数量和质量领先全国。科创板已形成一股“长三角力量”。如图 9 所示，截至 2021 年 4 月 30 日，长三角科创板上市企业数量达 126 家，占全国的 47%，其中上海 40 家、江苏 51 家、浙江 24 家、安徽 11 家。（京津冀科创板上市企业数量 44 家，占全国的 16%；珠三角科创板上市企业数量 40 家，占全国的 15%。）同时在上交所申报科创板的长三角企业共 121 家，占全国的 44%。

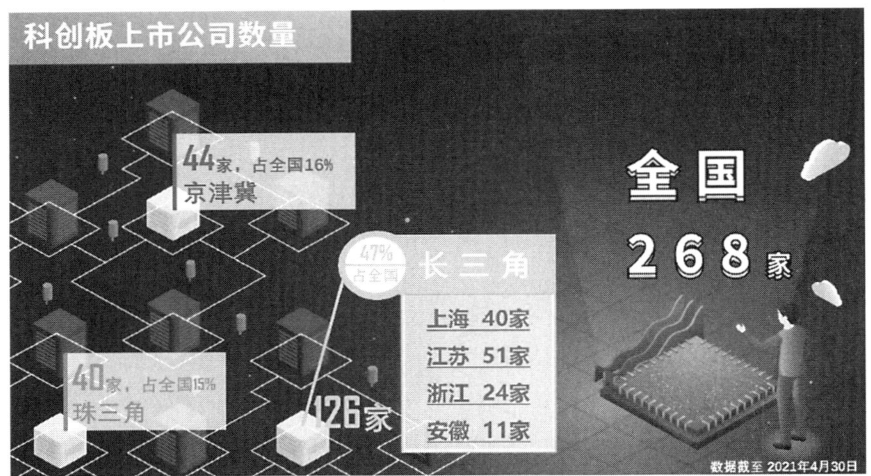

图 9 科创板上市企业区域分布

三是科创板为实体经济服务成果显著。长三角科创板上市企业高度集中在新一代信息技术和生物医药等“硬科技”行业，科技创新能力突出，普遍拥有上百项专利，其中，中芯国际以 8 000 多个专利总数领跑全国科创板企业。这些企业首发募集资金总额达 1 816 亿元，占全国的 57%。截至 2021 年 4 月 30 日，长三角科创板企业总市值合计 2.02 万亿元，占全国的 51%，其中浦东市值 9 200 亿元，占上海市的 77%。中芯国际（4 319 亿元）、金山办公（1 751 亿元）、传音控股（1 394 亿元）、康希诺生物（1 292 亿元）、华熙生物（1 000 亿元）五家公司市值突破千亿元大关，其中长三角企业占 1 席。

四是基地联盟成员金融资源精准对接科创企业需求。33% 的长三角科创板上市企业获得了来自基地股权投资成员的投资，由高瓴资本、达晨财智等联盟成员单位领投了一批具有上市潜力的长三角科技企业。联盟成员中的券商、会所、律所等专业服务机构则为近半数的长三角企业登陆科创板“保驾护航”。

（二）需要解决的问题

以下问题是基地进一步发展的瓶颈，解决这些问题有些需要政府部门的支持，有些需要基地内在的改革。

一是政策支持的落实问题。基地已经写入上海“十四五”规划，也写入了《长三角科技创新共同体建设发展规划》，但是在财政支持、宏观协调、数据接入等支持基地发展的具体配套措施和办法还有待进一步落实。

二是信息系统升级迈向智能系统升级的攻关。通过基地平台和信息系统协调长三角区域金融和科创板企业的对接是一个创新，但随着科创板企业的不断增加，目前的平台和系统都需要升级和攻关。

目前的瓶颈主要是三个方面，第一是科创板企业的评价体系，目前的科创板指标体系建立在传统资本市场的评价之上，但科创板企业都是芯片、医药、人工智能等当代科技的细分企业，传统的指标体系很难充分挖掘企业的价值。第二是算法和模型，目前的系统采用了贝叶斯算法等人工智能模型，随着科创板企业的增加，可比对的科创数据越来越丰富，系统需要算法和模型的进一步攻关，形成可专利性或者有软件著作权的技术支撑系统。第三是信息系统基础数据的完善问题。信息系统的运营，科创企业的高效筛选取决于信息和数据的规模和准确度。但长三角地区科创企业的基础数据掌握在各地发改委、科技局等多个部门，相互开放互通不够，而企业关联的各地政务数据公开有限，导致目前系统的科创企业数据不全面，分析准确度有待提高。

三是基地运营机制问题。基地由浦东新区政府和上海证券交易所共同打造，由浦东新区金融局具体营运，浦东金融局作为行政机构在和各地金融局等机构的合作中有一定的优势，但由于没有市场化营运机制，基地无法用社会的专业力量做实基地服务功能，基地的投资、银行、券商、律所等联盟成员的金融资源和专业服务优势不能充分发挥。

五、展望与建议

基地将继续以服务长三角高质量一体化发展和科创板注册制改革为引领，做实做强基地的十大功能，重点打造科技金融服务体系和科创板上市培育服务体系，疏通金融资源进入科创要素的渠道，在服务国家战略的过程之中，更好地发挥浦东的龙头辐射作用。

针对基地两年来的成果以及存在的问题，我们有如下建议：一是落实政府支持基地发展的具体措施，着力升级长三角本市场信息管理系统2.0。目前的信息管理系统1.0解决了做什么和怎么做的问题，信息管理系统2.0要研究和升级科创企业发现的理论和技术难题。信息管理系统1.0是内网平台，信息系统2.0要成为内外网结合的信息高地，内网功能是科创企业的发现和评价，外网是科创信息以及基地十大功能全面对接线上平台。最终目标是在这一系统中实现科创企业大数据与智能化治理的结合，构建新一代科技金融标志性系统平台，成为科技与金融行业政府管理系统的标杆和示范系统。

二是解决基地机制问题。以政府引导、社会参与、市场化运作为导向升级基地的组织架构。建议基地服务主体从行政机构转变为一个面向长三角的服务型社会组织，在政府主管部门的领导下，以社会组织为平台，发挥社会组织和各类专业机构的市场作用，充分利用社会的力量，进行科创板企业上市培育、知识产权等专业培训等工作，组织长三角资本市场峰会等重大活动。

三是成立科创研究机构提升科创研究实力。针对基地研发力量的不足，建议联合高校等科研机构成立上海市级别的科创研究智库，研究信息管理、数据智能系统发现优质科创企业的算法和模型，科创指标体系、科创产业链、科技园区、金融和科创融合等理论问题。

四是成立科创基金，培育科创板企业。建议基地联合各地联盟城市和分中心、基地的公募和私募联盟成员成立长三角科创培育基金，对通过信息管理系统筛选出的科创苗子进行引导投资，探索出一条具有长三角特色的科创企业发现、培育和上市道路。最终使得基地能发挥出产学研联动作用，通过大数据研究、智能化治理与科技金融的理论实践创新，在长三角科创和金融一体化过程中发挥润滑剂和促进剂作用，成为政府引导中观产业环境和微观企业成长的示范性、创新集成平台。

（执笔者：赵星、岳华，华东师范大学教授；凌建平，里昂商学院科创数据研究中心研究员）

参考文献：

① 埃茨科维兹.三螺旋创新模式[M].北京：清华大学出版社，2016.

② Callon M. Some elements of a sociology of translation: Domestication of the scallops and the fishermen of St.Brieuc Bay[J]. Sociological Review, 1984, 32(S1): 196 - 233.

③ 王昊，陈菊红，姚树俊，张雅琪.基于行动者网络理论的服务生态系统利

益相关者价值共创分析框架研究[J/OL].软科学,2021,(1):1－12.

④ 方卓然.上海今年如何推进长三角一体化发展?答案在政府工作报告里[J].界面新闻,2021,(1).

⑤ 李奇霖.我们能从旧金山湾区借鉴到什么?[J/OL].联讯麒麟堂.

⑥ 旧金山湾区协会网站,www.bayareacouncil.com.

社会·生态·党建篇

打通省际断头路，推动长三角交通一体化发展

加快一体化，交通要先行。交通路网是区域经济发展的骨架和血脉，是区域经济持续增长的动力引擎和坚强后盾。交通路网中断头路的出现会影响区域的通达性，制约区域产业的融合发展。此外，断头路还可能导致安全隐患，在交通路牌指示不明的情况下，容易造成交通安全事故。打通断头路对推动区域交通一体化非常有必要。近年来，长三角地区在省际断头路、行政区划所带来的交通阻隔等方面做了大量的工作，成效较为明显。打通省际断头路，不仅是使长三角地区经济社会一体化发展再上一个台阶的重大民生工程，也是长三角地区更高质量一体化发展这一国家战略实现的重要保障。

一、缘起与背景

《易传·象传上·泰》有言，“天地交而万物通也，上下交而其志同也”。“交而通”能够促进万物共生共育，能够促进不同心灵的交流、融合，自然也有助于不同行政区划经济社会文化的交流和共同发展。单个行政区划的资源禀赋很少能完全满足经济社会发展的需要，交通基础设施建设投入使用可以大幅度提升区位优势，极大方便区域经济要素自由流动，及时满足社会生产生活的需要。大者如高铁网络、“一带一路”的交通建设，小者如不同等级断头路的打通，其内在动力莫不在于此。

断头路通常是指不同行政区划（省、市、县）之间高速路、等级路、农村道路等不能接通的现象。断头路产生的原因主要有地理限制、规划不协同和行政区划利益不一致等。断头路在形态上大致分为道路末端遇隔断成为终点，道路中间局部缩窄致全线虽然贯通但通行不畅，道路中间遇隔

断致道路两头不通三种情形（见表 1）。

表 1　主要断头路类型和形状

类　型	形　　状
道路末端隔断	
道路中间局部缩窄	
道路中间隔断	

打通断头路并不是新鲜事。改革开放之初，由于历史原因许多重要公路因跨省、跨地区、跨县，只差几十公里、几公里甚至一座桥而没有接通，迫使经过的车辆不得不绕行数十公里或数百公里，从而浪费运力和能源，影响工农业生产发展，妨碍人民群众日常生活。为此，国务院专门印发《国务院关于限期修通国家和省级干线公路断头路的通知》（国发〔1982〕55 号），对迅速接通这些断头路，适应国民经济的发展和人民生活的需要作出明确规定，由此拉开改革开放后中国打通断头路的序幕。

专栏 1

《国务院关于限期修通国家和省级干线公路断头路的通知》要点摘选

一、国家干线公路中的断头路，除边疆人口稀少地区及路段过长、工程特别艰巨的以外，一般应在三五年内修通。现确定将国家干线公路上不超过 50 公里的断头路，共计 24 段，约长 514 公里（附表〔略〕），作为第一批限期在两三年内修通。道路所在省、市、自治区人民政府立即作出具体安排，争取早日动工，按期完成。

50 公里以上的断头路由交通部商各省、市、自治区制定规划，分期分批修通。

二、省级干线的主要断头路由各省、市、自治区制定规划，分别轻重缓急，在 1990 年以前修通，其中跨出省界的路段，由两省协商制定规划，交通部要负责进行协调和督促。

三、修通断头路的技术标准，应按两端公路标准和远景发展需要确定，但国家干线公路不得低于三级，省级干线公路不得低于四级。所需劳动力和砂石等地方材料的运输，根据国家有关民工建勤的规定，由地方政府动员当地民工、民车解决，但应付一定的生活补贴。技术指导与组织施工由地方交通部门负责。所需资金和材料由省、市、自治区安排解决。

随着不同行政区划的经济社会往来需求的增加，打通断头路被各地政府提上议事日程。

在城市道路建设方面，上海前后进行两轮打通断头路专项工作：第一轮在2009年，市建设交通委、市发展改革委等部门全面梳理了本市区区对接道路不通的情况，确定了“2010—2012三年区区对接道路建设计划”，共涉及13个区50条道路；第二轮在2015年，市发改委、市交通委、市财政局、市规划国土资源局根据各区上报、初步审核，并经市政府同意，确定了2015—2017年区区对接道路、断头路建设计划，共涉及14个区58条道路。

在省内干线公路建设方面，安徽2016年11月28日下发《打通“断头路”完善交通网的推进意见》中梳理高速公路10条、航道3项，其中普通国省干线公路31项，建设里程858公里，作为“十三五”期间打通断头路推进项目。在国省干线公路方面，安徽2017年3月6日专门印发《关于落实普通国省干线公路断头路建设任务的通知》，对国省干线断头路建设工作作了具体部署。浙江2018年7月2日印发《浙江省打破交通瓶颈专项行动方案》（浙交〔2018〕117号），制订消除断头路、梗阻路以及盲肠路五年计划，其中断头路33项，建设里程885公里。

在省际道路方面，上海根据近年来开展的省界对接区域路网规划研究，基本形成省界对接道路总体规划布局：与江苏省规划对接道路总计40条，与浙江省规划对接道路27条。至2018年《长三角地区一体化发展三年行动计划（2018—2020年）》（以下简称三年行动计划）执行前，苏浙沪省际处已连通的未达标及未连通断头路总计约30条。

为了支撑保障长三角一体化发展，提升交通基础设施互联互通水平，长三角地区三省一市在制订的三年行动计划中选择了17条省级断头路作为重点任务加以推进（见表2）。长三角区域合作交通专题组2018年6月签署了《长三角地区打通省际断头路合作框架协议》，滚动开展打通省际断头路跨区域合作，合作框架协议把列入三年行动计划中的17条省际断头路作为第一批打通省际公路待贯通路段专项行动的推进事项。

表2 长三角地区打通省际断头路第一批重点推进项目

序号	道路名称	道路等级	涉及省市	计划安排	实际进度（截至2021年3月）
1	盈淀路（崧泽大道）—锦淀公路S609	一级公路	沪苏	计划2018年9月完工	2018年10月1日已建成通车
2	复兴路—曙光路	城市次干道	沪苏	计划2018年内开工	2021年2月27日已建成通车
3	叶新公路—姚杨公路	一级公路	沪浙	计划2018年内开工	2020年12月28日已建成通车
4	外青松公路—外青松公路	二级公路	沪苏	力争2018年具备开工条件	在建
5	胜利路—沿沪大道	二级公路	沪苏	力争2018年具备开工条件	在建（道路部分基本建成）
6	东航路—康力大道	二级公路	沪苏	力争2018年具备开工条件	2020年11月9日已建成通车
7	朱吕公路—善新公路	朱吕公路为二级公路；善新公路为一级公路	沪浙	上海段力争2018年具备开工条件;浙江段计划2018年力争开建	基本建成
8	兴豪路N—兴豪路S	上海段为二级公路；浙江段为城市道路	沪浙	上海段力争2018年具备开工条件;浙江段计划2018年力争开建	在建
9	城北路—岳鹿路	城北路为城市道路；岳鹿路为一级公路	沪苏	城北路力争2018年具备开工条件；岳鹿路计划2018年力争开建	2020年6月28日已建成通车

续表

序号	道路名称	道路等级	涉及省市	计划安排	实际进度（截至2021年3月）
10	溧阳至宁德（江苏段）	高速公路	苏皖	计划2018年开建	在建
11	千岛湖至黄山	高速公路	浙皖	浙江段已开建，计划2020年建成；安徽段计划2018年开建，2020年建成	在建
12	申嘉湖西延	高速公路	浙皖	浙江段计划2018年开建；安徽段计划2018年开展前期工作	在建
13	高淳至宣城高速公路江苏段	高速公路	苏皖	计划2018年开建	在建
14	临金高速公路临安至建德段	高速公路	苏皖	计划2018年开建	在建
15	常熟至嘉善高速公路	高速公路	苏浙	江苏段已建成；浙江段已开工，2018年加快项目建设	已建成通车
16	宜兴至长兴高速公路	高速公路	苏浙	浙江段已建成；江苏段已开工，2018年加快项目建设	在建
17	苏州至台州高速公路	高速公路	苏浙	2018年浙江段（南浔至桐乡段及桐乡至德清联络线）；江苏段（苏震桃高速公路）开展前期工作	在建

专栏1

《长三角地区打通省际断头路合作框架协议》的内容、形式和机制

一、合作内容

（1）分批制订项目计划。第一批优先选择双方对接意愿强烈、规划方案一致、建设规划明确、交通作用明显且对路网完善有积极作用的项目。后续结

合省界处重点区域经济社会发展情况，共同协商，做好项目前期工作和项目储备，落实项目规划、建设计划，滚动推进建设，实现省际断头路全面对接。

（2）共同推进前期审批。协调发展改革、规划国土资源部门，共同协商推进省际断头路项目及相关附属的审批工作。共同协调推进项目及附属设施专项规划和土地等相关审批工作。

（3）研究深化工程方案。共同深化相关项目及附属设施的工程方案，加快项目推进，尤其是技术标准、建设规模、道路断面与线型衔接、跨越界河桥梁设计方案、省界收费处设置、交通标志线设置、运营养护管理、投资估算等方面工作的对接，同时充分考虑打通省际断头路对毗邻地区其他道路的影响。

（4）细化工程施工配合。省界交界处的施工组织应充分沟通、统筹推进。涉及委托代建部分，由委托方为被委托方相关施工提供便利，配合解决施工场地、便道、临时接水接电等问题，协助办理施工期间涉航、涉水的审批工作。

（5）省际断头路项目建设完成交付使用时，明确道路管理单位，落实养护单位；涉及委托方的，及时将相关道路设施和项目竣工资料移交委托方。加强沟通协调，交流养护管理经验，按照交通运输部相关养护规范标准，加强省际公路养护管理。

二、合作形式

（1）各自行政区相关工作。三省一市负责本行政区内省际断头路规划、计划、建设、管养的总体指导和推进督查，负责与长三角区域合作办公室的对接，推进各自行政区省际断头路各项具体工作。明确各自行政区划内项目的建设主题，按照属地原则由各自建设主体分别进行建设，并分头落实规划手续、土地手续、建管手续的办理及相关勘察、设计、施工、监管的招投标工作。

（2）跨行政区相关工作。根据工程规模及工程实际（如跨省界河桥），设计需要委托代建的，双方建设主体共同协商确定一方负责跨行政区域部分工程的具体建设工作，另一方委托代建，两方签订委托代建合同。原则上由被委托方开展招投标工作并签署合同，并负责相关监督管理、证照办理及交（竣）工验收等工作，委托方可共同参与。

三、合作机制

（1）例会制度。建立例会制度，三省一市相关部门交流前期工作、建设推进情况及需要协调事宜。对接地区不定期召开专题协调会议。

（2）计划对接。根据省际断头路相关规划，明确建设计划。

（3）信息沟通。各级交通运输主管部门明确项目负责人及联系人，加强信息交流与共享，相互协调，提高工作效率，确保工程建设有序推进。

二、做法与举措

在省际断头路贯通工程的实践过程中，需要各省市加大协同推进力度，各省市在项目选择、建设推进、协商机制以及跨区域党建等方面作了诸多尝试和创新，极大提高了建设工程推进效率。

一是共商共议，建立断头路建设协商机制。省际断头路贯通工程建立了自上而下各层级协调机制。从三省一市的主要领导决策，到长三角区域合作办公室的协调督办，再到交通领域部门的专项轮值、乡镇或区一级具体实施的协调机制，使断头路问题初步解决了最难攻克的“机制环节”问题。在沪苏盈淀路—锦淀公路贯通工程中，上海青浦、苏州昆山两地政府签订了《道路对接合作备忘录》，就合作原则、合作内容、合作形式、合作机制达成共识，并通过多次沟通，解决了盈淀路与锦淀公路建设标准不一致等诸多问题。在沪浙叶新公路—姚杨公路贯通工程对接过程中，金山、嘉善两地制定《关于建立金山—嘉兴交通联动发展联席会议制度的暂行办法》，建立联席会议机制。两地每两个月召开一次联动发展联席会议，就道路走向、建设标准、管理模式等问题进行高频次的协商，研究解决具体难点问题，联动效率显著提升。同时，两地还签订了《上海市金山区与浙江省嘉兴市交通接轨框架协议》，以提高合作效率。此外，金山交通委还派相关工作人员至嘉善挂职，为项目有效推动提供支撑。

专栏3

省际道路建设进度协同推进

沪浙叶新公路—姚杨公路贯通工程中，沪浙两地对于潮里泾大桥桥梁施工都是从两头开建，最终合拢。桥梁建设由嘉善方代建，意味着嘉善的施工队要到上海地界进场施工。在施工过程中，施工进度和上海的叶新公路产生了冲突。上海叶新公路进场早、施工快，原先用于辅助施工的临时便道临近拆除，但嘉善方桥梁建设仍需借助该便道。一旦便道拆除，就只能采取从嘉善跨河二次泵送的方式来运输各种建材，不仅费时费力，成本也将提高一倍多，其可行性更有待论证。潮里泾大桥施工方银展交通建设投资有限公司联系了上海建设方，希望召开联席会议协商。在两地交通部门和建设方的沟通下，上海叶新公路段为省际断头路建设让路，施工进度延缓半年，为整条道路的早日建成通车提供了极大的便利。“勤跑腿、常聚聚”的磋商机制，让两省市的合作项目推进更加顺利通畅。

二是提高区域通达性，审慎选择省际断头路贯通项目。按照“规划明确、需求对接、先易后难”的原则，根据地区经济发展、交通需求、路网规划和前期方案成熟度，三省一市共同推进省际对接道路各项工作。对优先安排的第一批省际断头路项目有以下要求：第一，优先确保高速公路、国道骨干网建设项目全面连通；第二，重点实施在省界处未连通的断头路以及现状已连通但省界处存在瓶颈的道路；第三，建立三省一市打通省际断头路项目储备库机制，交通专题组每年对储备库项目予以评估调整，条件成熟项目可纳入省际断头路实施计划，滚动推进道路建设，实现省界处路网全面对接，此外还针对这些项目制订了明确的建设推进计划。计划内容包括：分批制订断头路项目计划、共同推进前期审批、研究深化工程方案、细化施工配合、建立例会制度交流和协调断头路前期和建设事项等，同时约定三省一市交通行政管理部门加强信息交流与共享，相互协调，提高工作效率，确保有序推进。

三是加强前期设计对接，体现断头路贯通整体协调性。除了省际路桥通过代建的方式体现整体性以外，断头路其他部分的设计和建设都由毗邻省（市）独自完成，其在道路设计风格、设计要素上存在很大的不同。为此，毗邻省（市）需加强前期设计对接，力求断头路贯通整体协调。沪苏东航路—康力大道由于分属不同行政区域，在前期设计过程中，两地建设单位仅对道路互联互通的基本设计要素进行了对接沟通，形成了统一意见；而对设计标准、横断面形式、侧平石材质、公交站台样式、桥梁栏杆样式、绿化品种等多项设计要素未进行沟通，导致了诸多设计要素存在显著差异，两地项目的竣工时间也未协调一致。

沪苏两地发展改革、建设、交通等行政管理部门和企业多次进行沟通对接，按照“就高不就低”“求同存异”的原则，最终达成了沪苏东航路—康力大道风格整体协调、工期步调一致的共识。经过双方协调，2020 年 6 月上海东航路新改建工程的调整批复，提高了东航路工程建设标准，包含拓宽土路肩、提升绿化、侧平石提升等事项；统一了东航路—康力大道的公交站、桥梁栏杆、行道树品种等整体风格（见表 3）。

表 3 沪苏东航路—康力大道设计方案主要差异

设计要素	东航路设计方案	康力大道设计方案	调整方案
标准横断面	二级公路断面，无人行道	二级城市道路断面，两侧有 3.5 m 宽人行道	维持不变
路面结构	沥青混凝土结构，上面层采用沥青玛蹄脂碎石 SMA－13	上面层 SMA－13，下面层普通沥青 SUP－20	维持不变
侧平石材质	C30 混凝土	花岗岩，侧石为蘑菇面	东航路采用花岗石
公交站台	公交站台样式未定	港湾式（同人行道结构一致）	两地风格样式相同的公交站台
桥梁栏杆	金泽塘桥、腊字圩江桥、雪二洋生产河桥采用混凝土防撞护栏。元荡桥采用石材，样式未定	原设计花岗岩，后变更为不锈钢栏杆	元荡桥采用花岗岩栏杆，其余桥梁保持不变
排水	采用混凝土边沟排水	采用花岗岩泄水槽排至辅道雨水系统	维持不变
绿化	行道树：香樟，胸径 13.1 cm — 14 cm 灌木：机非分隔带中满铺金边黄杨和红叶石楠，其中间隔点缀海桐球、红叶石楠球等	机非分隔带：宿根类草花+北美红枫 北侧：带片状植景观 南侧：开放绿化景观	行道树和机非隔离带采用榉树，机非隔离带维持各地特色，保持两地协调
路灯	设置于机非隔离中，光源选择 LED 灯、双挑路灯，具体样式未定	高度 10 m，双挑臂灯 LED，具体样式暂未定	两地风格样式统一

续表

设计要素	东航路设计方案	康力大道设计方案	调整方案
标志标线	主要依据规范：《道路交通标志和标线》（GB 5768－2009）、《公路指路标志设置标准》（DG/TJ 08－2269A－2018）、《道路交通标志板及支撑件》（GB/T 23827－2009）	主要依据规范：《道路交通标志和标线》（GB 5768－2009）、《公路交通安全设施设计规范》（JTG/ D81－2017）、《公路交通安全设施设计细则》（JTG/T D81－2017）、《道路交通反光膜》（GB/T 18833－2012）	两地统一

四是加大协调对接力度，创新（涉水）前置审批方式。根据法规，跨省道路工程规划建设多涉及水利、环境、航道等不同行政部门的前置审批，不同省（市）对这些前置审批要求不一样，为此断头路贯通工程要求相关省（市）加大协调对接力度，创新（涉水）前置审批方式："联合审批、共同监管"，按照"就高不就低"的原则统一设计建设技术标准。沪苏东航路—康力大道横跨元荡，元荡为圩外河道、省市边界河道，涉及上海市、江苏省、太湖流域管理局等多个水务行政主体，在审批要求方面各方不尽一致。例如在防洪评价报告上，苏州水务局涉水审批要求编制防洪评价报告；上海水务局则未将防洪评价报告作为审批要件，而是将防洪相关技术要求体现在其他相关审批要件中，对防洪评价报告没有强制性要求。同时，各方对于跨省界水体元荡的审批权限的认识也存在差异。

为了解决上述问题，沪苏两省相关行政管理部门和企业召开该贯通工程跨域项目水务行政审批协调会，就元荡桥水务手续办理问题进行协商，形成了统一意见。2020 年 7 月 13 日，上海市水务局、苏州市水务局联合以行政许可决定书方式，同意实施东航路—康力大道新改建工程元荡桥跨域项目建设。

专栏 4

省际前置（涉水）行政审批标准协同

（1）关于审批材料：坚持依法合规、便民高效原则，按照流程优化、材料简化、标准细化、联合审批、共同监管的思路，由上海市水务局牵头，会同苏州市水务局联合审批及后续监管，按照上海市相关要求执行。

（2）关于技术标准：面对上海、江苏两地涉水建设技术标准不一致、申报流程不统一等问题，决定遵循“就高不就低”的工作原则统一技术标准。其中，上海水务审批要件对防洪评价没有单独规定，苏州水务审批对防洪评价有专门要求，因此，防洪评价审查按照上海、江苏两地相关技术标准较高条款执行。

（3）关于审批路径：制定联合审批、统一监管、统一验收的审批模式，由上海市水务局牵头，实行“一窗受理、一口发放”审批决定书，许可决定书盖两地水务行政主管部门公章。

（4）审批过程中，由上海市水务局组织共同踏勘、方案审查等工作；审批完成后，双方履行共同监管职责，最后进行统一验收。

五是提高行政效率，创新工程规划建设行政审批形式。省际断头路项目省界路桥衔接项目分属两个不同省（市），工程规划建设行政审批主体和建设单位都不同。为了提高省际路桥整体质量、行政审批效率，创新提出委托代建（即“双方立项，一方代建”）的工程规划建设行政审批方式，即“一方牵头、双方参与、统一审批、统一监管、统一验收”模式。沪苏东航路—康力大道路段规划审批、土地农转用等土地审批手续属地化管理，双方按照各自权限负责行政区域内的相关审批手续办理。考虑到省际的元荡桥施工质量及整体性要求，元荡桥吴江段部分由吴江交通运输局委托青浦青发公司代建，在实际操作过程中，采用委托代建方式实施，跨省市界河桥梁不严格按照属地划分工程界面，而代建过程中涉及两地规划审批协调。为协调元荡桥的规划审批事宜，两地规划部门共同进行规划行政审批协调。

专栏5

元荡桥省际桥梁规划建设行政管理协同

（1）元荡桥吴江段规划许可证由苏州市吴江区自然资源和规划局委托上海市青浦区规划和自然资源局统筹管理审批，按照上海市标准进行审批。上海青浦发展（集团）有限公司同步将审批材料报吴江区自然资源和规划局备案。

（2）建设期间，由上海市青浦区规划和自然资源局负责实施规划监管，如涉及重大事项会同苏州市吴江区自然资源和规划局协调解决。

（3）项目竣工，由上海市青浦区规划和自然资源局牵头组织元荡桥规划验收，苏州市吴江区自然资源和规划局参加。

同样，沪浙叶欣公路—姚杨公路贯通工程中，上海金山、浙江嘉善两地经过协商，对该项目进行了充分沟通和对接，采取了“上海审批、双方出资、嘉善代建”的合作模式。全桥建设投入资金约5亿元，两地共同承担，上海将其中的2.5亿元交予嘉善，工程由嘉善代建。

六是制定周密保障措施，积极推进省际断头路建设进度。第一，发挥党建引领作用，以党建联建促项目建设。沪浙断头路贯通工程建设单位将支部建在工地上，通过建立省际毗邻地区党建联建的示范工地，发挥党建共建同频共振的协同效应，使两地项目建设思想统一、步调统一、同舟共济，确保项目如期完工。

通过开展“创双优”和“毗邻党建”活动，稳步推进工程建设进度，不断提高工程质量、安全、文明施工和投资控制管理水平，提升工程管理成效，确保工程优质、干部优秀。

专栏6

党建“创双优”活动

上海金山叶新公路项目于2019年2月27日成立叶新公路新建工程临时党支部，充分发挥党员的先进模范作用，提高项目部的凝聚力和战斗力。为有效预防职务犯罪，营造勤政廉政、遵纪守法的良好工作氛围，在项目上开展主题为“工程优质、干部优秀”“创双优”活动。临时党支部将“创双优”工作具体责任落实到人，成立了“创双优”工作小组，制订了具体的工作计划。

“创双优”活动包括推动安全生产管理的安全、文明施工专题讲座和“安全生产月”活动；提高工程质量的“桥梁工程质量通病及防治”“路基工程质量通病及防治”的学习交流讲座；加强反腐倡廉警示教育活动。活动内容紧扣“工程优质、干部优秀”的主题，对稳步推进工程进度，不断提高工程质量和投资控制管理水平起到积极的作用。

第二，将综合交通管理工作纳入党政领导年度绩效考核内容。安徽省交通运输厅将断头路建设情况纳入管理目标，适时组织断头路建设督查，进行年度考核，年度考核结果和问责机制相挂钩，做到任务目标化、责任考核化，确保断头路建设顺利进行。上海市委组织部下发《关于印发〈2020年度市管党政领导班子绩效考核工作实施方案〉的通知》（沪委组〔2020〕23号），把包括省际断头路在内的综合交通推进管理工作纳入各区党政领导班子年度绩效考核内容。

三、理论与启示

断头路的产生有三个主要原因：一是有些区域的道路受到江河湖海以及封闭交通高速公路、铁路的阻隔，打通技术复杂、成本较高，社会经济效益不明显，形成了断头路。二是规划引领作用缺失形成的断头路。国土空间规划分为五级三类，[①]不同规划层面路网规划布局和建设实施可能会缺少统筹衔接。具有社会公共属性的道路分为公路和城市道路两类，这两类道路在规划建设管理标准上不统一、衔接上有困难。另外，在区域经济快速发展过程中，住宅小区、工业园区开发建设常常快于道路等交通基础设施的建设，由于缺少规划统筹和实施进度的衔接，在某一时间段造成了断头路。三是地方部门利益不一致不愿打通断头路。

近年来，长三角在区域断头路打通中做了大量的尝试，持续推进，实施了多个工程项目，取得了一系列成绩，也推动了一系列理论创新，留下了若干启示。

（一）断头路打通的区域经济理论创新

长三角地区断头路打通有助于促进各地的资源和经济要素在市场和政

---

① 根据《中共中央 国务院关于建立国土空间规划体系并监督实施的若干意见》（中发〔2019〕18号），国土空间规划分为“五级三类”。“五级”对应我国的行政管理体系，国土空间规划分五个层级：国家级、省级、市级、县级、乡镇级；“三类”对应规划功能和详细程度，国土空间规划分为总体规划、详细规划、相关的专项规划三种类型。

府的推动下更有效地自由流通，为区域经济发展作出积极贡献，推动长三角区域高质量一体化发展。由于独特的区域经济条件和时代背景，打通断头路有助于区域经济理论的创新，具体表现为以下几点。

一是创新经济增长极理论，优化区域发展路径。经济增长极理论认为区域经济的增长主要依靠条件较好的少数地区和产业带动，并逐渐把这些地区和产业培育成经济增长极。增长极会引起“经济不聚集”现象，对周边地区产生辐射作用，进入高度发展时期后，经济发展不平衡现象达到极致，增长极的生产力水平和周边地区的生产力水平趋向均衡，区域间经济增长差距逐渐缩小，实现区域经济的增长。

长三角省际断头路的打通改善了许多地区的区位条件，在目前技术条件和投资政策下，可在区域范围内直接对产业的培育、布局进行统筹考虑，直接进入区域经济平衡发展阶段。这种跨越原来过度消耗区域资源、引发诸多环境问题的边际效益递减以及经济不聚集阶段的区域经济发展模式是经济增长极理论所不能解释的现象。因此，断头路的打通有助于经济增长极理论在实践中的创新和发展。

二是创新产业关联理论，提高区域产业关联度。产业关联度是衡量产业与产业之间通过产品供需而形成的互相关联的内在联系的指标，可以用产业影响力系数和产业感应度系数来表示。产业影响力系数反映产业的后向联系程度，产业感应度系数反映产业的前向联系程度。区域内部产业间关联度越高，则区域经济凝聚力越强，经济综合实力越大，产业之间可以相互促进、取长补短，企业生产成本也会降低，产品在市场上就具有竞争力，从而为区域经济发展提供充足的动力。

长三角地区断头路打通过程中，不仅需要其他产品的输入，比如新建线路的钢筋水泥、工程车辆、信息技术服务等，建成后又为其他相关部门提供了运输的便利服务，优化了交通相关产业链发展。断头路的打通还提升了不同区域其他产业链的关联程度，有助于确定产业关联度的诸多影响要素的重要程度，推动产业关联理论的发展。

三是创新可持续发展理论，探究可持续发展实践途径。可持续发展理论认为，经济可持续是基础，生态可持续是条件，社会可持续才是目的。其追求经济可持续、生态可持续和社会可持续三个方面的协调统一。在经济发展中，不仅要注重经济增长的数量，更应追求经济发展的质量；在与生态环境的关系中，人类对自然资源的消耗应该在生态环境的承受能力之内；在社会可持续发展方面，该理论强调发展的本质应该是致力于改善人类生活质量以及创造一个保障人们平等、自由的社会环境。

长三角地区断头路打通可为推动区域内更高质量一体化发展提供助力，同时也可为可持续发展理论的实践提供另一个崭新途径。现阶段长三角区域的发展还处于不平衡状态，区域内各地经济、生态和社会情况有很大不同，打通断头路，促进区域内各地根据资源禀赋发展社会经济，探索区域内可持续发展理论的实践路径，从根本上避免生态环境的破坏，促进社会公平发展，有助于丰富可持续发展理论内涵。

（二）断头路打通的启示

一是断头路打通要遵循一定的原则。从长三角的实践来看，断头路的形成原因众多，既有现实的物理因素，也有复杂的行政因素。在大多数情况下断头路的打通是非常有必要的，但也不是所有的断头路都必须打通，如某些断头路的打通可能会导致连接道路交通的拥堵和安全隐患。因此，断头路的打通需满足一定的原则：

原则一：路网供需矛盾突出。在断头路附近，当地的交通需求不断增加，导致该区域断头路附近的集散道路过度拥堵，急需另辟道路进行分流。在这种情况下，断头路有必要打通，接入区域交通路网中。

原则二：路网通行能力富余。在断头路拟连接的区域路网中，交通通行能力没有饱和，有提升的空间。在这种情况下，有必要打通断头路，但是需要避免断头路接通后对目标路网服务水平产生显著影响。

原则三：路网交通安全隐患。断头路的连通势必会影响区域路网的交通流状态，给区域非机动车辆的行驶造成一定的安全隐患。因此断头路打通时，需要考虑连通道路非机动车流的安全，断头路机动车车流和连通道路非机动车车流不宜过大。当连通道路的非机动车车流的车头时距大于断头路机动车穿越非机动车的可穿越间隙时，断头路的机动车辆可安全通过，避免与非机动车流交替冲突产生的安全隐患，建议根据具体流量情况，选择衔接节点的控制方式（让行控制或信号控制）。

原则四：路网物理设施条件满足。断头路的打通需要考虑道路物理设施条件的限制，必须满足相应的国家或地区相关的技术规定，满足规范、车辆交织变道及工程的基本可行性。

二是要做好充分的前期准备工作。三省一市多年来一直开展与毗邻地区省际对接道路相关事宜的研究、会商，建立省际断头路项目储备库机制，分批制订项目计划。优先安排双方对接意愿强烈、规划方案一致、建设规划明确、交通作用明显且对路网完善具有积极作用的条件成熟项目纳入年度打通断头路实施计划。以上海青浦为例，自 2015 年起开始系统性研究与毗邻区域对接的地方性道路，2015 年 7 月，上海青浦建管委与江苏昆山交通局开始就道路对接问题进行沟通，梳理双方对接需求、相关道路规划、建设条件，汇总后初步形成青浦昆山道路对接计划。之后根据建设必要性与可行性，初步确定盈淀路—锦淀公路、复兴路—曙光路、胜利路—康力大道、外青松公路为第一批对接项目。上海借助长三角一体化契机，在第一批打通计划中明确了 9 项拟打通的“省际断头路”。

三是要给予强大的政策支持。三省一市政治站位较高，需充分认识断头路贯通工程的重要性对长三角一体化发展的先导作用。三省一市交通管理部门于 2018 年 6 月签署《长三角地区打通省际断头路合作框架协议》，三省一市人民政府把第一批 17 条省际断头路作为重点任务列入三年行动计划加以推进，有的省市通过制定财政补助政策、将综合交通工作纳入党政领导年度绩效考核内容等形式，保障省际断头路建设的顺利进行。

四是要建立有效的协调保障机制、创新协同制度。根据长三角地区打通省际断头路合作协议，三省一市就省际断头路打通确定了省级层面的合作方案。第一，形成省际断头路交通项目建设推进联席会议机制。建立三省一市省际断头路交通项目建设推进联席会议机制，省级、区市相关部门交流前期工作、建设推进情况及需要协调事项。对接地区不定期召开专题协调会。第二，三省一市共同推进前期审批。协调发展改革、规划国土资源部门，省级层面共同协调推进省际断头路项目及相关附属设施的审批工作，尤其是穿越省界犬牙交错地带的项目，具体包括相关项目所涉专项规划的编制、审批及永久基本农田调整审批程序等。

为了提高省际断头路打通效率，三省一市加强协同和会商，创新实施了大量制度安排。例如“双方立项，一方代建”的跨省道路建设模式；“联合审批、共同监管”跨域涉水行政审批的新模式。跨行政区域联合许可审批没有先例可循，且无法律法规明文规定。为此毗邻两省本着便民、高效及实事求是的行政审批原则，打破行政边界，共同研究，提出了“一方牵头、双方参与、统一审批、统一监管、统一验收”的联合审批模式。对于行政审批和建设标准不一致的情况，按照“就高不就低”的原则统一技术标准。通过这些模式与原则，实现申请单位只跑一地就能办理跨域涉河手续，从而极大简化了手续程序，提升了审批效率。

四、成效与存在的问题

长三角地区待打通的断头路往往路段不长，但可以极大程度上盘活片区交通资源，使区域微循环更加畅通，从而提升和优化整个区域交通网络。截至 2020 年 2 月底，三省一市 17 条断头路项目全部开工，6 条省际断头路已经贯通通车，分别是苏浙常熟至嘉善高速公路，沪苏城北路—岳鹿路、东航路—康力大道、盈淀路—锦淀公路、复兴路—曙光路，沪浙叶新公路—姚杨公路。

（一）主要成效

一是完善区域路网结构，提升路网通达性。省际断头路打通以后，完善了路网结构，两地通行距离缩短，通行时间减少，提升了路网通达性（见表 4）。

表 4　断头路贯通后跨境交通里程和时间减少情况

断头路名称	跨境里程减少（公里）	跨境时间减少（分钟）
沪苏锦淀公路至崧泽大道	3	7
沪苏城北路—岳鹿路	2	5
沪苏东航路—康力大道	5	36
沪苏复兴路—曙光路	18	23
沪浙叶新公路—姚杨公路	—	27

以沪苏盈淀路—锦淀公路为例，盈淀路是崧泽大道向西与外省（市）际沟通的组成部分，是青浦区一条重要的东西向放射道路，与崧泽大道一并构成了一条横贯青浦的东西交通主动脉，是青浦区总规中“五纵五横”的主干路网结构布局中重要“一横”的组成部分，建成后将承担东西向交

通干线功能，同时构建了一条昆山南部旅游区与上海虹桥枢纽间方便快捷的联络通道。作为一条跨越省界的断头路，盈淀路打通后，由仅容自行车、摩托车等通过的乡间小路，拓宽为四车道的公路，昆山淀山湖地区居民自驾到上海无须再经过北青公路绕行，嘉定、昆山两地可达性大大提高。图 1 为沪苏盈淀路—锦淀公路之间的石浦港桥桥碑。

图 1　沪苏盈淀路—锦淀公路之间的石浦港桥桥碑

沪苏城北路—岳鹿路通车后，与太仓市岳鹿公路实现贯通，成为两地通行的重要干道，日均流量达 8 500 辆，改变了原本嘉定城北路前往太仓岳鹿公路需绕行的窘况，且道路向南可直达上海地铁 11 号线嘉定北站，实现快速换乘（见图 2）。

沪苏东航路—康力大道通车后，极大方便了两地居民的交通出行。从吴江汾湖区到青浦金泽镇无须再绕道高速公路或 G318 沪青平公路。东航路的打通也有效缓解了金商公路、G318 沪青平公路、G50 沪渝高速公路的交通运输压力，提升了先行启动区对外交通辐射的能力。此外，东航路的打通在为青浦区增加一条高等级地面出省通道的同时，还能够起到完善环淀山湖地区路网的作用，增强环湖城镇组团之间的联系，促进青西地区的发展，加强松江北部地区对外联系。同时，可分流货运交通，提升环淀

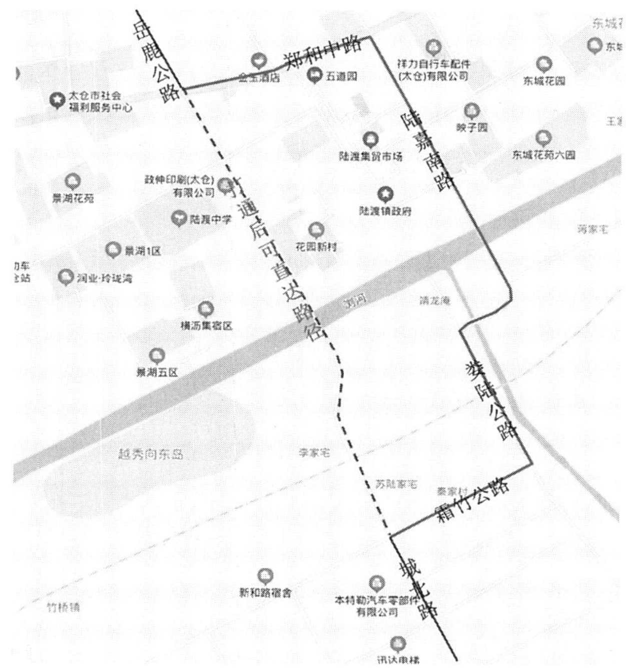

图 2　沪苏城北路—岳鹿路通车前后交通变化情况

山湖地区环境品质，对连通两地、解决困扰居民许久的绕路问题起到了至关重要的作用，对打破行政区划所带来的交通阻隔、提高省际间路网通达性具有重要意义。沪浙叶新公路—姚杨公路的通车则有效缓解了 320 国道的交通压力，枫泾至姚庄的出行时间大大缩短。

二是促进区域资源优势互补。打通省界断头路不仅是推进长三角一体化、引导完善区域路网、促进毗邻地区整体协调发展的重要举措，也是经济和社会效益俱佳的实事项目、民生工程，将有效促进跨省界区域协同发展。基础设施交互的背后是人员的密切往来，更有各种要素资源的高效流动，这将为区域一体化高质量发展注入新的动能。

沪苏盈淀路—锦淀公路通车后，显著改善了沿线居民的出行环境与条件，促进了跨省资源要素的流动和文化医疗民生等资源的共享，提高了人们的生活质量和区域发展水平。同时，盈淀路作为青浦区西部对接昆山淀山湖镇的主通道，将成为昆山与青浦交界区域的土地开发和经济发展的纽带。沪苏城北路—岳鹿路的打通对于加强嘉定、太仓交通联系，推进嘉昆太一体化发展，服务于长三角一体化发展战略具有重要意义。

三是优化公共交通服务，方便居民跨省通勤。打通省际断头路后，通过开通跨省公共交通服务，可方便跨省通勤，加强两地经济社会人文交流。沪苏盈淀路—锦淀公路通车后，两条行经此路的跨省公交车线路 C3 和 C5 正式运营。C3 线路起讫点为秦峰路首末站和上海青浦漕盈路站公交枢纽，C5 线路起讫点为淀山湖客运站和上海青浦漕盈路站公交枢纽。2019 年 6 月增开 C6 路，起讫点为昆山周庄和上海青浦漕盈路站公交枢纽。C3、C5、C6 可直达漕盈路枢纽站，与地铁 17 号线实现短距离换乘，日均服务客流约 2 500 人次，节假日超过 3 000 人次，为昆山—上海跨省通勤的居民带来了极大便利。

沪苏城北路—岳鹿路通车后，嘉定区同步新开通了 1 条跨省公交线路——嘉定 7 路 B 线，线路全长 14 公里，起讫点为嘉定的菊园站和太仓的岳鹿公路金湾路站，途经上海地铁 11 号线嘉定北站设站，通勤人员可通过公交+地铁形式往返上海、太仓两地。沪浙叶新公路—姚杨公路通车后，两地同步新开通了一条跨省公交线路—— 112 路西塘古镇—枫泾古镇（西枫线）毗邻公交线，进一步提升了区域公共交通服务水平。

四是加快社会治理一体化进程。省际断头路打通后协同社会治理的冲突，正成为交界处多方面临的新挑战，考验着省际今后增加交通通道的积极性。相比长三角其他地区，上海的城市安保级别更高，路线接入后不可避免会带来治安方面的问题。另一方面，断头路打通后，也考验着两地在城市道路交通、医疗卫生等公共资源配置方面的能力。

交通的连通意味着省际间的优势互补、区域公共服务便利共享。从治安到公共服务的压力，需要推动各地之间积极探索区域一体化发展的制度体系和路径模式，开展跨区域社会治理战略协同研究，加快提升社会治理水平，提升长三角地区整体综合实力，特别是加强重点区域发展规划研究，例如青浦、昆山、吴江、嘉善这些处于苏浙沪省际的地区的规划对接，以有效推动跨区域联防联治，充分发挥区域内各地区的资源禀赋比较优势。

五是为今后跨区域打通断头路工作提供示范指引。三省一市在协同推进第一批省际断头路贯通工程过程中，边推进、边总结、边推广好的经验和做法。沪苏东航路—康力大道通车成为长三角生态绿色一体化发展示范区挂牌以来建成的首个跨省域道路互联互通项目。该工程在一体化示范区执委会牵头协调下，沪苏青浦、吴江两地政府在审批流程、建设思路上突破行政壁垒，作了一定的有益尝试，获得了宝贵经验，开启了省际连接通道建设的新模式。长三角生态绿色一体化发展示范区会同上海青浦、江苏吴江以及浙江嘉善人民政府制定了《跨省域道路工程互联互通指导手册》。一体化示范区从项目协同走向区域一体化制度创新，在不改变现行行政隶属关系的情况下，努力实现“共商、共建、共享、共赢”，从而为长三角绿色生态、绿色一体化发展探索了路径，提供了示范。

专栏 7

《跨省域道路工程互联互通指导手册》介绍

该指导手册基于一体化示范区内省际断头路工程实践，对项目在规划、设计、审批、施工等工作方面进行提炼，为今后类似项目推进提供原则性和导向性参考。内容分六个部分，第一部分是总则，阐述了指导手册的基本原则和适用范围；第二部分是统筹谋划，对断头路项目的前期准备工作，诸如建设计划、立项对接、协商机制等作了说明；第三部分是设计衔接，涉及基础底板统一、设计标准统一、设计要素衔接、设计单位选择等内容；第四部分是行政审批，包括审批主体、审批方式、审批标准、审批流程等内容；第五部分是建设推进，内容包括建设主体、施工单位、施工建设、施工衔接、项目监管和项目验收；第六部分是协同管养。此外，还有四个附件，分别是省际断头路审批流程图、各阶段衔接要素表、沪苏东航路—康力大道贯通工程案例分析以及跨省域项目水路行政审批文书样例。

（二）存在的问题

一是规划建设对接要进一步加强。第一，规划不同步而直接导致对接道路项目无法及时做好规划预留和红线控制。为此需要做好跨区域的综合交通规划编制协同，目前长三角生态绿色一体化发展示范区交通专项规划编制已经取得成果，这为今后长三角地区跨区域的综合交通规划编制作了有益的探索。第二，土地征收方面的问题，做到两地建设时序统一较为困难。断头路部分道路规划红线位于永久基本农田保护区范围，且无法避让，基本农田调整往往周期长、难度大，需要规土部门明确解决路径，因为相关动迁腾地工作必须在道路规划红线落地后才可启动，在后续办理土地手续时需要给予大力支持。以上海嘉定为例，嘉定区西部、北部分别与江苏昆山、太仓毗邻，是上海市对外辐射的门户区域，嘉定北部地区多处为永久基本农田控制区，除现状通道外，道路规划和新建必须解决永久基本农田的用地调整问题，如上海嘉定城北路（省界，霜竹公路）新建工程涉及基本农田约 55 亩，“道路规划红线落地”成为道路打通的关键难点。第三，对接道路建设标准有差异，道路规划红线落地难。因地区发展定位不同而直接影响交通规划，导致两地拟对接道路可能存在等级不匹配、规划红线错位等建设标准的差异，从而造成道路衔接困难，进而对建设规模、道路断面与线型衔接等造成影响。以上海青浦盈淀路（崧泽大道）改建工程为例，按照实施计划，由青浦区崧泽大道对接昆山市锦淀公路，但两者之间南北向错位约 170 米。而现状位置处原有的盈淀路和锦淀公路处在同一线位，利用盈淀路实现与崧泽大道连接成为最好的解决办法。但项目实施前，盈淀路为农村公路，而锦淀公路是昆山南部旅游度假区重要的东西向对外衔接通道，锦淀公路红线宽度 29 米，盈淀路红线宽度仅 16 米，两者建设标准有较大差异，统一建设标准成为锦淀公路与盈淀路对接的难题。

二是行政审批复杂，持续性差。一方面，省际断头路项目涉及跨区域合作，断头路整体审批权限一般归属于两地省级或以上部门，程序较为复杂。以沪苏盈淀路—锦淀公路项目为例，项目涉及上海、昆山两地，虽体量不大，但省界位于航道中间，桥梁一部分属上海市，一部分属江苏省。按原有建设程序，需由两地上级交通主管部门即交通部审批，难度较大且耗时较长。另一方面，部分省际断头路的形成是由于河流等天然屏障阻隔，界河桥梁的建设除需要道路审批部门参与，还需要水务部门审批。沪苏东航路—康力大道断头路的“代建”创新解决了部分问题，但这种做法只是个案，并没有上升到更高政策法规层面，光靠情怀进行的省际断头路建设的合作“蜜月期”能持续多久还是一个问号。

三是前期工作量较大。道路建设影响沿线居民、企业等的利益，且需求千差万别，腾地困难，很多时候会成为影响实施进度的重要因素。2020 年底未能竣工的几条道路工期除受突发的“新冠”疫情影响外，动拆迁及管线搬迁困难、周期长、耗时多也是主要原因。上海金山兴豪路建设涉及13家农户、24家企业，2018年12月已开工，区交通委、枫泾镇动迁办等多次组织协调，切实为企业解决各种难题，至2020年8月，尚有1家企业未完成动迁。为推进工期，不得不修改局部设计方案，采取已动迁完成的路段先期施工等措施，在动迁工作进行时同步推进项目建设。上海青浦外青松公路规模较大，全长约4.1 km，涉及25户农户、30家企业、103户渔民等，动迁工作量巨大，难度较高，东大盈港北侧公墓动迁滞后。

另外，涉铁项目影响因素多，协调困难。因铁路部门对铁路运营安全要求很高，对下穿铁路道路要求确保绝对安全，一方面导致下穿铁路道路方案确定较为困难，协调层面高；另一方面地基加固处理和安全防护所需措施费用相对较高，铁路地道框架顶进和开挖施工单价比起常规下穿高速公路、轨道交通或民房的地道偏高。城北路建设中需下穿铁路，协调难度较大。

五、展望与建议

一是扩大跨省协商推进机制覆盖面。省际断头路涉及的两地可通过联席会议等建立长效合作机制，覆盖规划、设计、建设、运营等全过程，推动省际断头路打通，必要时建议上升至长三角区域合作办公室等高层次平台协商。

第一，规划阶段，共同研究明确两地省际断头路建设必要性和建设可行性，提前研究建设标准与工程方案、资金来源。一方面可化解规划、建设时序不同步、规划红线落地难等问题；另一方面经综合考虑各相关因素后，规划实施的项目可能会对拉动区域经济发展，解决居民出行难题，提升远郊市域铁路、轨道交通站点客流等起到更大的作用。

第二，设计阶段，协商确定建设标准与工程方案，明确项目立项与前期手续办理工作等原则性问题，为开工建设奠定基础。此外，在保障车行道建设标准统一的同时，应注重精细化设计，对于人行道、非机动车道等慢行空间以及桥梁栏杆、杆件等附属设施的设计也应尽量做到协调一致。

第三，建设阶段，协商解决建设中遇到的各类难题，如遇到因实际困难项目推进进度不一致，导致两方道路无法按照计划通车情况时，可通过协商，先打通一方道路，通过与周边道路临时接通，实现打通断头路最高效利用。

第四，完善涉铁、跨航道项目协调推进机制。完善市交通、发改委、重大办等省（市）内部门和铁路、水务部门及毗邻省（市）相关部门分管领导层面的沟通协调平台，完善涉铁道路、跨航道建设项目的协调推进机制，提高项目推进效率。

二是用法律形式固化跨区域行政审批协同这一好做法。总结吸纳典型经验，解决省际桥梁建设、涉水审批、技术标准不一致等难题，后续省际断头道路建设中借鉴已开通或将开通道路的建设推进经验。从长远来看，有必要研究制定三省一市省际断头路建设审批规范性文件，固定推广好的做法，为长三角地区省际断头路打通提供具有法律效力的指引。

三是探索省际断头路打通后跨区域社会治理协同机制。断头路建设好以后，跨区域一体化协同治理提上议事日程。今后有必要探索建后联合养护机制、省际毗邻公交安全运营机制以及省界检查站联建联运模式，提高省际通达能力和社会资源利用效率，保障跨区域经济社会人文交流。

第一，探索加强建后联合养护机制。毗邻省市两地养护部门加强沟通协调，交流养护管理经验，按照交通运输部相关养护规范标准，加强省际公路养护管理，确保省际道路“畅、安、舒、美”。

第二，探索毗邻公交安全运营机制。① 在毗邻交通管理部门统筹下，由毗邻两地县级及以上人民政府依据对等原则协商一致，并签订政府间协议后开行毗邻公交。政府间协议中应明确线路运行模式、经营期限、服务标准、运行管理要求，以及相关考核及清退机制等。② 综合考虑规范经营、安全管理、诚信服务等因素，择优选择毗邻公交经营主体，同时参照技术要求较高一方的标准规范运行车辆、办理许可，减少安全隐患。对于长三角生态绿色一体化发展示范区这样有特殊要求的区域，公交运行的线路应根据示范区整体规划和管理要求布设和运营，此外还可以探索在示范区范围内成立公交运营公司的路径。

第三，探索省界检查站联建联运模式。省界检查站作为省际安全防控的第一道关口，是必不可少的，目前省际道路检查站的建设均为各自建设、各自管理。如，省界相邻不足 1 公里设置 2 处检查站，不仅降低了道路通行效率，还增加了建设以及管理成本（见图 3）。建议参考省界高速收费站取消后检查站管理和“新冠”疫情期间毗邻地区查控关口合并经验，探索将省际道路检查站前移至省界处，2 处合并设置为 1 处，由两地共同建设、共同管理，建立两地一站式检查站，实现资源共享、运行联动，促进长三角一体化交通设施的融合，与毗邻地区无缝衔接，方便群众出行，提高道口的工作效率。

图 3 沪苏盈淀路—锦淀公路江苏和上海设立的检查站

（执笔者：胡昊，上海交通大学交通运输工程系教授；苏兆前，上海市交通发展研究中心高级经济师；何红弟，上海交通大学交通运输工程系副教授）

长三角示范区实现跨省毗邻公交一体化新突破

长三角跨省毗邻地区经济发达，人员往来频繁，对城市公共交通服务存在现实需求。早在 2009 年，沪苏浙两省一市就提出探索跨省毗邻客运班线“公交化”的改革思路，但是由于各地认知不同、利益诉求差异和行业管理缺位，跨省毗邻公交常态化运行受到一定程度的约束。2019 年，长三角生态绿色一体化示范区 5 条跨省公交正式运营，打通了示范区公共交通末梢“最后一公里”，实现了公共交通一体化的新突破，取得良好经济社会效益。2020 年 11 月示范区成立一周年之际，国家发改委将此列为示范区首批要在全国复制推广的制度创新事项。

一、缘起与背景

长三角交通运输一体化的探索历史较长，在公交领域提出跨省合作的发展规划肇始于 2009 年。当年 2 月，上海、江苏、浙江两省一市交通主管部门联合编制了《长江三角洲地区道路运输一体化发展规划纲要》，其中专设“消除壁垒，政府推动，开通省际毗邻地区公交班线”内容，提出要以市场化运作为主要方式，通过对旅客流量、流向和密度分布的调研，在政府的推动下，协调各方利益，通过参股、对开等多种形式，考虑在两省一市接壤地域，开展短途班线公交化工作。同年 6 月，两省一市在上海召开的 2009 年度长三角道路运输一体化联席会议上宣布：为了方便长三角地区短途客流往来，满足城乡、毗邻城市（镇）接壤区域的公众跨省出行需求，将试点开展长三角毗邻地区客运班线公交化改革，与相关部门协商，争取政策支持，选择条件相对成熟地区试点开通。2011 年 9 月交通部下发《关于对在苏浙沪省际毗邻地区开展客运班线公交化运行工作的意见》，明确三地毗邻地区可开通“跨省公交”，三地班线可以通过直接停靠对方的公交站台、地铁站，实现公交资源共享。

在上述政策支持下，长三角地区开始探索跨省毗邻地区客运班线公交化运行的改革实践。2011 年 12 月底，浙沪之间开通“枫嘉线”，这是当时浙沪间第一条也是唯一一条采取定时、定点、定向“公交化”密集发车的省际客运班线，由上海和嘉兴的嘉善各投入 3 辆大型客车，共同运营。①同时开展试点的还有江苏浏河至上海美兰湖、江苏太仓至上海嘉定等线路。2017 年浙江嘉善姚庄汽车站至上海枫泾汽车站的 328 路公交线路开通，2018 年浙江嘉善丁栅站至上海青浦蒸淀富民毛衫市场的 329 路、江苏苏州市八都镇至浙江省湖州市南浔镇的 7616 路相继开通。

以上这些跨省毗邻公交运营的探索实践，积累了一些改革的经验，为后续更深入推进跨省毗邻公交的正常运营奠定了一定的基础。比如开通更为密集、更为廉价的跨省公交，必然冲击运输市场既有的利益格局，当时我国同一条省际客运线路往往分散在不同经营者手中，②为了保证线路质量及公益性，需要将线路资源进行整合，难度很大。各地交通主管部门通过与承包主充分沟通协商，通过给予缓冲期、适当补偿等手段使得承包户有序退出。③这一时期跨省毗邻公交的有序安全运营，为跨省毗邻公交开行的可行性提供了实践验证，也促成了交通运输的有关法律法规不断修改完善。④

不过，这一时期由于法律依据不明确、区域诉求有差异、行业监管难界定等问题，使得其运营经常处于线路时有调整、时间时断时续的不稳定状态，⑤在体制机制上并没有得到实质性突破。这些经过公交化改造的客运班线与一般班线相比，主要体现在发车频次高些、票价低些，实际上并没有真正实现公交化。有些开通的“公交线路”也没有得到双方的一致认

---

① 上海方面采取的是市场化运作，不享受政府补贴，由于后续线路持续亏损，上海方面退出运营，由嘉善单独经营（嘉善承担运营的主体是国有企业，亏损额由财政补贴）。

② 比如以前的老枫嘉线上有 5 辆车，分属 5 个承包人；上海到启东之间线路不下 10 条，运营权分属 10 来家公司。

③ 有些线路整合不利，后续的跨省公交运行压力较大，比如上海宝山区美兰湖和江苏太仓市浏河镇的跨省公交，一天客流仅 200 人次。

④ 比如 2017 年出台的《城市公共汽车和电车客运管理规定》考虑到毗邻城市间开通公共汽电车客运的实际情况，为规范其管理，在附则中规定该情形适用本规定。2020 年修订的《道路旅客运输及客运站管理规定》，放松中途下客管制，增加根据旅客需求中途停靠的有关规定。

⑤ 线路和站点时有调整，重大节假日经常停运。

可，比如作为省际客运改革线路的枫嘉线，嘉善将该线路定义为“城际公交”，①但是上海方却认定其为“省际客运班线”，②在上海途经的一些重要公交站点不能停靠。与此类似的还有嘉善328路，该路公交车在上海金山行驶5.1公里，途经上海枫泾五金建材城、金山区中西医结合医院等5个公交站点，但是不能停靠上下客，只能直接到达枫泾汽车站。嘉善到中西医结合医院就医的患者只能乘坐到枫泾汽车站后再折返3站就医，就医结束再返回汽车站，乘坐该线路返回嘉善。

对于此类问题，上海有关部门的解释是虽然毗邻地区公交化是推进城市融合和长三角一体化发展的重要举措，也有利于两地居民交流互动，不过如果省际客运线路采用中途停靠上、下客模式，会导致无法实施实名制登记，继而无法有效识别乘客身份信息，尤其在医院等人口集中地设置站点，不利于安全，建议乘客在枫泾枢纽站换乘抵达医院。③

有的线路上海方面即使认定为跨省公交，也还是参照的中途不得设站的省际客运规定。如昆山C3、C5、C6路公交车在青浦境内行驶四五公里才到达终点站漕盈路交通枢纽，但在该区间内均不允许设站上下客。长三角跨省公交这种“途经”重要站点但不能“经停”办事的运行状况，影响当地群众出行的便利度，交通末梢“最后一公里”的问题仍没有有效解决。

专栏1

公交客运与班车客运的区别

公交客运依照交通运输部出台的《城市公共汽车和电车客运管理规定》运营，目前按运行区域划分为市区线路、郊区线路、城乡线路和城际线路。公交客运是城市公共交通的重要组成部分，具有公益属性，一般采取特许经营的方式，由国有公交公司承担运营服务，票价由政府制定，一般低于成本价，亏损部分由当地政府财政给予补贴。在公交线路途经的公交站台停靠上下乘客，无须实名售票和实名查验。每辆车一般没有定额人

① 城际公交：在城市与城市之间开通的公交，它有别于目前的省际长途和城际快客，起讫地之间可以设站点。

② 省际客运班线：运行区域在我国省与省之间的班车客运，起讫地之间一般不得设站点。

③ 长三角17城开通异地门诊结算了，金山医院门口的公交站，可否让嘉善客运班车停一停？[EB/OL].［2019-8-20］.https：//web.shobserver.com/news/detail？id=170912.

数的限制，车辆采取分车门上下车的方式。

班车客运依照交通运输部出台的《道路旅客运输及客运站管理规定》运营，分为一类（跨省）、二类（省内跨市）、三类（市内跨县）和四类（县内）客运班线，进行分类管理。班车客运一般采取市场化运作，经营主体自负盈亏，票价按照成本加成法制定。主要在各地汽车客运站停靠上下乘客，需要实名售票和实名查验，随身行李要通过安检设备才能乘放，每辆车有定额人数（不能超载），车辆采取一门上下客的方式。

2019 年，长三角一体化上升为国家战略，在沪苏浙两省一市毗邻的青浦、吴江和嘉善建设生态绿色一体化示范区。2019 年 11 月示范区开通了 5 条按照城际公交线路运营的跨省毗邻公交线路（见图 1），疏通了跨省公交交通末梢“最后一公里”，取得毗邻公交运行体制机制上的重要突破，获得良好示范效果，其经验做法在长三角其他区域得到推广应用。

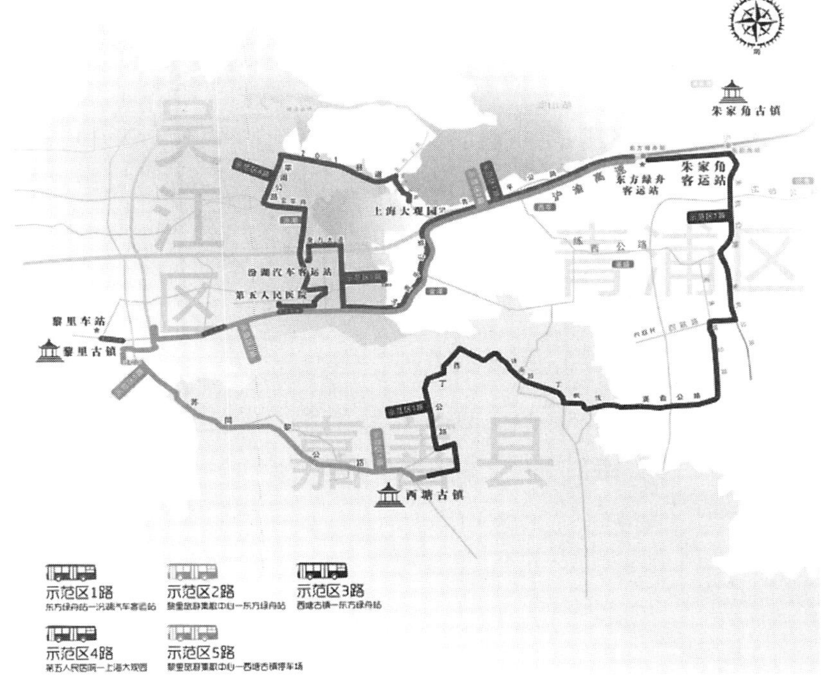

图 1　示范区 5 条公交线路示意图①

① 长三角生态绿色一体化发展示范区执行委员会.2020 亮点项目建设案例图册，2020：82.

二、做法与举措

小公交，大改革。示范区跨省公交的开行，是我国探索不破行政隶属、打破行政边界，跨区域提供公共服务，从区域项目协同走向区域一体化制度创新的重要成果，是我国区域一体化进程中跨界协同治理的生动实践。

（一）三级联推，形成跨省毗邻公交统筹协调落实机制

1. 省级交通主管部门积极推动，出台指导性政策文件

省际毗邻公交推进困难之一就是缺乏行政法规的上位指导。基层有需求，但是诉求得不到相关政策文件的支持。2018 年 9 月上海市交通委与江苏、浙江协调，制定了《关于进一步规范和完善本市与苏浙两省毗邻地区公交客运衔接的指导意见》（沪交运〔2018〕860 号）（见专栏 2）。① 2019 年 1 月，沪苏浙皖三省一市交通运输厅（委）共同签署《长三角交通更高质量一体化发展座谈会备忘录》，将开展毗邻地区公交客运衔接线路试点工作作为年度重点合作事项。同年 4 月，三省一市交通运输厅（委）召开座谈会，就毗邻公交的机制、线路、政策等方面问题达成共识。省级层面的积极推动和一系列会议纪要和指导意见的出台，为规范城市公交线路跨省运行、优化毗邻地区道路客运班线公交化运营、完善区域联勤联动执法监管机制等提供了有力的指导。

专栏 2

《关于进一步规范和完善本市与苏浙两省毗邻地区公交客运衔接的指导意见》内容简介

该指导意见分为总体要求、主要任务和保障措施三部分。在总体要求—基本原则部分提出探索融合城市公交和道路客运两种运输方式，进一步发挥各自比较优势，坚持属地管理原则，因地制宜、因区施策。在

① 该文件尽管属于上海市交通委出台的文件，但是鉴于上海在毗邻公交对接方面的主导地位，该文件成为沪苏浙开行毗邻公交时共同遵守的一个指导文件。其中重要突破是允许“毗邻地区城市公交跨省运行”。

主要任务部分提出对毗邻地区城市公交跨省运行线路，原则上经双方属地政府依据对等原则总体协商一致，并签订政府间协议明确各自权责义务和具体规则后方可开行。对毗邻地区道路客运班线经双方属地政府协商一致后，纳入上海市道路客运班线发展规划。同时提出加快完善上海与苏浙两省毗邻地区交通联动监管机制建设，推动相关公交客运衔接线路监管信息共享、执法依据统一、处罚结果互认，督促相关企业落实主体责任。

---

2. 两区一县政府统一协调，统筹对接各个职能部门

开通跨省公交，除了交通部门需要跨省协调外，还要与财政部门协调公交补贴政策、与交管部门协调停靠站点、与路政部门协调车辆通行道路、与公安部门协调跨省安检等系列问题，甚至还需与国安部门就反恐等问题进行协调对接。在属地管理权限下，每个职能部门都要对跨界道路运输相关的潜在风险、城市管理等承担责任，一个职能部门审批不过，车辆就无法畅行。同时还会对既有的交通利益格局造成冲击，涉及跨省客运、公交运营等多方利益的协调问题。

为了降低复杂的谈判协商成本，提高推进效率，示范区三地政府直接出面协商，签订《青浦、吴江、嘉善 2019 年一体化发展工作方案》等政府间合作协议，明确运营主体、开行方式、线路走向、经营模式、车辆配置、票制政策、安全管理等各方的权责义务和具体规定，将遇到的内外协调问题“并联解决”“一会通办”。

3. 属地交通主管部门高效落实，主抓解决具体事务事项

两区一县交通主管部门及时对接，本着“先开通、后完善、再提升”的渐进原则，协同推进示范区公交客运发展。一是统一编制示范区综合交通规划、公共交通规划、区域公交规划等相关规划；二是根据城市政府间协议，依法办理相关行政许可手续，将日常监管和运行补贴等纳入属地城市公交综合运行管理体系；三是加强区域联勤联动执法监督机制，推动线路监管信息共享、执法依据统一、处罚结果互认；四是要求并指导运营企业细化管理措施、落实管理责任、确保运营过程安全可控；五是简化线路审批，示范区公交向线路运营公司所在地交通部门进行审批，向毗邻地区交通部门备案；六是统一线路运营要求，即统一使用新能源车辆、车身统一涂装和公益广告、沿途站点统一开放；七是在交通安全、行政执法、信访投诉等方面协同合作，三地交通部门通过签订备忘录的方式规定各自的工作职责、权利义务；八是完善交通基础设施，推进道路互联互通，陆续打通省际断头路、撤除省际公路收费站，进一步增强区域交通出行的通达性、便利性。

（二）跨域协同，形成跨省毗邻公交畅通高效运行模式

1. 因地制宜设定公交运营线路

毗邻地区对公交线路的走向和停靠站点的诉求往往存在差异。吴江、嘉善希望能够停靠上海的知名医院、商业中心和交通枢纽，但是上海方的这些站点往往交通最为拥堵、安全管理任务最为繁重、城市公共资源最为紧张。示范区毗邻公交按照“成熟一条，发展一条，规范一条，逐成体系”的总体原则，因地制宜、因线施策，有序推进。在对民众需求调研基础上，先行开通的5条公交线路以满足三地居民旅游观光、通勤探亲和购物就医等出行需求为目标，严格按照示范区公交线网规划实施，鼓励采用大站快车模式（线路沿途停靠旅游景点、公交枢纽、镇区中心等主要站点），提升运行效率和出行服务体验。

2. 联合统一制定公交服务运营标准

沪苏浙三省的公交车辆运营标准、公交站牌的设施、对驾驶员的要求等均有差别，这就为未来的公交联合执法检查留有了隐患，必然影响到跨省畅行。示范区两区一县统一公交政策，在规范车辆标准方面，三地公交部门按照高标准、舒适性、绿色环保等要求统一规划、联合实施，统一许可线路、统一车型配置、外观标志和车内配套设施，公交车辆统一印制“长三角一体化示范区公交”字样，统一以“示范区×路”命名。对于两地营运车辆技术要求不一致的，参照技术要求较高一方的标准办理许可。

3. 一线一议设置公交线路票价

综合考虑毗邻公交的运营里程、服务质量、出行需求、居民承受能力和政府财政补贴的可持续等因素，示范区区域公交线路采用“一线一票价”的模式。（见表1）

表 1　示范区 5 条公交线路基本情况简表

线路名称	起讫区间	线路运距	票价票制	支付方式	运营主体
示范区 1 路	“东方绿洲站—汾湖汽车客运站”	19.7 公里	票价 2 元（一票制）无人售票	可以用上海公交卡、微信、支付宝或现金支付，按上海优惠乘车政策执行	上海青浦公交公司
示范区 2 路	“黎里旅游集散中心—东方绿舟站”	35.7 公里	票价 5 元（一票制）无人售票	可以用苏州公交卡、微信、支付宝或现金支付，不享受各类优惠政策	苏州吴江公交公司
示范区 3 路	“西塘汽车站—东方绿舟地铁停车场”	43.6 公里	票价 10 元（一票制）无人售票	支持联合公交卡、银联卡、市民卡及支付宝移动支付功能，不享受各类优惠政策	嘉兴善通运输（集团）有限公司
示范区 4 路	“吴江第五人民医院—上海大观园”	24.5 公里	票价 1 元（空调票价执行期间，票价 2 元）无人售票	可以用苏州公交卡、微信、支付宝或现金支付，按苏州优惠乘车政策执行	苏州市吴江公交公司
示范区 5 路	“西塘汽车站—黎里旅游集散中心”	19.5 公里	票价 5 元（一票制）无人售票	支持联合公交卡、银联卡、市名卡及支付宝移动支付功能，不享受各类优惠政策	苏州市吴江公交通公司;嘉兴善通运输（集团）有限责任公司

（三）责任明确，形成跨省毗邻公交安全有效职责体系

1. 由运营企业落实安全生产主体责任

跨省毗邻公交随站停靠，上下自由，无法实行实名制，在安全管理上确实比省际客运难度要大。前期由于各职能部门担忧潜在的追责风险，对于开通跨省毗邻公交不积极。为保障运营安全，同时又打消其他部门的顾虑，两省一市交通主管部门协商并征求属地公安交警部门意见后确定，由线路运营企业落实企业安全生产主体责任，并明确要求：运营线路的公交车辆须安装车载卫星监控系统和视频监控系统并实时监控，确保车辆技术符合要求；重大活动安保期间，配备随车安全员，并配置手持式安检仪，严格落实人员和携带物品的安检工作，并按照双方公安部门要求做好运营公交车辆的省界道口安检工作。鼓励参照城市公交配置更高标准的安全设施，保障一体化示范区跨省公交安全运行。这就解决了安全责任边界不清晰的问题。

2. 由属地政府承担管理主体责任

在目前运营体制下，公交公司一般属于纯国有企业，又因承担的是公益性的社会服务，一般处于亏损运营状态，其亏损纳入财政补贴范畴。同时又涉及安全、国有资产、财务等诸多管理问题。为了简化跨域协调成本，采取“谁发证谁负责”的属地管理原则，由公交公司所在地政府承担与公交运营相关联事务的主体责任。

3. 由需求方承担供给主体责任

公共交通属于基本公共服务，具有公共物品属性，毗邻区域客观上存在“搭便车”行为，由哪一方提供公交服务就是一个现实问题。是“双向对开”还是“一方运营”？ 在沪苏浙毗邻地区，由于客观存在的经济社会差距，以江苏和浙江民众乘车去上海方向为主。前期上海方对开通毗邻公交并不积极，认为对上海的意义不大。三地协商的结果是由需定供，谁有需求谁负责线路的运营，比如示范区 5 条线路除示范区 5 路外，均未实现对开运营。

三、理论基础

公共交通属于公共服务的部分，在当前我国行政区划管理体制下，公共服务由属地化的行政区域供给，划界而治，而对于行政毗邻区域的公共

服务需求是跨界一体的。解决此类问题需要由行政区域治理模式向跨界协同治理模式转变。示范区跨省毗邻公交开通的过程，是跨界协同治理理论的生动实践，高度契合该理论的三个机制。

（一）跨省毗邻公交常态化运行是跨界协同治理理论的生动实践

传统的行政区域治理模式已无法解决长三角毗邻地区复杂的跨地域公共服务供给问题。划区而治，可以明确地方治理的权责，有利于中央指挥、调动、激励和考核地方的发展和治理成效，此思想理念渗透到公共管理的诸多领域；但也容易造成思维固化，对具有外部性的事务和区域公共物品的管理无能为力。比如《城市公共汽车和电车客运管理规定》明确“城市公共汽电车客运”是指“在城市人民政府确定的区域内……为社会公众提供基本出行服务的活动”，[①]城市人民政府交通运输主管部门或者城市人民政府指定的城市公共交通运营主管部门具体承担本行政区域内城市公共汽电车运营管理工作。[②]反映在公共交通管理领域，不仅造成省际间物理上的断头路，[③]还存在制度上的“断头公交”。

跨界协同治理是跨界治理与协同治理的有机融合，是指两个以上的治理主体，基于对公共利益和公共价值的追求，在共同参与和联合治理公共事务过程中，建立起来的资源共享、系统优化和联合行动的治理方式。[④]对解决当前区域一体化发展与划界而治之间的矛盾具有重要指导意义。示范区跨省毗邻公交深入推进过程中，三级联推、跨域协同、明确责任等创新性做法充分体现了跨界协同治理的主要机制，是理论转化为实践的典型案例。

（二）跨省毗邻公交常态化运行满足跨界协同治理机制三要素

要实现跨界协同治理，需要建立一种跨地域的、有别于传统行政区划治理模式的协同治理机制，以充分发挥治理系统中各参与主体的优势和专长，形成资源共享、协同供给区域公共服务的良好局面。示范区毗邻公交

---

① 中华人民共和国交通运输部令 2017 年第 5 号。

② 从这些规定可以看出，我国当前的交通法规主要也是以方便行政区划管理为导则的。

③ 断头路是指某一特定中小范围区域内没有接入其他对应成型路网的道路或铁路。

④ 跨界的含义广泛，本文所指是跨行政区划之界。

“最后一公里”的突破过程，就是长三角区域交通领域跨界协同治理机制逐渐建立的过程。①

1. 形成跨界协同治理的共同价值诉求

传统的政府间跨行政区域合作模式，参与主体经常秉承“经济人”的理性，不同程度上存在“搭便车”和“锦标赛”的心理，追求本行政区域局部最优而非区域整体最优。这种思维逻辑和行为方式导致区域一体化长期停留在形式层面。跨界协同治理理论则强调以公共利益为导向，以治理主体共同目标和共同利益为基础，通过治理系统各要素之间的相互协作，来解决单一治理主体无法解决的、复杂的跨地域公共问题。推动长江三角洲区域一体化发展是习近平总书记亲自谋划、亲自部署、亲自推动的重大战略。示范区各方的共识是一定要把示范区建设好，形成制度创新和示范做法。强大、统一的共识推动各方行动，使得原先很多停滞不前的改革取得新的突破。

2. 制定跨界协同治理的法规制度

跨界协同治理的有序有效运行，需要系统外部的法律制度作为外部控制参量。在外部控制参量的约束下，明确参与主体的权力边界和行为方式，从而使治理系统各要素从无序到有序。在省级毗邻公交的推进过程中，首先缺乏的是来自中央对跨省毗邻公交（公交客运）明确的规章条例。如果坐等交通委员会明确后再实施该工作，又延误时机。但是由于国家级的顶层设计指导文件《长江三角洲区域一体化发展规划纲要》和《长三角生态绿色一体化发展示范区总体方案》的出台，为长三角一系列跨界治理提供了导则。比如《规划纲要》要求“推进跨界区域共建共享”“推动省际毗邻区域协同发展”“加强跨区域合作，探索省际毗邻区域协同发展新机制”。《总体方案》要求示范区“在交通出行、旅游观光、文化体验等方面率先实现‘同城化’”。这些论述成为省际毗邻区域开展一系列工作的指南，为后续各行政层级推进相关工作提供了依据。这表明，中国在改革实践过程中，法律规章的滞后、缺失暂时可以通过规划、政策、纲要和会议纪要等共识性文件替代，作为区域一体化发展过程中处理跨界问题的外部参量。

---

① 有关理论参考了何炜.跨界治理的三种理论模式、价值诉求及其实现机制［J］.中共四川省委党校学报，2016（4）：36－41.

3. 建立跨界协同治理的参与协同网络，以便各子系统有序参与跨区域公共服务的共供和共享

一方面，要建立跨界协同治理决策参与机制。首先需要有一方主动牵头，承担发起、协调和推进的职能。实践中往往由需求最强烈或成效最显著的一方牵头。其次，相关方积极参与，共同协商，共同搭建一个议事机制。2019 年 4 月，三省一市交通厅（委）召开座谈会达成三点共识，其中之一就是“共同成立长三角毗邻地区公交客运衔接线路试点工作小组，建立共商共建工作协调机制”。另一方面，要建立跨界协同治理利益协调、责任分担机制。利益共享是协同合作的根本动力，划清责任是区域合作的前提条件。从成本收益角度讲，城市公交站点属于公共物品，在拥堵点来临之前，为对方开放公交站点的边际成本几乎为零，而收益则是显而易见的，增加两地的人员往来、带动要素的区际流动，方便两地的群众出行，所以是具有内在动力的。长期的外部掣肘是涉及跨区域的安全和行业监管等问题，就是出了事谁负责？ 是始发地还是目的地？ 是以跨界为准还是另有标准？ 示范区采取了一种简单清晰划清责任的方式，由运营主体承担主体责任，由运营公司所在区域进行财政补贴。这就避免了相互扯皮、责任不清的问题。

四、成效与启示

（一）主要成效

当前我国已经进入城市群和大都市圈建设时期，面临日益增多的跨省毗邻地区通勤需求，示范区 5 条毗邻公交线路常态化运营的主要做法为其他毗邻地区提供了示范。截至目前，长三角区域内已累计开通省级毗邻公交化客运线路 60 余条，有很多线路的开行借鉴了示范区的经验做法。在示范区成立一周年之际，国家发改委发文第一批 22 项制度创新经验复制推广清单，其中明确“跨省公交联运机制”作为重要制度突破，要在长三角省际毗邻区、G60 科创走廊、南京都市圈、杭州都市圈、环太湖等区域复制推广。

1. 便利了毗邻地区群众的出行

毗邻地区公交车的开通，降低了出行成本、减少了换乘不便、增加了安全性和可预期性，提升了毗邻区群众对一体化的获得感和满意度。以示范区 3 路为例，2019 年 11 月 4 日至 11 月 11 日，开通仅短短一周，就累计发送 43.5 个班次，累计发送旅客 1 325 人次，平均每个班次发送 30 人次，基本上趟趟满座。[①]2020 年在“新冠”疫情影响下，示范区 5 条跨省公交线路仍累计发送客车 50 517 班次，累计发送乘客 63.8 万人次。在调研中有乘客介绍，“以前从黎里到西塘，坐车转来转去很麻烦，公交车直达后，轻轻松松就能游古镇。”“在西塘乘示范区 3 路还能再去上海看看古镇，最后乘公交回黎里。”“一波操作横跨苏浙沪三地，十几元路费就能完成‘串门’。”[②]

2. 推动了毗邻地区经济社会联动发展

示范区 5 条公交线路跨界串联、组线成网、统一服务，消除了毗邻地区原先公交线路在设置上的“各自为政”，直接串联起三区三古镇，[③]接轨了上海地铁 17 号线，大大拉近了毗邻地区的时空距离。对毗邻地区旅游消费、经济协同具有促进作用。调研发现，这些线路中的乘客有近 4 成是到古镇旅游。当前上海轨交线路还未延伸到吴江和嘉善，但是通过示范区 1 路、2 路和 3 路，将汾湖、黎里和西塘与上海轨交站——东方绿舟站对接，形成了吴江、嘉善与上海要素便捷流动的一条重要动脉，促使要素资源在区域间的配置更加合理高效。

（二）经验启示

1. 一体化的理念共识是示范区跨省毗邻公交成功运行的先决条件

一直以来，跨省公交常态化运行，因各地利益诉求存在较大差异、权责界定不明确、规章条例指导缺位等问题，长期无法实质性推进。随着长三角一体化发展上升为国家战略，随着对《规划纲要》落实情况的督查、激励、考核力度不断加大，长三角各政府部门思想得到统一、理念发生转变，地方政府由原来专注一事一地局部利益向考虑如何共建长三角一体化发展新格局转变，各行政部门由先前的“无法无据我不为”向“寻求法律突破主动为”转变，由先前强调各种困难到千方百计克服困难转变。最终达成的共识就是跨省毗邻公交一定要运行起来，“探索一条、发展一条、

---

① 2020 年受“新冠”疫情的影响，乘客上座率较低，但是从 10 月份开始，上座率开始逐渐回升。

② 相关资料转引自：梅剑飞，田墨池.加速“一体化”，“毗邻公交”开出“大效应”［EB/OL］.（2021－2－2）http：//td.jiangsu.gov.cn/art/2021/2/2/art_41992_9662006.html.

③ 青浦、吴江和嘉善三区，黎里、西塘和朱家角三个国家级历史文化古镇。

成熟一条、规范一条、逐成体系”，使得打通交通末梢“最后一公里”有了内在动力机制。

2. 顺畅的沟通协作机制是示范区跨省毗邻公交持续推进的有效途径

示范区跨省公交线路开通前，三省一市交通管理部门共同成立长三角毗邻地区公交客运衔接线路试点工作小组，建立共商共建工作协调机制，联合制定长三角毗邻公交客运发展指导意见，使得跨省毗邻公交开行有了上位依据。两区一县政府出面会商，使得跨地域跨部门的协调事项“一会通办”，极大地提高了协同效率。两区一县交通部门积极会商，协调落实，毗邻公交工作得以节点化推进。示范区执委会的整体协调指导和会商为三地搭建了沟通协商的平台。

3. 化繁就简解决问题的方式方法是示范区跨省毗邻公交实现突破的重要手段

示范区三地采取了抓住主要矛盾、化繁就简的方法。针对难以界定的安全风险责任问题，由运营企业承担主体责任；针对公交运营的资金投入，采取属地管理，由运营企业所在地方政府按当地标准落实财政补贴政策；针对公交运营标准不统一，采用三地最高标准，避免了标准修订的难题①；针对公交车跨省过路费问题，吴江嘉善两地政府通过财政核销形式直接免除跨省公交过路费。②这种化繁就简、抓主要矛盾解决问题的思路方法，为处理复杂的跨界协同治理问题提供了重要借鉴。

4. 清晰的权责边界是毗邻公交可持续开行的有力保障

毗邻公交涉及复杂的资金投入、成本分担、责任划分等问题，示范区采取“由需定供，由供定责”的原则，由需求强烈的一方负责公交运营，③将毗邻公交纳入地方政府的公交管辖范围，按照当地政府的政策给予财政补贴和人员管理，另外一方开放公交站点等资源，允许停靠公交站

---

① 这一经验对示范区其他领域的制度突破有很大启发意义，比如示范区在生态领域开展联保联治工作时涉及三地生态环境标准不一致的难题，是否可以借用最严格的标准去执行？ 还比如示范区三地统一公共服务标准时都可以借鉴该思路。

② 示范区 5 路要经过嘉善和吴江两个收费站。

③ 这是长三角毗邻地区为了高效解决问题所采取的一种方法，在经济落差较大的跨省毗邻地区的适用性值得商榷。从地方政府成本收益角度分析，公交线路需求方与受益方并不完全等同，例如浙沪毗邻地区民众流动的主要方向是从浙江向上海流动，实际上是把浙江的人流和资金流带给了上海。是由需求方还是受益方承担供给公共服务的责任，这取决于地方财政承受能力、地方政府谈判能力、地方政府执政理念等多种因素。比如京津冀就采取了与长三角不同的模式，北京与河北三河市等周边地区的毗邻公交由北京市统一运营。

点和上下乘客。在上海重大节假日时按照上海的要求，配合做好安检或线路的临时调整等工作。权责清晰了，各部门的职责也就相应得到明确，督查、激励和考核才能落到实处。

五、问题与建议

跨省毗邻公交系统是城市群和都市圈内交通网络中的重要组成部分，对于加强区际联系、便利民众出行具有重要作用。目前，长三角区域内已累计开通省际毗邻公交化线路 60 余条。“十四五”期间，长三角地区计划新增省际毗邻公交 36 条。①

（一）存在问题

长三角区域跨省毗邻公交已经实现从无到有，下一步要实现由有到好高质量发展，仍有下列问题亟待突破。

1. 法律规范仍待明确

目前我国公交运输与道路旅游运输分属不同的法律。2017 年出台的《城市公共汽车和电车客运管理规定》中注意到了毗邻城市间开通公共汽电车的实际情况，为规范管理，该文件附则第七十条指出“经相关城市人民政府协商开通的毗邻城市间公共汽电车客运，参照适用本规定”。但是对于是否允许跨省，没有具体说明。目前，在我国的公共汽电车运营线路分类（GB/T 32852.2－2018）中并没有跨省公交、毗邻公交等线路名称。2020 年 7 月最新修订的《道路旅客运输及客运站管理规定》，将毗邻县之间的客运班线归到第四类客运班线，并指出毗邻县“包括相互毗邻的县、旗、县级市、下辖乡镇的区”。对于当前开行的跨省公交，到底属于公交还是道路旅客运输，存在不同认识。

2. 基础设施仍需完善

硬件方面，长三角区域仍存在不少跨省断头路，②当前由上海市交通委牵头的 9 个省界断头路项目中，有 4 个项目已通车并开通毗邻公交，其他项目仍需加快推进。有些跨省道路虽然没有断头，但存在公路质量不

① 根据 2020 年 9 月长三角毗邻公交工作推进现场办公会相关资料。

② 路通是车通的前提，浙江嘉善姚杨公路—上海金山叶新公路原为断头路，通车后将两地之间的 30 分钟车程减少到 3 分钟。

高、有限高限宽等路障，[①]使得公交车辆无法正常通行。软件方面，各地的公交信息尚未打通，本地的公交APP查询不到跨省毗邻公交的信息，公交电子站牌也无法显示跨省毗邻公交的停靠信息。在线路布局上，毗邻区域内的线路往往是单线的，线路密度不高，与重要客运节点的衔接有待优化，重要跨界毗邻组团之间尚未开通公交化客运线路。

3. 配套政策仍要加强

在财政支持力度上，经过公交化改造的跨省毗邻班线具有公益性质，当地应具有一定的财政补助政策。在公交支付方式上，仍存在公交卡不通用问题，而使用公交联合卡、手机二维码支付不能享受优惠政策。[②]在公交站牌命名上，各地的规则不统一，青浦区普遍采取双路名命名方式，而在吴江区、嘉善县多以单路名或地标位置来命名，一条线路不同的站名命名方式会使乘客容易混淆目的地位置或坐过站。

（二）对策建议

1. 尽快出台跨省毗邻公交的法律法规和服务规范

长三角地区已经出台《关于进一步规范和完善本市与苏浙两省毗邻地区公交客运衔接的指导意见》和《关于促进长三角毗邻地区公交客运更高质量一体化发展的指导意见》两个文件，文件总的思路是仍将跨省客运分为“城市公交客运”和“道路旅客运输班车客运”，分类管理。同时需要相关地方政府依据对等原则协商一致，并签订政府间协议后方可开行。将来开行毗邻公交线路，仍不能摆脱“一线一议”的藩篱。建议在修订公交客运规章制度的时候，能够明确将毗邻公交作为单列的一类公交类型，明确其适用范围、行政审批流程和运营管理模式，将跨省毗邻公交纳入制度化、法制化、程序化和标准化的管理轨道，为日益增多的毗邻公交线路提供政策指导和行业管理规范。

2. 不断完善跨省毗邻公交的配套基础设施

进一步打通长三角区域的省际断头路，重新评估省际道路的限高限宽等路障，提高省际道路的运载能力。完善公交站牌的标识，将跨省毗邻公

---

① 这些路障主要是防止大货车等通过碾压损伤路面，但对于车型标准的公交确实造成了通行障碍。

② 据统计，在乘坐示范区1路的乘客中，使用现金支付的乘客占16.05%，使用手机二维码支付的乘客占22.52%，使用公交卡（含手机虚拟卡）的乘客占61.43%，使用公交卡的主要原因就是能享受到优惠政策。

交的运营信息纳入到相应停靠站台的公示信息中统一管理。对接打通各地的公交信息孤岛，将毗邻线路纳入当地公交信息查询APP或公交信息发布系统之中。推进支付方式一体化工作，实现示范区公交一卡通和乘车码互认。

3. 加快形成跨省毗邻公交网络化布局

当前示范区的公交线路以旅游观光、购物就医线路为主，而经过三地经济开发区和产业平台、满足跨省通勤的公交线路不多。目前，沪苏浙三地跨省就业、“早出晚归”的人群日益增多，比如嘉善姚庄开发区有些企业，上海员工占到三分之一以上。这部分人群的通勤需求需要进一步研究。要因地制宜，通过班线公交化、公交延伸或新辟线路等多种开行模式，适当增加高峰线路、快车线路、接驳线路和定制线路，为较为偏远的毗邻乡镇提供微循环线路，形成定位清晰、功能协同的毗邻公交网络体系。

4. 不断加强对跨省毗邻公交的政策支持

跨省毗邻公交属于公益事业，需要政府部门提供必要的资金保障。各地应坚持以人民为中心的发展思想，以改善毗邻地区公众出行体验为出发点和落脚点，进一步完善跨省公交长效机制，科学合理划分财政事权和支出责任，加快建立交通运输领域权责清晰、财力协调、区域均衡的财政关系。①

（执笔者：孙庆刚、孙晓波，嘉兴学院长三角一体化发展研究中心）

① 长三角地区目前开通的公交线路，以单方运营为主，在发车频次、财政分担上存在改进空间，可以进一步优化完善。

长三角率先探索跨省就医直接结算的经验做法

回溯我国医疗保障制度改革的发展之路，在“全民医保”以及“基本医疗保险制度整合”方面已取得了重大阶段性胜利。新时期，“异地就医结算难”这一困扰群众多年的民生问题，逐步成为我国医保体系朝向“全国统一”方向改革的新靶点。在此背景下，长三角三省一市率先在域内开展了门诊费用跨省直接结算试点，取得可喜成绩的同时形成多项可借鉴的成功经验，提前实现两个“全覆盖”，异地就医结算便利性大幅提升。

一、缘起与背景

（一）国家医保改革进入新阶段，门诊跨省结算成为新靶点

1. 全民覆盖，我国全民医保改革已取得巨大成就

自 1998 年城镇职工基本医疗保险制度建立以来，经过 20 余年的改革与发展，我国医保体系建设已取得了巨大成就。社会医保制度覆盖了全国 13 亿多人口，参保率稳定在 95% 以上，“全民医保”的目标基本实现。可以说，随着全民医疗保障制度改革持续推进，我国已在破解“看病难、看病贵”问题上取得了突破性进展。

2. 制度整合，全国医疗保障公平性获得大幅提升

我国在制度层面上已实现了全民医保，但自 1998 年城镇职工基本医疗保险、2003 年新型农村合作医疗保险和 2007 年城镇居民基本医疗保险制度建立以来，制度碎片化、分割化问题仍然带来诸多困扰。

经过10多年的探索，2016年我国终于迎来了制度整合的突破性进展。2016年1月，国务院印发《关于整合城乡居民基本医疗保险制度的意见》，明确提出将城镇居民医保和新农合制度进行整合，进而逐步在全国范围内建立起统一的城乡居民医保制度。党的十九届四中全会则再次强调：健全统筹城乡、可持续的基本医疗保险制度，稳步提高保障水平。城乡医保政策的整合，打破了城乡体制机制障碍，管理效率更加提高，进一步增强了基金共济能力，医疗保障公平性也获得了大幅提升。

3. 走向统一，门诊跨省结算成为医保改革新靶点

党的十九大报告作出了“我国社会基本矛盾，已经转化为人民日益增长的美好生活需要与不平衡不充分的发展之间的矛盾”的重大政治判断，使我国医保体系建设的发展方向更加明确。如果说过去的医保改革着重解决的是从“无”到“有”、再从“低”到“高”的待遇保障问题，那么十九大后的医保改革则是要从“好”到“优”，全盘考虑医疗保障的待遇及结算便利性等多个方面。

2016年，在新世纪第一次全国卫生与健康大会上，习近平总书记提出要推进基本医疗的全国联网和异地就医结算，促进地区间制度衔接，满足群众的合理需求。同年，李克强总理也在两会期间庄严承诺，要用两年时间建立全国的医保结算体系，实现异地就医的直接结算；2018年则要求异地就医的直接结算医院扩大到基层医院，把保障的人群扩大到外部农民工和外来就业的创业者层面。

数据显示，至2017年全国31个省级行政区均已接入国家异地就医结算系统，98%以上地市接入国家平台，基本实现了全国范围内跨省异地就医住院费用直接结算。

在此基础上，如何进一步将“住院”扩展到“门诊”，彻底解决“异地就医结算不便”这一问题，已成为我国医保制度从“好”到“优”发展的关键点之一。

（二）响应居民需求，长三角率先开展门诊跨省直接结算探索

1. 人口流动频繁，长三角异地就医需求全国居首

一般而言，区域的发展通常伴随着规模庞大的人口流动，流动越频繁

的地区，经济也越有活力。作为中国经济发展最活跃的区域之一，长三角人口流动的规模常年居全国前列，在 2019 年全国各大城市流动人口数量排名中，上海（第 1 位）、苏州（第 5 位）、杭州（第 7 位）、宁波（第 9 位）位列我国人口流入十大城市。

长三角区域流动人口呈现以下几个特征：① 流动范围（距离）扩大。随着国家交通网络的快速发展，区域人口流动范围呈现明显扩大趋势，跨省级行政区流动逐步成为主流，长三角地区流动人口的比重从 2010 年的 64.4%上升至 71.7%（见表 1）。② 三省一市内部流动仍为主流。至 2017 年三省一市内部流动比重仍有 55.8%；其中安徽省是最大人口流出地（35.7%），其次为江苏（18.4%）。③ 由“候鸟双栖型”向“常住型”转变，携带亲属（孩子、〔祖〕父母）一起流动成为常态。据统计，上海市、浙江省、安徽省和江苏省流动人口长期定居（居住 5 年及以上）的群体依次占比 61.6%、43.31%、41.55%和 37.45%。[①]

表 1 长三角地区流动人口流动范围、来源及方向变动情况

		流动比重/%		
		2010 年	2015 年	2017 年
流动范围	跨省流动	64.4	73.9	71.7
	省内跨市	25.2	17.3	18.2
	市内跨县	10.4	8.8	10.1
流出地（户籍所在地）		安徽（35.7）	安徽（32.3）	安徽（35.7）
		江苏（18.4）	江苏（14.6）	江苏（13.7）
		浙江（6.2）	浙江（5.8）	浙江（6.3）
流动方向	江苏至上海	1.5	3.1	3.9
	浙江至上海	0.5	1.0	1.2
	安徽至上海	2.9	6.0	6.7
	上海至江苏	0.1	0.0	0.1
	浙江至江苏	1.2	0.7	0.7
	安徽至江苏	9.6	7.9	7.1

① 诸萍.新时代下长三角地区劳动年龄流动人口的变动趋势［J］.嘉兴学院学报，2019，31（5）：55－64.

续表

		流动比重/%		
		2010 年	2015 年	2017 年
流动方向	上海至浙江	0.0	0.0	0.0
	江苏至浙江	1.0	0.9	0.8
	安徽至浙江	7.1	6.9	6.6
	上海至安徽	0.0	0.0	0.0
	江苏至安徽	0.5	0.1	0.2
	浙江至安徽	0.4	0.2	0.2
	江苏省内部	15.5	10.6	8.8
	浙江省内部	4.1	3.9	4.2
	安徽省内部	16.1	11.6	15.4
	其他省市流入苏浙沪皖	39.6	47.2	44.2
	总计	100	100	100

这样的人口流动特征，意味着更为庞大的异地就医需求的产生。国家医保局异地就医备案的数据显示，作为就医地，备案人次最多的省市是北京、上海与广州，其中备案到上海的有78万人次，数量位居全国第一；备案到上海人次最多的省市前五位中，安徽、浙江占了其中两位。①这样庞大的异地就医需求，对长三角地区医疗保障体系的互通、互认、互动提出了更高要求。推进异地门诊便利结算，使居民享有更公平、更便捷的医疗保障服务，已成为长三角各级政府必须要面对和解决的问题。

2. 勇挑重担，长三角率先探索门诊费用跨省结算

面对居民日益增长的异地就医需求，长三角各地医保部门已在异地就医便利结算方面作了多年探索。如表 2 所示，早在 2008 年上海就与杭州建立了异地就医的协作机制，通过双边委托报销结算模式，实现了医保的联网；2009 年，三省一市人力资源社会保障部门联合出台《长三角地区医疗保险经办管理服务合作协议》，上海、南京、杭州等 16 个城市启动了医

① 王伟俊.长三角异地就医结算 上海在行动［J］.上海信息化，2019（11）：54－56.

保异地结算工作。①

表 2 长三角地区异地就医结算工作的历史沿革

年份	长三角异地就医直接结算“进度条”
2008 年	● 为了建立社会保险关系跨统筹区转移制度和完善参保人员社会保险关系的转移和衔接，上海首先与杭州市建立异地就医协作机制，采取双边委托联网报销结算模式，实现了医保联网，完善了医疗保险信息网络
2009 年	● 为了加强长三角城市医疗保险工作合作、推进城市间医疗保险异地就医结算和长三角地区医疗保障制度全面协调可持续发展，江苏、上海、浙江、安徽三省一市人力资源社会保障部门联合出台《长三角地区医疗保险经办管理服务合作协议》 ● 上海市，江苏省的南京、苏州、无锡、常州、扬州、镇江、南通、泰州市和浙江省的杭州、宁波、湖州、嘉兴、绍兴、舟山、台州市，共 16 市以联网实时结算或委托代理结算方式启动了异地结算工作
2010 年	● 江苏省为了与上海进一步提高参保地的异地就医结算服务水平和效率、大力推进区域统筹和建立异地协作机制，发行了《长三角地区医疗保险异地就医结算合作专题》，实现了异地就医费用互相代为报销的协作并与南通实现了医保异地就医的实时联网结算
2011 年	● “医保互通”登陆沪杭两地，有力推动了长三角地区的医疗保险异地结算工作
2012 年	● 上海与江苏省常州、南通、连云港、扬州、镇江、无锡及大丰、太仓等地实现了异地就医费用互相代为报销。进一步加强了长三角城市医疗保险的区域化发展
2013 年	● 海宁市医保与上海长海医院实现了医保联网结算 ● 盐城与上海三所三甲医院实现异地就医“一卡通”
2015 年	● 上海与江苏南通在 2010 年实现医保异地实时联网结算的基础上，实现了医疗保险的异地报销
2016 年	● 李克强总理在全国两会期间，向全国人民作出“用两年时间，使老年人跨省异地住院费用能够直接结算”的庄严承诺
	● 江苏实现了省内异地就医门诊、住院费用直接结算

① 陈曼莉，杨革生，王慧.我国异地就医结算的实践探索及分析［J］.中国管理信息化，2014，17（19）：104－105.

续表

年份	长三角异地就医直接结算“进度条”
2017 年	● 按照国家统一部署，以及上海市政府提出的“更好地让上海的优质医疗服务资源服务长三角、服务长江流域、服务全国”的指示精神，上海市积极推动跨省异地就医住院费用直接结算工作顺利实施 ● 江苏实现包括上海、安徽、浙江在内的所有跨省异地就医住院费用直接结算
2018 年	● 9 月 28 日，根据上海市委、市政府主要领导的批示要求，上海市医保部门主动而为、积极行动，在国家医保局和国家人力资源社会保障部的支持认可下，会同苏、浙、皖三省医保部门，在全国率先启动异地就医门诊费用直接结算试点工作。首批试点共包括“1+8”个城市统筹区，分别为：上海市、浙江省本级、宁波市、嘉兴市、南通市、盐城市、徐州市、滁州市和马鞍山市

2016 年，江苏省实现了省内异地就医门诊、住院费用的直接结算；到 2017 年，上海、江苏已实现了全国所有跨省异地就医住院费用直接结算。可以说，以上海为中心的长三角地区已在医保异地结算方面积累了多年的经验，这为后续长三角门诊费用跨省直接结算试点的开展，奠定了坚实的基础和敢于争先的底气。

2018 年 9 月 28 日，根据上海市委、市政府主要领导的批示要求，上海市医保部门主动而为、积极行动，在国家医保局和国家人社部的支持认可下，会同苏、浙、皖三省医保部门，在全国率先启动异地就医门诊费用直接结算试点工作。“1（上海）+8（江苏省南通、盐城、徐州，浙江省省本级、嘉兴、宁波，安徽省滁州、马鞍山）”为首批试点地区。这些地区的异地安置退休人员、异地长期居住人员、常驻异地工作人员及异地转诊人员等 4 类参保人员，在办理相关证明并向本地（参保地）医保经办部门备案后，在试点医院门诊就医时，即可享受到跨省门诊费用直接结算的便利。

（三）长三角一体化发展上升为国家战略，门诊费用跨省结算按下快进键

2018 年 11 月 5 日，习近平总书记在首届中国国际进口博览会上宣布，支持长江三角洲区域一体化发展并上升为国家战略。2019 年 12 月 1

日，中共中央、国务院全文发布《长江三角洲区域一体化发展规划纲要》，提出“推进公共服务标准化便利化”“共享高品质教育医疗资源”等新目标。

长三角一体化发展上升到国家战略高度，无疑是给长三角门诊费用跨省直接结算试点工作又加了一道政策保障，为其顺利实施按下了快进键。其结果是2018年9月长三角地区异地就医门诊费用跨省直接结算试点启动，仅过了半年至2019年4月，试点范围就已由“1+8”扩展至“1+17”；而至2019年9月，长三角门诊费用跨省直接结算已覆盖至长三角全部41个地级及以上城市。

二、做法与举措

在国家医保局指导下，长三角三省一市按照“坚持分级诊疗、立足现有基础、分步有序推进”的总体原则，积极配合，同步协调推进结算政策、经办、信息、监管等工作，大力推动了异地就医门诊费用直接结算试点工作。

（一）创新工作机制，构建跨部门跨区域协同平台

在推进异地就医门诊费用直接结算试点的过程中，三省一市首先建立了专项领导小组牵头，行政、经办、信息、监管“四位一体”的协商协调机制（见图1），有力推进了试点工作的落实。

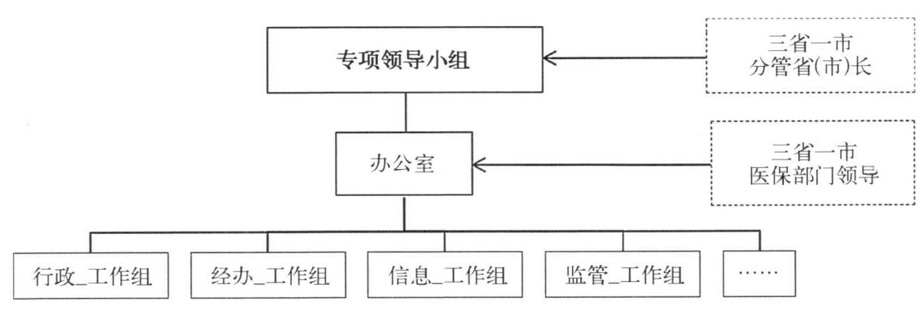

图1 长三角异地就医门诊费用直接结算试点协同工作机制

专项领导小组由四地分管省（市）长任组长，先由上海市分管市领导作为轮值组长；专项领导小组下设办公室，由四地医保部门的主要领导和分管领导任办公室正、副主任；专项领导小组办公室下分设行政、经办、信息等具体工作组，从政策、经办、联网、监管等层面定期开会，多层

次、多频次、多部门沟通，共同推进各项具体工作的落实和推进。

解决协同问题，是长三角门诊费用跨省直接结算试点成功的关键。就“住院”而言，各地的政策、报销比例、报销范围大致趋同；而对于“门诊”，不同省份不同统筹区则仍有很大差异。江苏有八十多个统筹区，浙江也有六七十个，安徽有十几个，各省内部的政策都不统一。在这种不统一、不均衡的情况下，要实现长三角门诊费用跨省直接结算，就更需要三省一市自上而下的协同。可以说，协同机制的建立是试点各项政策顺利实施的基础性保障。

协同机制建立以来，围绕门诊费用跨省直接结算项目的推进，三省一市医保部门及相关部门密集碰头、开会统筹、改造系统、多次调试、优化流程，克服解决了很多政策、技术上的堵点；共同拟订长三角地区开展异地就医门诊费用直接结算协议文本、经办规程、三年行动计划纲要以及年度工作要点等；积极推动《长三角地区跨省基本医疗保险关系转移接续业务联办合作协议》迅速落地，加强省际沟通协调，探索构建优化、协同、高效的长三角地区异地就医协同监管体制和运行机制，在长三角生态绿色一体化发展示范区（以下简称“示范区”）实现所有医保事务的一体化。

（二）信息互联互通，打造门诊费用跨省结算系统

通过各方协调与努力，三省一市已在多个层面实现信息的互联互通。一是联网模式，起步阶段采用“点对点（试点地区与上海市连接）”的方式；二是联网通道，借助国家异地就医住院结算已使用的金保网，搭建三省一市互联互通网络；三是就医凭证，使用现有的社会保障卡作为就医凭证，社保卡的“卡鉴权”确认可以由各地完成；四是结算平台，上海已搭建了一个轻量化的长三角异地就医门诊结算平台，提供消息转发、管理等功能；五是省际接口，接口内容参照异地住院接口，只在部分内容定义上进行了微调，方便各地改造，也方便今后迁移到国家平台；六是备案信息，备案直接使用国家备案库，已经为住院备案的参保人，不用为门诊再次备案，大大提升了备案效率；七是医院清单，医院资格清单直接使用国家异地就医的医院清单库，打上开通门诊标示。①

以搭建结算平台为例，为打通数据环节，上海市牵头开发和搭建了长

① 王伟俊.长三角异地就医结算 上海在行动［J］.上海信息化，2019（11）：54－56.

三角门诊费用跨省直接结算的信息平台，借鉴国家异地就医住院费用直接结算相关标准，对数据接口予以规范。各试点地区按照工作实际，在初期“点对点”联网的基础上，优化本地异地就医结算信息系统软、硬件改造工作，实现更多统筹地区接入省级平台。

同时，基于长三角地区门诊结算交互专项平台，苏浙皖三省着力搭建各自信息网络，通过省级平台等可行方式与上海实现双向对接，实现互联互通。如，徐州市通过系统改造与流程优化，不断化解异地就医直接结算“堵点”，顺利打通了该市医保业务系统、各定点医疗机构与门诊费用跨省直接结算信息平台之间的互联共享通道。①

此外，为了确保异地结算系统稳定顺畅，苏浙皖三省均建立了省内信息沟通机制，搭建省、市、县和医院的四级应急响应联动机制，如浙江省专门成立长三角运维小组，配备专门的信息技术人员和工程师，实时监测长三角异地就医运维情况。医疗机构、参保人、经办机构可通过电话、省平台集中系统、钉钉、微信、QQ 等多种方式，将问题提交反映至省医保中心，由运维小组人员第一时间对反映人及反映的问题进行沟通、反馈及处理。

2019 年 9 月 25 日，长三角地区异地就医门诊费用直接结算工作阶段总结会宣告，长三角异地就医门诊费用直接结算系统全面联通，这标志着长三角地区居民将享受到更加便捷的就医流程和服务。

（三）先试点后推广，逐步推动门诊结算政策落地

三省一市实施政策试点，注重与国家异地就医相关政策相衔接，逐步完善门诊费用跨省直接结算的政策口径和经办流程。初期，三省一市按照“一体化、齐步走，有条件、可增加”原则，选择基础管理相对较好、医保门诊报销模式相对接近的统筹地区参与首批试点，经过共同协商，确定了“1（上海）+8（江苏省南通、盐城、徐州，浙江省省本级、嘉兴、宁波，安徽省滁州、马鞍山）”为首批试点地区。

各个试点地区针对性选择了一批代表性的试点医疗机构。例如上海市，按照“少量起步、逐步扩大”和分级诊疗原则，于 2018 年 9 月采用“15+2”模式确定试点医院范围，即 15 家三级医院和金山区、松江区两

① 赵韡.门诊费用跨省直接结算“花红果硕”［J］.中国社会保障，2019，No.301（8）：42－43.

区的社区卫生服务中心。如江苏省，选择综合实力最强、异地就医最多的江苏省人民医院作为长三角门诊费用跨省直接结算的试点医院，并设立了异地医保专窗。以此为基础，长三角三省一市医保部门及相关部门开会统筹、改造系统、优化流程，使得门诊费用跨省直接结算首批试点工作顺利实施，范围逐步扩大。

同时，充分利用长三角生态绿色一体化发展示范区“先行先试”的优势，进行门诊费用跨省直接结算的深化改革持续试点创新。示范区内上海青浦、江苏吴江、浙江嘉善三地医保部门，在现行长三角门诊费用跨省结算成熟经验与丰硕成果的基础上，以“更便利、更协同、更安全”为目标，开展了更进一步的试点工作，全力推动示范区医保实现“五件事”，具体包括：区域就医免备案、经办服务一站式、门慢门特结算通、网上医保在线付、异地审核协同化。

2020 年 8 月 24 日，长三角一体化示范区医保一卡通 2.0 版在示范区内率先实现，青浦、嘉善、吴江三地共同宣布实现异地就医免备案直接刷卡结算。常年在青浦工作的患者赵女士，在嘉善县第一人民医院成功使用青浦市民卡完成异地免备案门诊刷卡，顺利实现了异地免备案浙江省“第一刷”。同日，在上海复旦大学附属中山医院青浦分院，嘉善人杨阿姨也幸运地成为青浦“第一刷”。杨阿姨说，自己退休后跟女儿一起生活在青浦，医保也都用嘉善的卡，“我有高血压，每个月要跑医院好几趟，以前在青浦看病需要到当地先备案，跑来跑去有些麻烦，现在可以直接刷卡，非常方便。”①

参保人在示范区内异地就诊时，医保待遇与参保地保持一致。三地已有 85 家医保定点医疗机构接入门急诊联网结算系统，覆盖参保人 230.93 万。在示范区的先行先试下，长三角区域内越来越多的城市在加入“医保同城”。2020 年 9 月底，“嘉青昆太”在嘉定区召开了医疗保障一体化工作研讨会，进一步推动嘉定区、青浦区、昆山市、太仓市四地医疗保障工作一体化，融入长三角一体化发展国家战略。

（四）基于制度规范，持续优化简化门诊结算方案

在优化结算方案方面，一是结算范围拓展。起步阶段只开放个人账户

---

① 新华社.免备案、直接刷，长三角一体化示范区居民看病更便捷［EB/OL］.［2020－8－25］http：//www.gov.cn/xinwen/2020-08/25/content_5537094.htm.

和一般门诊统筹，暂未纳入“门诊特殊病”“门诊慢性病”“门诊大病”等。目前，示范区已着手开展“尿毒症血透腹透”等门特、门慢病种的异地门诊结算试点工作。二是待遇规则优化。异地就医人员直接结算的门诊费用执行就医地的支付范围及有关规定，医保基金的起付标准、支付比例、最高支付限额等执行参保地政策，更好地保障门诊费用跨省直接结算的医保待遇。三是人群范围扩大。三省一市医保部门明确服务对象范围待遇政策，在四类人员优先纳入试点范围的基础上，还重点结合外出农民工和外来就业创业人员两类人员工作特点和就医需求，精简并扩大了其备案与转诊服务的手续与渠道。

在简化备案流程方面，三省一市充分利用互联网优势，实现线上快速办理。2019 年 5 月 22 日，包括“异地就医备案”在内的 2 项医保服务事项，纳入长三角政务服务“一网通办”首批开通事项，长三角居民办理异地就医登记备案只需提交网上申请，医保经办系统自动校验，无须提交纸质材料，不用来回奔波，符合条件的即时办理完成。如浙江省开辟了群众办理长三角门诊费用跨省直接结算备案便捷通道，即参保地办理备案，参保人可以在当地经办机构现场办理或通过浙江政务服务网、“浙里办”APP 网上办理（异地转诊人员可在三级医疗机构直接办理），选择要去就医的城市。成功备案后，带上统一标准的社会保障卡在长三角地区的异地就医门诊定点机构就医，即可进行门诊费用直接结算。江苏省各设区市全面推广微信微业务、政府网站、手机 APP 或基层平台自助一体机等备案渠道，所有统筹区现在都至少开通一种线上快速办理途径。安徽省 16 个市全面实行长三角异地就医备案政务服务“一网通办”，实现群众办事“不见面办”“网上办”。

此外，在示范区开展异地门诊就医免备案试点。示范区三地参保人在门（急）诊看病时，不再需要先回参保地医保部门办理就医关系转移，而是可以直接持卡结算。在门（急）诊后需要住院的参保人，可以在医院的指导下再完成自主备案。

三、理论与启示

门诊费用跨省直接结算，看似一个小切口，实则折射着大问题；看似只是一个实践的改进，实则体现着理论、理念的创新。

（一）以人民为中心，破解“看病烦”问题

坚持“以人民为中心”是贯穿党的十九大的一条主线，它既是习近平新时代中国特色社会主义思想的灵魂，也是新时代主导国家发展的核心价值导向，并具体体现在坚持和发展中国特色社会主义的基本方略中。①就如习近平总书记在十九大报告中所言，“永远把人民对美好生活的向往作为奋斗目标”“坚持在发展中保障和改善民生，增进民生福祉是发展的根本目的”。以人民为中心，就是要把民众最关切的事情排在优先级位置，就是要让民众能够公平享受社会发展的成果。而医疗保障就是减轻人民就医负担、增进民生福祉、维护社会和谐稳定的重大制度安排。

“看病难、看病贵、看病烦”问题是长期困扰我国居民就医的重要民生问题。随着全民医疗保障制度改革持续推进，我国在破解“看病难、看病贵”问题上已取得了突破性进展，②而长三角在全国率先开展异地就医直接结算试点，将结算范围从“住院”扩展至“门诊”，则是彻底破解“看病烦”问题的关键。

习近平总书记在2020年9月22日教育文化卫生体育领域专家代表座谈会上的讲话中强调，“要把人民健康放在优先发展战略地位，努力全方位全周期保障人民健康，加快建立完善制度体系，保障公共卫生安全，加快形成有利于健康的生活方式、生产方式、经济社会发展模式和治理模式，实现健康和经济社会良性协调发展”。③长三角门诊费用跨省直接结算一方面保障了每个公民公平地享受基础医疗服务，为全方位全周期保障人民健康提供了制度规范，另一方面在长三角率先开展医保门诊费用跨省直接结算，使得该区域民众在符合条件的情况下享受更优质的医疗资源，有效破解“看病难、看病贵、看病烦”问题。如安徽的民众可以跨区域去上海的三甲医院就医，且不用担心医疗保险结算难题。因为民众在异地发生医疗行为后，不用垫付资金，也不用为报销来回疲于收集相关证明材料，有效地保障了人民群众的医疗保险权益，从而提高了民众的获得感和幸福感。

---

① 郑功成.全面理解党的十九大报告与中国特色社会保障体系建设［EB/OL］.（2018－1－16）http：//theory.people.com.cn/n1/2018/0116/c40531-29767488.html.

② 中共中央 国务院关于深化医疗保障制度改革的意见，2020－2－25.

③ 习近平在教育文化卫生体育领域专家代表座谈会上的讲话［N］.人民日报，2020－9－23（2）.

（二）正视区域势能，遵循内在演化规律

区域势能是指在一定区域内的某些要素与其他区域相比而具有的相对优势，这些优势构成了区域发展运动的潜在能量。之所以称之为“势能”，关键在于这些能量虽然存在于区域之中，却表现为一种潜在的蕴含能量，尚未构成区域运动的主要动因；这种蕴含能量只有在被某种因素激活时，才能迅速转化成为促进区域运动的动能，才能做“功”。①

由于复杂的原因，即使在长三角区域内，医疗资源的配置也存在着巨大的区域势能差。整体来看，三省一市中上海的势能最大，安徽最小，江苏和浙江居中。分城市来看，上海、南京、杭州、合肥等中心城市的势能较大，其他城市相对较小。医疗资源的势能差是引导就医人群流动方向的主要动因之一，如国家医保局异地就医备案的数据显示，作为就医地，备案到上海的数量位居全国第一。

异地就医门诊费用直接结算的实施，在使异地就医结算便利化的同时，也无疑会进一步解放区域医疗资源的势能，吸引就医人员向医疗水平更高的地区流动。图 2 为上海中山医院、仁济医院、瑞金医院与肿瘤医院四家异地就医重点医院合计的苏浙皖来沪门诊就医人数，通过试点前后的同期对比（2018 年 1 —9 月 vs. 2019 年 1 —9 月），可以发现试点开始后苏浙皖民众来沪门诊就医的人数有显著上升趋势。

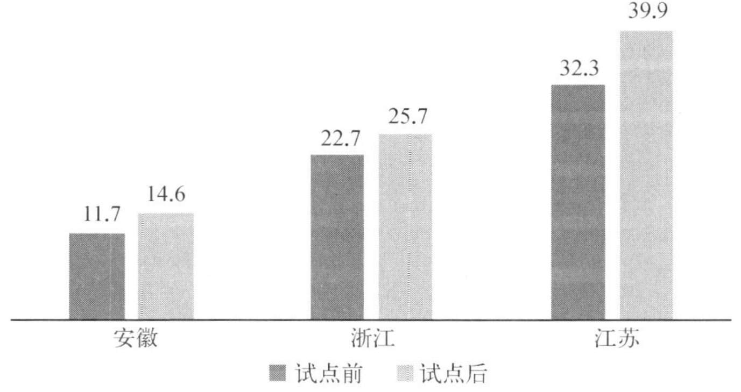

图 2　试点前后（2018 — 2019）苏浙皖至上海四家三甲医院门诊总人数（万人）

势能引导就医，会促进就医地医疗资源的优化。打造亚洲医学中心城

① 杨安娣.区域势能与国际直接投资研究［D］.东北师范大学，2002.

市，一直是上海城市发展目标之一。门诊费用跨省直接结算带来的异地就医需求加剧，在给上海医疗机构带来压力的同时，也为上海构建更高水平的医疗卫生健康服务体系提供了动力。已经发布的上海十四五发展规划就明确提出，要“加快优质医疗资源扩容和区域均衡布局，建设高水平、研究型市级医疗机构，做实做强区域性医疗中心”。

然而还需注意的是，人口从医疗资源势能相对较弱的地方流出，也会降低流出地医疗服务资源的使用效率，这就需要长三角三省一市遵循区域发展内在演化规律，制定相应配套的政策，合理地引导跨区域的就医行为，充分利用不同地区的势能优势和资源禀赋，更合理地配置医疗资源。

（三）发挥技术优势，实现医保智能管理

党和政府高度重视医保业务的技术创新和机制创新，跨省异地就医直接结算就是在互联网等信息技术创新的基础上完成的。2020 年 7 月，国务院办公厅印发《关于推进医疗保障基金监管制度体系改革的指导意见》，明确要求“建立和完善医保智能监控系统，加强大数据应用。加快建立省级乃至全国集中统一的智能监控系统，实现基金监管从人工抽单审核向大数据全方位、全流程、全环节智能监控转变”。可以说，随着互联网、大数据和云计算等技术的发展，门诊费用跨省直接结算也日益智能化，在技术创新的同时推动机制的创新。

譬如徐汇区中心医院作为上海首家互联网医院，实现了互联网线上诊疗相关的挂号、复诊开方和在线付费等互联网医疗服务功能的基础上，还首批实现了上海参保民众以及长三角异地参保病人的互联网诊疗移动脱卡支付。[①]又如，于 2020 年 10 月正式投入运行的长三角（上海）互联网医院，通过互联网技术远程与上海中山医院、浙江嘉善医院、江苏吴江医院以及青浦区域内医疗机构对接，完成对患者的远程诊治，同时支持长三角生态绿色一体化发展示范区三地民众诊疗信息的互联互通，支持三地医保免备案异地结算等。

---

① 有了随申码，上海市民就医可不带医保卡［EB/OL］.（2020 - 9 - 3）https：//baijiahao.baidu.com/s？id = 1676814594952573473&wfr = spider&for = pc.

专栏 1

长三角互联网医院实现医保异地在线结算

随着长三角一体化的深入推进，三地医保免备案异地结算业已实现。2020 年 10 月 28 日，西塘的赵女士就享受到了医保免备案异地结算带来的便捷。

“你好，有什么需要帮助的吗？”“医生好，我之前得了反流性食管炎，病一直在看，我还想再配点药。”10 月 28 日上午，在嘉善县第二人民医院的远程会诊室内，来自西塘的赵女士使用手机，完成了一次与朱家角人民医院的远程会诊，并用医保卡进行异地在线结算。由此她也成了嘉善县首个通过医保异地在线结算方式就医的市民。

赵女士告诉记者，此前她去过朱家角人民医院就诊，由于反流性食管炎反复性较强，接下来仍需用药，但现在药已经吃完。如果直接去医院挂号，耗时过长。听说朱家角人民医院是“互联网医院”，不仅能远程会诊，还可以使用医保在线结算，她便来试试。“首先通过‘健康云’平台挂号，时间到了就直接进入医生的诊室，他会发起视频邀请，然后就可以和医生视频对话了。”赵女士拿着手机，向记者展示远程会诊的全过程。

在手机上轻轻点几下，原本半天才能完成的会诊，现在十几分钟就搞定了。拿到医生开具的电子处方后，赵女士填写了收货地址，并用医保卡进行了付款。很快，药品将通过快递形式寄到赵女士手中。

◇ 资料来源：许一楠.一体化红利！长三角互联网医院实现医保异地在线结算[EB/OL].(2020-10-29) https://zj.zjol.com.cn/news/1552059.html.

四、成效和问题

（一）长三角门诊费用跨省直接结算试点取得的进展

1. 城市机构全面覆盖

长三角门诊费用跨省直接结算试点一经实施，便受到各方的大力支持。经过“1+8”“1+17”与长三角 41 个市级统筹区的三阶段范围拓展，目前长三角门诊费用跨省直接结算工作已实现市级统筹区与医疗机构两个层面的“全覆盖”。

截至 2020 年 5 月，门诊费用跨省直接结算已覆盖三省一市全部 41 个市级统筹区和 5 600 余家医疗机构，三省一市居民在 41 个城市的主要医疗机构门诊或住院均可持卡就医、实时结算。①

2. 受益人数显著增加

试点工作实施以来，长三角享受到门诊费用跨省直接结算的人数不断增加。数据显示，截至 2020 年 9 月底，三省一市异地门诊累计结算超过 147 万人次，涉及医疗总费用近 4 亿元。

以就医地为上海的结算为例，上海市医保中心数据显示（见图 3、图 4），异地患者至上海门诊结算人数呈快速增长态势。长三角门诊费用跨省

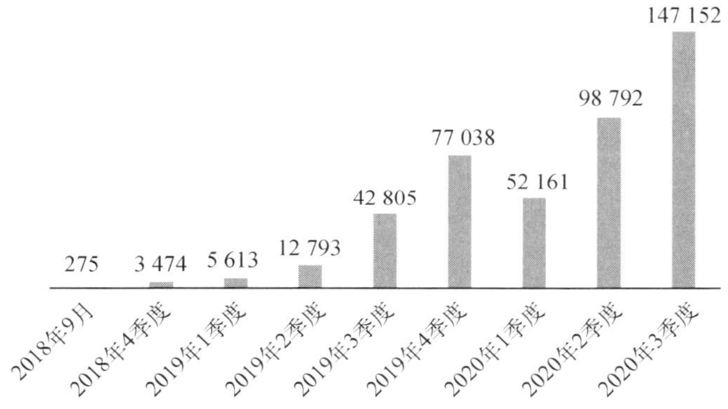

图 3　异地患者至上海门诊结算人数

资料来源：上海市医疗保险中心。

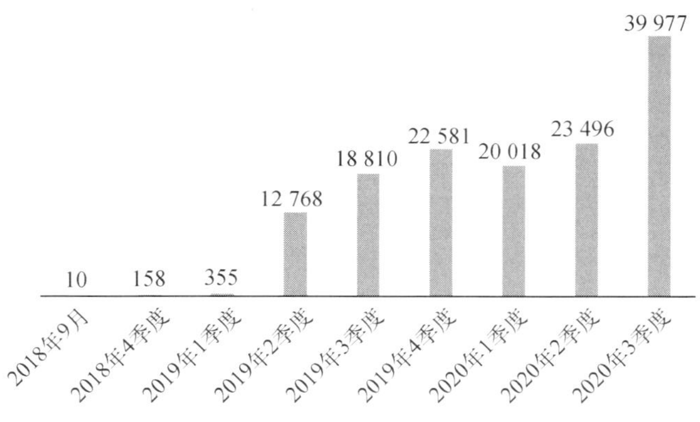

图 4　上海患者至异地门诊结算人数

资料来源：上海市医疗保险中心。

① 2020 年长三角医保一体化会议顺利召开，三省一市门诊费用跨省直接结算实现全覆盖［EB/OL］.（2020－6－24）http：//www.jiaxing.gov.cn/art/2020/6/24/art_1228921206_48797552.html.

直接结算试点的第一年（2018 年 9 月至 2019 年 9 月）异地患者至上海门诊直接结算人数为 6.5 万人，第二年（2019 年 10 月至 2020 年 9 月）达到 37.5 万人，增长了 5.8 倍，平均每季度增长 87.2%。上海患者至异地门诊结算人数同样呈现迅猛增长趋势，2018 年第四季度仅 158 人，至 2020 年第三季度已上升至 39 977 人。

3. 便利程度切实提高

长三角地区门诊费用跨省直接结算试点的顺利实施，给长三角民众看病就医带来极大的便利。民众在享受基本医疗服务的同时，切身利益得到了有效保障，民众的获得感和幸福感也进一步提升。

长三角地区门诊费用跨省直接结算未开通之前，在异地医院看病医保报销很麻烦，民众不仅要先垫资，还要带着病历卡、医保卡、发票和费用明细，回到参保所在地办理。一系列的手续下来，至少要 12 个工作日才能彻底办结。长三角地区人口流动性强，参保地与居住地、就业地分离现象非常普遍，面临异地医保报销难题的群众不在少数，他们都期待无论在参保地还是常住地都能便捷地看病、报销。

以上海为例，在南京梅山有 2 万左右的上海参保人，他们的就医一直是采用“先垫付后报销”的方式，虽然上海医保部门采用了各种便民方法，如在梅山设立医保服务点，就近报销，但是老百姓看病需要现金垫付，然后报销需要排队，报销还要审核等各类步骤，仍很不方便。现在，长三角门诊费用跨省直接结算工作进展顺利，已初步实现了医保结算的“一卡通”，这极大地方便了这些参保人。

专栏 2

门诊费用跨省直接结算，结束医保报销“往返跑”

董阿姨是一位浙江的退休公务员，在浙江参保，退休后长期在上海居住。她患有糖尿病、高血压等慢性病，需要长期服药。过去在上海医院看门诊配药是个麻烦事，需要全部自费垫付药费，保存好每一张单据，定期回浙江报销，不仅路上要来回折腾，碰到报销人多时，需要排队等很长时间。2020 年 3 月 19 日，董阿姨在上海市普陀区中心医院进行门诊刷卡就医，几秒钟的时间，1 081.42 元门诊费用就直接结算完毕。长三角跨省异地就医门诊费用直接结算实行后，董阿姨只需要在浙江当地办好异地就医相关手续登记备案后，就可以拿着浙江的医保卡在上海的医疗机构直接拉卡结算，为了医疗费报销两地往返跑的历史结束了。

“由于地域相近、人文相亲，长三角地区异地就医行为频繁，上海市一直积极探索民生领域医保门诊联网结报，在跨省异地就医住院费用直接结算的基础之上，今年又进一步推进了跨省异地就医门诊费用直接结算。如果你在长三角地区，手中一张小小的医保卡，就能轻松帮你实现门诊异地直接刷卡结算。”上海市医保局相关负责人表示。

◇ 资料来源：胡金华，喻莎.41 个城市全覆盖 累计结算超百万人次 长三角医保一体化按下“快进键”[EB/OL].(2020－6－23) https://baijiahao.baidu.com/s? id=1670293855720773671&wfr=spider&for=pc.

4. 医疗资源配置优化

长三角医保“一卡通”既便利异地患者的就医，也推动各地采取措施优化医疗资源的结构与配置，使得人才和资源在不同区域合理流动，促进区域医疗卫生质量和服务协调发展。

一方面，整合区域内部医疗资源，提升医疗服务体系整体效能，更好地满足群众的健康需求。如浙江省卫生健康委制定了《浙江省城市医疗联合体建设工作方案（试行）》，提出在城市医联体网格化全覆盖基础上，到 2025 年城市医联体成为服务、责任、利益、管理共同体，区域医疗卫生服务能力明显增强，资源利用效率明显提升，形成科学有序分级诊疗就医模式；城市医联体成员单位基本医疗、公共卫生和健康管理能力明显增强，达到与区域医疗相匹配的服务能力。①

另一方面，开展区域合作，积极推进长三角医疗卫生一体化发展。2019 年 5 月，长三角“三省一市”卫生健康部门签署了《长三角卫生健康一体化合作备忘录》，明确推进卫生健康合作，实现优势互补，逐步实现建立更加有效的卫生健康联动发展体制机制，不断满足人民群众高品质健康服务需求的目标。以安徽省为例，其中国科大附一院、安医大一附院等省、市医院已经与长三角地区的品牌医院建立了 30 个专科医联体（专科

① 浙江城市医联体来了［EB/OL］.（2021－1－11）https://baijiahao.baidu.com/s? id=1688545450695549525&wfr=spider&for=pc.

联盟），覆盖安徽省 26 个城市 137 家医院。①

（二）长三角门诊费用跨省直接结算中仍存在的问题

1. 医疗保障政策不统一，报销待遇差别大

异地就医必须要有统筹，很长一段时间以来我国医疗保障制度改革是从基层做起的，虽然我们已经建立了全世界最大的、覆盖超过 13 亿人口的医疗保障网，但是因为统筹层次不高，不同地区城乡之间还是存在着医疗保障发展不平衡、不充分的问题，导致不同地区的医保政策之间存在多方面的差异。长三角门诊费用跨省直接结算过程中，碰到最大的问题是各地医疗保障政策、管理、服务、信息等方面的不统一，这种地区间长期存在的差异为门诊费用跨省直接结算带来了诸多问题。

医保报销目录不统一，异地就医医保报销待遇有待提高。长三角跨省异地门诊联网结算规则中的一项就是执行就医地的目录。参保人员可以进行报销的药品目录、诊疗项目和服务设施项目依据的是就医地的规定。每个统筹地区设定的医保政策不尽相同，往往在参保地可以进行报销的药品和项目，在就医地却不能，这一差异性产生的医疗费用则只能由参保人员承担。此外，疗效产品的价格差异，也造成异地医保结算中的麻烦和问题，如一些部队医院医保系统有缺陷，一旦按照医保拉卡，中途无法改变，有的病人因两地药品价格差可能有改变就医点的要求。

特殊病种报销政策不统一，实现异地结算仍任重道远。门诊慢性病（简称“门慢”）与门诊特殊病种（简称“门特”），是跨省异地结算的难点。各地区门慢、门特在疾病种类、起付线、医保报销比例等多方面均存在差异，且往往具有复杂的报销政策，一直以来仍难以进行异地门诊的直接刷卡结算。这也给参保人带来一定困扰，特别是普通病种已经实施异地门诊直接刷卡结算以后。异地就医时，有的参保人弄不明白自己看的疾病在就医地是普通病种还是门慢门特的病种。对于那些在参保地为门慢门特，但在就医地未被纳入的病种，就很容易造成医保卡误刷，误刷后医保报销待遇会受到影响，门慢门特与普通病种报销待遇差别还是很大的。

---

① 汪瑞华，陈旭.上海医学专家支持“健康安徽”建设 两地签署 22 项合作协议［EB/OL］.（2019-9-18）https：//www.sohu.com/a/341668717_114731.

2. 信息化建设仍待加强，结算平台不稳定

调研发现，部分地区的异地结算系统不稳定，基础设施的软硬件还待提升，导致很多人办好异地备案手续后无法异地直接结算。

如湖州自2020年4月开始启用三代社保卡，而上海部分定点医疗机构仍然使用二代社保读卡器，对其无法识别，参保人员只能返回湖州进行零星报销。为及时沟通解决结算系统不稳定问题，上海各区医保中心与所辖医疗机构之间建立了多渠道的协调沟通机制，如QQ、微信等线上工作群组、定时的线下碰头会议等。但门诊费用跨省直接结算试点2年来，仍然每天有因结算系统不稳定而导致直接结算出错的问题被爆出。

网络结算系统的稳定性直接关系到异地门诊就医结算的便利性，短时间的宕机故障将会对医疗机构提供门诊服务产生巨大影响，这对于医疗机构的信息化建设提出了严峻挑战。

3. 零星报销依然存在，部分地区出现增长

零星报销，是指参保人员由于各种原因未能在医院直接结算，需要其到参保所在医疗保险经办机构申请报销已个人垫付的医疗费用的情况。异地就医费用的零星报销需要历经收集、准备报销资料以及参保地医保部门审核等流程，如果报销资料缺少或不齐备，则不能进行报销，参保人员需要往返于参保地与就医地两地之间，花费大量金钱与时间成本，这无疑会增加参保人员的经济负担。

长三角门诊费用跨省直接结算试点以来，笔者团队就零星报销作了针对性分析。结果发现，尽管门诊费用跨省直接结算试点的范围不断扩大，依然有相当一部分民众延续传统需要跑路进行零星报销，且个别地方零星报销人数、人次与费用不降反升。以嘉兴民众至上海门诊零星报销为例（见图5），试点前零星报销人数为月均2 581人，试点后第一年零星报销人数增长至月均3 433人，尽管第二年月均人数已见减少，但依旧高于试点前水平。

通过调研，具体分析其原因可以归结为以下几点：① 异地门诊业务量提升。异地参保人知晓率提高，业务办理便捷程度不断提高，带来异地门诊业务量的增加。② 各地医保目录不统一导致民众偏好窗口报销。因各地报销政策不同，异地参保人员发生的医疗费用的个人自负比例有差异，导致部分异地参保人不愿在就医地医疗机构持卡结算，依然选择窗口报销。

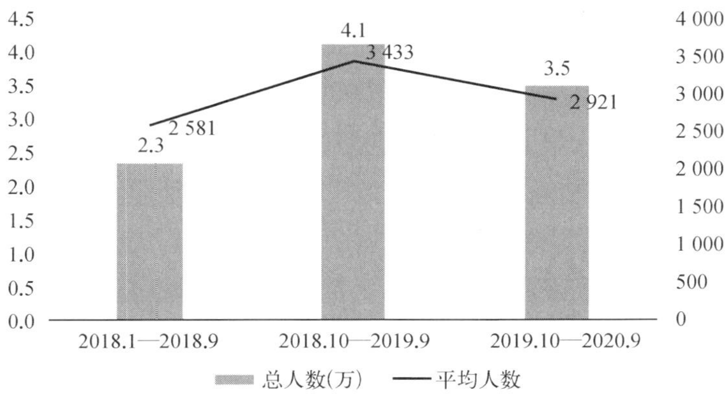

图 5　试点前后嘉兴民众至上海门诊零星报销人数分析

③ 特病费用无法直接结算。普通门急诊费用长三角地区虽已互联互通，但异地参保人员特病费用仍无法在医疗机构直接结算，仍需至窗口申请特病费用报销。④ 异地联网持卡结算未减轻单位集中支付工作压力。单位集中支付以铁路部门成建制人员为主，成建制人员因账户资金发放与普通职保人员不同，导致其无法异地直接持卡就医，仍然按照以往先行个人垫付医药费用后由单位统一办理的模式进行报销。

4. 联合审查机制未形成，异地就医难监管

不同于养老保险、失业保险的定量支付方式，医疗保险运行因其涉及医疗服务环节，需采用费用补偿机制，支付方式多采取按服务项目付费的事后报销制，因此极易引发供方诱导需求现象，形成医疗服务行业领域的灰色风景线。①医保基金是人民群众的“看病钱”“救命钱”，对就医报销充分监管，避免欺诈、滥用、浪费，对保障基金安全尤为重要。

异地就医，医保监管面临着巨大挑战。参保地的医保监管部门难以直接对就医地医疗服务质量及医疗费用上涨实施有效监管，既不能对医疗服务提供即时监控，也无法对异地医疗机构采取监督措施，面对异地就医过程中的“医患共谋”行为束手无策。而委托就医地代为监管也并非绝对良策，对于就医地医保部门来讲，增加了监管工作的范围和难度，并且异地医保不在就医地医保总量控制范围内，就医地医保部门的监管积极性也可能不高。此外，在医患双方存在信息不对称的情况下，异地医保患者遭受

① 王雪蝶，曹高芳.我国基本医疗保险异地就医结算问题研究——基于费用控制的视角［J］.山东社会科学，2015（10）：139－143.

“过度医疗”的风险可能更高，长此以往将带来医疗费用不合理增长。

例如，相关人员在分析上海门诊费用跨省直接结算的数据时发现，在过去两年里有一个病人从外地来上海看门诊 12 次，直接结算了 65 万元，另有一个病人看门诊 51 次，直接结算了 24 万元。若是住院费用其有一定合理性，然而异地门诊就医如此花费是否正常，则是可以深究的。这些费用是放在参保地而非上海的，原则上应由参保地医保监管部门进行审查，但如何取证审查？ 按照何地的标准判断？ 发现问题了谁来处罚？ 这些问题都还没有明确的制度化规范予以回答。

在调研中还发现，城市之间互为对方参保人员垫付结算资金，在现有医保基金管理层面尚无相应的政策法规，具体内容人们不了解，尤其是上海的异地长期居住者一般也不太愿意通过医保关系转移来进行异地就医直接结算。贸然操作的话，甚至有违规使用基金的嫌疑。因此，相关政策法规应由医保、人社、财政、审计等部门在充分沟通的情况下抓紧制定、尽快实施。

五、展望和建议

长三角地区异地就医门诊费用直接结算工作全面推进以来，各项工作有序平稳开展，完成了阶段性目标任务，取得了良好社会效应，各界对这项惠民便民工程给予高度评价。然而，全面做好异地就医门诊费用直接结算工作仍然任重道远。应国家要求，我国异地门诊就医费用直接结算试点工作已在更大范围内试点，除长三角三省一市，京津冀与西南五省也被纳入了新一轮的试点范围。①这意味着，长三角在推广成功经验的同时，也将迎来更大的挑战，需要长三角各地政府部门进一步关注重视，加强投入，掌握新情况，解决新问题。

面对旧问题，迎接新挑战。在充分总结门诊费用跨省直接结算试点成功经验的基础上，新阶段长三角三省一市还需要继续加强区域的协同管理，尤其是在统一医保政策、加强政策宣传、稳定结算平台以及促进分级诊疗等方面多下功夫，继续为国家医保制度改革贡献力量。

---

① 国家医保局，国家财政部.国家医疗保障局 财政部关于推进门诊费用跨省直接结算试点工作的通知［EB/OL］.［2020 - 9 - 28］http：//www.gov.cn/zhengce/zhengceku/2020-10/2/content_5548965.htm.

（一）医保政策逐步统一，重点加强异地监管协调

目前长三角异地就医实行的是就医地医保目录、参保地报销政策，医疗费用是否能够报销由就医地目录决定，能报销多少费用则由参保地政策决定。地区不同，其医疗保险政策也存在一定的不同，所以，不同地区的医疗机构在办理医疗保险的时候，需要尽量对其中存在的差异进行协调，提高管理措施一致性，医院可以根据实际情况和异地医疗保险的相关机构进行协议的签订，在事前做好监管工作，医院以及医保经办机构需要及时进行相关信息的沟通，真正做到资源共享，只有这样才能够做好事中监管以及事后审核工作，确保患者就医费用的正确性。

目前，高效处理跨地区就诊服务监管问题的渠道是跨地域合作管理。这主要体现在两个方面：行政成本相对较低与双方互赢。所以，应在长三角地区创建医保监管协调机制，规定和授权各地的办理单位对跨地区就诊者在医疗保障定点的医院产生的医疗活动开展管理，而且把这一点计入对医疗保障定点医院的业绩评估参数中。该地区医保管理部门的职责与权利在于，对于跨地区就诊者的就诊活动展开督查，医保管理部门将跨地区合作管理的工作当成法律规定的监管职责，这对于立体化处理跨地区就诊服务监管中的棘手难题是一大历史性的突破。

（二）完善医保政策宣传，加强重点人群政策普及

首先，政府应正视政策宣传对政策实施的重要作用，有关部门需继续加大门诊费用跨省直接结算相关政策的宣传力度，让更多的人了解优惠政策，降低异地结算患者盲目的选择额外治疗，减轻患者的经济负担。政策宣传不仅能够使异地就医人员加深对政策的理解和认同，减少不必要的矛盾，同时也能引导异地就医人员准确运用政策。

其次，可以进一步丰富政策宣传渠道。一方面整合现有民政、人社、财政等部门的相关政策；另一方面在运用现有政策宣传渠道的基础上，充分发挥“互联网+政务服务”理念，利用好新媒体与社区街道宣传平台，及时向异地安置人员、长期居住人员发布相关政策信息。力求从多角度出发，形成一条生动形象而又有效的宣传道路，提高异地结算政策宣传的覆盖面和知晓度。让异地结算的患者能够了解到新的要求和政策，掌握充分的相关知识，更好地保护自己的合法权益。

最后，应当对异地就医的重点人群制定更有针对性的定点宣传。社会人口老龄化加剧，投靠子女帮助照顾孙辈成为常态，老年人本身更多的门诊需求，这些原因导致老年人成为异地门诊就医的“主力军”；同时，老年人也因对新政策接受能力弱、理解不全面，成为零星报销的“重点人群”。加强老年人的政策宣传，可以使宣传工作更聚焦，达到事半功倍的效果。因此建议，一方面对老龄人进行针对性的政策普及，如深入社区为老年人讲座，在老年人经常活动的地区投放便于老年人理解的宣传资料等；另一方面在门诊、经办等流程上对老年人进行针对性优化，可以在导医环节对老年门诊患者进行医保异地直接结算的预审，帮老人提前把好结算关。

（三）做好异地联网工作，确保网络结算平台稳定

网络结算系统是实现异地医保互联互通的关键，保障其稳定运行对异地就医门诊结算工作的重要性无须多言。想要做好结算系统的搭建、完善及运维工作，推动相关工作开展更好地进行，让人民群众能够获取到更多的利益，医院、人民、政府之间必须互相信任和扶持，并有效地进行沟通和交流，各个部门必须认识到自身的义务和责任，避免平台建设的时候出现相互推诿的情况，从而对平台建设的进行造成严重的阻碍。

此外，我们要正视医保异地联网结算工作本身的复杂性，以及不同地区不同机构的信息化建设，在硬件、软件、人员上的不均衡与不充分。在明确责任的基础上，各地各机构应当继续加强信息化投入，可以在财政、人事政策上予以一定的倾斜，优先保证基础设施与运维人员配置到位。

（四）建立分级诊疗长效机制，防止出现就医挤兑

异地就医通常是从医疗资源欠发达地区向发达地区寻求更优质医疗资源。从整个医疗卫生资源配置角度上讲，大量的单向的异地就医无疑会对区域之间的资源配置带来影响。虽然我们现在通过门诊直接拉卡结算解决了异地就医报销难的问题，但其迸发出的新增就医需求却可能给就医地医疗机构，尤其是大医院的门诊服务，带来更大的压力与冲击。当我们解决了异地就医直接结算难问题的同时，必须要考虑医疗资源相对丰富的地区其医疗机构的压力，防止因此导致的原有医疗资源无法响应新增就医需求的情况发生。

“分级诊疗”一直是我国医改的重要内容，能够很好地促进医疗资源合理配置，是避免出现“就医挤兑”的优选之策。为防止优质医疗资源比较集中的地区对相对不足地区造成“虹吸效应”，处理好异地就医直接结算可能带来的医疗资源的分配问题，长三角三省一市应当更积极地推动分级诊疗政策的实施，加大分级诊疗理念宣传力度，通过宣传引导患者首诊在基层，减少“小病大医”“无序就医”等现象的发生，缓解医院“挂号难”“等待长”问题的同时，促进医疗资源的更合理配置。

（执笔者：张录法，上海交通大学教授；李力，上海交通大学助理研究员）

新安江跨省生态补偿机制建设的实践及启示

生态补偿是一种以保护生态环境，促进人与自然和谐发展为目的，运用政府和市场手段，调节生态保护利益相关者之间利益关系的组织行为和制度机制，是建设生态文明的制度安排。作为全国首个跨省生态补偿试点，新安江流域生态补偿机制的建设实践，探索出了一批可复制、可推广的制度成果，为新阶段我国高质量发展和生态文明建设提供了借鉴。

一、缘起和背景

"清溪清我心，水色异诸水。借问新安江，见底何如此。人行明镜中，鸟度屏风里。向晚猩猩啼，空悲远游子。"李白笔下这清澈照影的新安江，发源于安徽省黄山市休宁县六股尖，经歙县至街口入浙江千岛湖，过富春江至钱塘江，是钱塘江的正源和千岛湖最大的入境河流。新安江干流总长 359 公里，流域面积 11 674 平方公里，其中，安徽段 242.3 公里，占总流长 67.5%，流域面积 6 736.8 平方公里，占流域面积 58.8%，平均出境水量为千岛湖年均入库水量的 60% 以上，是长三角的重要生态屏障。

自古以来，新安江流域就因山脉连绵、地形复杂，"梯山而耕且田少，兴灌溉之利难"而闻名海内，流域治理一直是一个难题。史书记载，东晋咸和二年，也即公元 327 年，歙县岩寺丰乐河下游就修建了鲍南大坝，坝长 160 丈，灌田 3 700 亩。这大约是新安江流域治理最早的尝试。但在历史的跌宕变迁中，大坝频毁屡修，流域洪涝灾害仍然不断，生态系统从未有过系统治理，这一局面直至新中国的诞生才得以改变。1954 年，安徽徽州专署水利委员会着手对漳水护城堤进行扩建，自此，皖浙两省都在流域两岸相继实施了大批水利工程，为防治水土流失、确保灌溉之利、推动经济社会发展和生态修复保护奠定了坚实基础。

进入21世纪以来，随着城市化工业化进程的加快，生态环境污染日趋严重，新安江流域治理面临新的越来越严峻的形势。有关资料显示，2001—2011年，千岛湖水质类别是Ⅲ—Ⅳ类，其中仅2008年为Ⅳ类，其余各年均为Ⅲ类。水体质量的恶化，不仅影响着流域两岸人民生活，也极大地威胁着长三角的生态安全。但由于经济社会发展存在较大差异，加之行政区隔的制约以及理念与利益诉求的不一致，流域治理面临较多矛盾问题：一是流域的整体性与管辖权分割矛盾导致保护治理碎片化。水无常形，但流域却是一个整体，从生态学的角度看，一种水生态的形成是多因素作用的结果，因此，保护水生态也必须整体系统治理，管辖权分割容易导致保护治理各自为政。二是理念与利益诉求矛盾导致政策和行动的难以统筹。上游渴望发展经济、改善民生，在此基础上推进保护治理；下游则渴望入境水质要好，认为上游本来就有责任和义务将新安江水质保护好。怎样统筹流域发展和安全，统一理念，协调好上下游利益诉求，化解这些深层矛盾，确保长三角生态安全和流域一体化持续发展，是新安江流域治理迫切需要解决的问题。这也是全国同类流域推进生态文明建设面对的共同难题。

2004年，全国人大环资委对新安江流域进行调研后提出建立“流域生态共建共享示范区”。2006年全国“两会”期间，安徽省人大代表团及部分浙江省人大代表，向全国人大十届四次会议提交了“关于新安江流域生态共建共享示范区的建议”，这被全国人大列为当年12件重点督办件，原国家环保总局还将其纳入“十一五”生态保护规划。2007年7月，国家发改委、财政部、原国家环保总局选择新安江作为全国首个跨省流域生态补偿机制建设试点，并拟订方案征求安徽和浙江两省意见。2009年，黄山市向全国人大递交《关于推进新安江流域补偿机制试点工作的议案》。2010年12月，财政部、环保部首次拨付了5 000万元试点启动资金。2011年2月，时任国家副主席习近平在全国政协《关于千岛湖水资源保护情况的调研报告》上批示指出：“千岛湖是我国极为难得的优质水资源，加强千岛湖水资源保护意义重大，在这个问题上要避免重蹈先污染后治理的覆辙。浙江、安徽两省要着眼大局，从源头控制污染，走互利共赢之路”。从此，新安江跨省流域生态保护治理进入新时期。

2011 年 3 月，财政部、环保部联合印发《关于启动实施新安江流域水环境补偿试点工作的函》（财建函〔2011〕123 号），9 月，又联合印发《新安江流域水环境补偿试点实施方案》（下称《方案》），明确试点工作的基本原则是“保护优先、合理补偿，保持水质、力争改善，地方为主、中央监管，检测为据、以补促治”，并提出了“加强两省跨界断面水质监测，科学合理认定监测数据；设立新安江流域水环境补偿资金，以街口断面水污染综合指数作为上下游补偿依据”等四个方面试点举措，还拟订了《新安江流域水环境补偿试点检测方案》，对监测断面及采样要求、监测时间和频次、质量保证、评价方法等都作了规定。

2012 年 9 月，财政部、环保部和安徽、浙江两省正式签订《新安江流域水环境补偿协议》（下称《协议》），新安江跨省流域生态补偿试点正式进入操作。2015 年 6 月，2018 年 11 月，两部两省又签订了第二轮、第三轮《协议》，第三轮试点应于 2020 年结束，但因为试点面临升级为试验区建设等新问题，皖浙两省达成顺延一年的意见。

专栏 1

新安江流域水环境补偿试点推进情况

第一轮试点：2012 — 2014 年

2012 年 9 月，皖浙两省正式签订第一轮试点《新安江流域水环境补偿协议（2012 — 2014 年）》

第二轮试点：2015 — 2017 年

2015 年 6 月，安徽省委、省政府启动第二轮试点工作，先期拨付试点资金 1.1 亿元；9 月，“继续推进新安江水环境补偿试点”写入《生态文明体制改革总体方案》；10 月，财政部、环保部下发《关于明确新安江流域上下游横向补偿试点接续支持政策并下达 2015 年试点补助资金的通知》（财建〔2015〕915 号），明确中央财政 2015 — 2017 年继续支持新安江流域上下游横向生态补偿试点工作。2016 年 12 月 8 日，在经过四轮会商后，皖浙两省在长三角峰会上签订了《新安江流域水环境补偿协议（2015 — 2017 年）》。

第三轮试点：2018 — 2020 年

2018 年 11 月，皖浙两省签订《新安江流域水环境补偿协议（2018 —

2020年）》，新安江流域生态补偿机制完成第三轮续约。根据协议，本轮试点皖浙两省每年各出资2亿元，在延续流域生态补偿机制的基础上，积极采取工程、经济、科技等措施，推进试点工作再提档升级。2019年，新安江—千岛湖生态补偿机制示范区写入《长江三角洲区域一体化发展规划纲要》（下称《纲要》），新安江跨流域生态补偿机制试点实现全面升级。

习近平总书记指出，“要推广新安江水环境补偿试点经验，鼓励流域上下游之间开展资金、产业、人才等多种补偿”，这为新安江跨省流域生态补偿实践锚定了新坐标。新安江跨省流域生态补偿机制试点是统筹经济发展和生态保护的重大制度创新，取得了一批可复制的重要制度成果，为全国跨省流域生态保护和经济社会持续发展提供了重要经验。

二、做法与举措

生态环境具有区域整体性、时空连续性、资源公共性和资本生态化等特点。在行政区隔和经济社会发展存在差异，上下游利益诉求不一致情况下，应该怎样建立起以补促治机制，最终实现保护优先、绿色发展、互利共赢目标呢？ 新安江跨省流域生态补偿实践走出了一条中国特色的路径。

（一）加强顶层设计、建立制度框架

新安江生态补偿机制建设试点是习近平总书记亲自部署推动的。为确保试点顺利展开，财政部、环境保护部统筹协调，及时出台了《新安江流域水环境补偿试点实施方案》（下称《方案》）、《关于加快建立流域上下游横向生态保护补偿机制的指导意见》（下称《意见》）等文件，从顶层设计上为试点的推进提供了制度框架。《方案》和《意见》不仅明确了四项原则，落实了“保护优先”的方针，而且设定和明确了生态补偿的目标和任务，尤其是对财政转移支付补偿的主体内容进行了界定，对试点时间周期、补偿标准、补偿办法、资金用途、监测方案也都作出了安排。在顶层设计指引下，皖浙两省也依据实际，推出了省地财政转移支付补偿的举措。随着《中共中央关于全面深化改革若干重大问题的决定》《关于加快推进生态文明建设的意见》《生态文明体制改革总体方案》《关于健全生态保护补偿机制的意见》《关于统筹推进自然资源资产产权制度改革的指导

意见》等生态文明建设相关文件的陆续出台，试点在不断深化中，对生态补偿的制度设计也逐步得以完善。

专栏 2

《新安江流域水环境补偿试点实施方案》的内容

基本原则	保护优先，合理补偿；保持水质，力争改善； 地方为主，中央监管；监测为据，以补促治
试点时间	三年　2012—2014 年
补偿资金	每年 5 亿元，其中，中央财政出资 3 亿元，安徽、浙江两省分别出资 1 亿元。年度水质达到考核标准（$P \leqslant 1$），浙江拨付给安徽 1 亿元；水质达不到考核标准（$P > 1$），安徽拨付给浙江 1 亿元；不论上述何种情况，中央财政 3 亿元全部拨付给安徽省
补偿项目	补偿项目为《地表水环境质量标准》（GB3838－2002）表 1 中高锰酸盐指数、氨氮、总氮、总磷 4 项指标
补偿办法	按照《地表水环境质量标准》（GB3838－2002），以四项指标常年年平均浓度值（2008—2010 年三年平均值）为基本限值，测算补偿指数，核算补偿资金
资金用途	补偿资金专项用于新安江流域产业结构调整和产业布局优化、流域综合治理、水环境保护和水污染治理、生态保护等方面。具体包括上游地区涵养水源、水环境综合整治、农业非点源污染治理、重点工业企业污染防治、农村污水垃圾治理、城镇污水处理
检测方案	以安徽和浙江两省跨界的街口国控断面作为考核监测断面，由中国环境监测总站组织安徽和浙江两省开展联合监测。以鸠坑口国家水质自动监测站（与街口断面位置相同）的监测数据作为参考

（二）确定水质标准、明确补偿依据

之所以选择新安江作为全国跨省流域补偿试点，既是因为这里具有较好的水质条件和一体化发展基础，也因为新安江流域只涉及两个省，且上下游对生态保护的意识都比较强烈，具有一定的生态补偿实践基础。但进行水生态补偿，首先必须确定水质标准和补偿依据，究竟是以湖泊水质为标准还是以河流水质为标准呢？ 在试点伊始，上下游在这个问题上是存在争议的。经历几轮商谈，两省最终商定：一是按照《地表水环境质量标准》（GB3838－2002），明确以高锰酸盐、氨氮、总磷、总氮四项指标的2008—2010年三年平均值为基准，测算水质指标，核算补偿资金，确定补偿对象。二是以浙江淳安县环境保护监测站和安徽黄山市环境监测中心站为主体，在省界断面布设9个环境监测点，采用统一监测方法、监测标准和质控要求，获取跨界断面水质监测数据。三是确定由原环保部认定考核的P值。这就为试点提供了水生态补偿的基准和依据。

（三）巧用"对赌"设计、建立补偿机制

《协议》约定的生态补偿制度参考了国内外生态补偿机制建设的好的做法，但更多的则是采用了中国约定俗成的"对赌"设计方案。这一设计的关键内容就是用"水质"作为"对赌"条件，以"谁受益谁付费，谁保护谁受偿"作为补偿逻辑，以权威评估作为兑现补偿的依据，是对《方案》设计的具体化落实。从三轮《协议》文本显现的内容看，三轮补偿协议内容和目标总体是一致的，但水质标准要求和补偿的额度则是逐轮提高的。第一轮《协议》确定，年度水质如达到考核标准（$P \leqslant 1$），则浙江拨付给安徽1亿元，若水质达不到考核标准（$P > 1$），安徽就要拨付给浙江1亿元，水质没有变化，双方互不补偿。中央财政的补偿款全部拨付给流域上游的安徽省用于环境治理。第二轮试点水质标准渐次提高，中央财政资金则逐步退坡，第三轮补偿资金主要由皖浙两省承担。这一"水质""对赌"的机制设计紧扣水质提高，贯彻了保护优先，链接了上下游利益，破解了跨流域生态整体性的难点，是一个重大实践创新。

专栏3

新安江流域水环境补偿协议主要内容

新安江流域水环境补偿协议（2012—2014）主要内容	
协议项目	主　要　内　容
试点资金	三年补偿资金15亿元，其中中央资金三年9亿元，皖浙两省每年各拿出1亿元

续表

协议项目	主 要 内 容
考核指标	以街口断面高锰酸盐指数、氨氮、总磷、总氮四项指标测算补偿指数 P 值，基准限值为 2008 — 2010 年三年均值，水质稳定系数 K 值 0.85
补偿方式	若 $P\leqslant1$，浙江省补偿安徽省 1 亿元；若 $P>1$，安徽省补偿浙江省 1 亿元。不论上述何种情况，中央财政补偿资金全部拨付给安徽省
资金用途	主要用于黄山市垃圾和污水处理，特别是农村垃圾和污水处理
新安江流域水环境补偿协议（2015 — 2017）主要内容	
协议项目	**主 要 内 容**
试点资金	三年补偿资金 21 亿元，其中中央资金三年 9 亿元，按 4 亿元、3 亿元、2 亿元退坡方式补助；两省每年各 2 亿元
考核指标	继续以街口断面高锰酸盐指数、氨氮、总磷、总氮四项指标测算补偿指数 P 值，基准限值由 2008 — 2010 年三年均值调整为 2012 — 2014 年三年联合监测均值，水质稳定系数 K 值由 0.85 调整为 0.89，两项测算水质考核标准提高了 7%
补偿方式	补偿资金实行分档补助，体现好水好价。具体为：若 $P\leqslant1$，浙江省补偿安徽省 1 亿元；若 $P>1$，安徽省补偿浙江省 1 亿元；若 $P\leqslant0.95$，浙江省再补偿 1 亿元；不论上述何种情况，中央财政补偿资金全部拨付给安徽省
资金用途	主要用于黄山市垃圾和污水处理，特别是农村垃圾和污水处理
新安江流域水环境补偿协议（2018 — 2020）主要内容	
协议项目	**主 要 内 容**
试点资金	中央资金撤出；两省每年各出资 2 亿元作为补偿资金
考核指标	在水质考核中加大总磷、总氮的权重，氨氮、高锰酸盐、总氮和总磷四项指标权重分别由原来的各 25% 调整为 22%、22%、28%、28%；相应提高水质稳定系数，由第二轮的 89% 提高到 90%

续表

协议项目	主 要 内 容
补偿方式	在货币化补偿的基础上，两省立足于探索多元化补偿方式，由单一的资金补偿向产业共建、多元合作转型，推进上下游地区在园区、产业、人才、文化、旅游、论坛等方面加强合作，打通“绿水青山”与“金山银山”的转化通道，大力发展与生态环境相适宜的研发设计、科技服务、文化创意、体育健康、养老服务、全域旅游等现代服务业，推动浙皖旅游深度合作，探索将新安江一千岛湖一富春江打造成中国最美山水风景带和世界文化旅游目的地
资金用途	主要用于黄山市垃圾和污水处理，特别是农村垃圾和污水处理

（四）着力污染防治、坚持系统治理

为实现“以补促治”目标，试点中，皖浙两省始终坚持系统思维，在打赢污染防治攻坚战上下足功夫，着力污染防治、坚持系统治理，都打出了一组组合拳，推进了流域环境治理和生态修复，为持续提高水质创造了条件。

1. 集中整治流域河道

黄山市对上游16条主要河道开展集中整治，拆除网箱6 300多只，关闭或搬迁规模畜禽养殖场124家，建立渔民直补、转产扶持、就业培训等退养后续扶持机制，让渔民“洗脚上岸”“退得下、稳得住”。淳安县投入近6亿元，除保留300亩老口鱼种和200亩科研渔业网箱外，全县1 053户、2 728.42亩网箱全部退出上岸。推进船舶污水收集装置改造和港区收集点建设，流域已基本实现客货船污水零排放。成立了16支干流河面打捞队，对600多条支流定期集中整治（见图1），对新安江干流和13条支流102个入河排放口进行了截污改造。黄山市组建了75支“保护母亲河”志愿者队伍，常年开展保护母亲河行动。

2. 开展工业点源污染防治

黄山市累计关停淘汰污染企业220多家，整体搬迁工业企业90多家，拒绝污染项目192个，优化升级项目510多个。淳安县制定了高于国家环境质量标准的千岛湖标准，10年来否决了总投资近300亿元的项目，

图 1　新安江河道打捞清理

资料来源：黄山市新安江保护中心。

关停污染企业 220 多家。加大排污企业工艺改造和废水治理力度，矿山已有序退出，环境逐步修复。建立排污权管理机制，黄山已完成 2 个循环经济园区企业的初始排放权确权。加快“智慧新安江”建设，已建成水质自动监测站 18 个，治理精细化、现代化水平不断提升。加快循环经济园区建设，实现供热、脱盐、治污“三集中”，黄山 7 个工业园区已建成污水处理管网 128 公里。

3. 加强农村面源污染防治

实施农村清洁工程，严格控制化学农药和化学肥料施用，减少入水体氮磷污染负荷。68 个乡镇已建立了“组收集、村集中、乡镇处置”的垃圾处理体系，聘用农村保洁员近 3 000 名，实施“垃圾兑换超市”建设工程，推进农药集中配送网络体系建设（见图 2），开展千亩以上茶园“减肥降药”行动，实施农村生活污水处理项目，农村卫生厕所普及率达到 90% 以上。淳安县还在 423 个村、19 个集镇实施了农村治污工程，建成污水管网 2 991 公里，污水处理终端 1 863 套，农户纳管率由 2013 年的 30.9% 提高到 85%。

4. 推进城镇垃圾和污水治理

一是坚持“厂网并举，管网先行”，加快城镇污水收集管网建设，实现雨污分流。黄山建成管网 181.51 公里。二是实施垃圾处理场渗沥液提升工程等城镇生活污水和垃圾处理工程，黄山市中心城区、歙县和徽州区污水处理厂一级 B 至一级 A 提标改造工程全部竣工，新建黄山市第二污水

图2 黄山市农药集中配送

处理厂，扩建歙县污水处理厂；大力推进污泥焚烧、稳定化填埋和资源化利用。三是加强城镇生活垃圾无害化处理设施建设，推进垃圾分类收集，实现垃圾减量化、资源化和无害化。2020年流域内城镇生活垃圾无害化处理率达95%。四是推进农村“三大革命”，农村卫生厕所普及率90%以上。

5. 把水源涵养和生态修复摆在突出位置

一是坚持山水林田湖草是一个生命共同体，突出水源涵养，把流域生态修复摆在突出位置。二是全面实施河（湖）长制、林长制，促进河湖涵养、森林涵养、湿地涵养，不断增强流域水体自净能力。流域上游已建立起市—县—乡—村“四级”河长制，落实“河长”责任，实施包保河制度。三是实施“五绿”绿色提升行动，严格落实退耕还林，黄山市深入实施千万亩森林增长工程和林业增绿增效行动，淳安县开展封山育林，加大植树造林力度，流域退耕还林达到36万亩，森林面积达1 200万亩。流域森林覆盖率达到87.3%。

（五）加强组织保障、做实工作机制

一是加强组织领导。安徽省把新安江综合治理作为生态强省建设的“一号工程”，建立了常务副省长主抓，财政厅、环保厅等省直部门和地市联动的工作推进机制。黄山市还专门设立新安江流域生态建设保护局，各区县也分别成立相应的专门机构。浙江省委省政府也相继成立了组织机构。二是共建工作平台。杭州、淳安、宣城等不同区域、不同部门之间建立起了定期或不定期交流、会商、协调工作机制。三是加强政策联动，构建快速高效和统一协调的应急处置体系。杭州市与黄山市共同制定了《关于新安江流域沿线企业环境联合执法工作的实施意见》等文件，淳安县与黄山市歙县也共同制定印发了《关于千岛湖与安徽上游联合打捞湖面垃圾的实施意见》，加强联合执法，强化共建共治。四是完善考核体系。从2011年起，安徽就把黄山市列为四类地区，在考核中，弱化经济指标，加大了生态环保指标的权重。浙江也对淳安县考核标准作出了调整。

（六）统筹发展规划、推进绿色发展

为发挥生态补偿的社会效应，促进生态资本增值，造福流域人民，试点地区在严格履行《协议》基础上，一方面强化规划控制，突出主体功能，另一方面统筹发展规划，推进绿色发展，实现了保护与发展的互利共赢。

1. 突出主体功能、强化规划控制

流域控制单元是保障流域水功能区水质达标的基础。为突出水生态保护，皖浙两省在国家发改委协调下，按照《国家主体功能区规划》和《全国重要江河湖泊水功能区划》，联合编制了《千岛湖及新安江上游流域水资源与生态环境保护综合规划》，进一步细化了流域水功能区划，明确了建设跨省流域生态文明建设共建共享先行区域、长三角地区重要战略水源地的战略定位。安徽也编制了《安徽省新安江流域水资源与生态环境保护综合规划实施方案》，并依据这些控制规划，在第二轮、第三轮试点期中，对实施方案进行了修订完善，细化了新安江流域重要地段、关键节点和生态敏感区域的单元控制举措，实现精准治理、精准保护。

2. 统筹发展规划、转变发展动能

在落实保护优先，加强水生态功能区管制前提下，试点地区统筹发展规划，加快转观念、转动能、转方式。一是统筹发展规划。安徽省及时编制了《安徽省新安江生态经济示范区规划》，黄山市也出台了《黄山市新安江生态经济示范区规划》等规划，积极对接杭州都市圈，形成了保护与发展新态势。二是加快转动能。两省共同设立了全国首个跨省流域绿色发展基金，首期规模20亿元，专精特新基金（一期）10亿元募资已到位，

完成投放 4.92 亿元，其中投向黄山市就达 2.06 亿元。黄山市积极发挥补偿资金的放大效应，与社会资本共同设立了新安江绿色发展基金，并争取到 1 亿美元亚行贷款项目支持。这些为发展的动能变革提供了条件。

3. 优化产业布局、推进绿色发展

一是做活“水”“茶”“农”“游”文章。大力发展精致农业、现代服务业、全域旅游，形成以精致农业为基础、“水”“茶”等资源为特色、以全域旅游为抓手、以现代化服务业为支撑的绿色产业体系。黄山培育了六股尖山泉水、泉水鱼等一批项目，走出了山区精准脱贫新路子。流域约有七成村庄、20 多万农民参与旅游服务，仅茶叶产值就达 34.28 亿元。二是创新“园区+园区”“园区+企业”“企业-企业”等合作方式，畅通要素流动，推进一体化发展。三是以杭黄绿色产业园建设为载体，加快布局数字经济、高端装备制造等未来低碳、绿色产业。四是融合推进皖南国际文化旅游示范区建设，打造杭黄省际旅游合作示范区。目前世界级自然生态和文化旅游廊道建设取得重要成果，“皖浙 1 号风景道”已是自驾游天堂，新安江百里大画廊成为海内外游客向往胜地。

4. 改造生活方式、形成文明风尚

“生态兴则文明兴”，文明兴则生态存。法国历史学家布罗代尔指出，文明是一个空间，一个文化领域。每一次生产方式变革最终都会以生活方式的变革作为深刻注脚。随着试点的深入，流域上下游在转变生产发展方式之同时，加快推进生活方式变革，不断厚植生态文明的文化土壤。黄山市发挥古徽州文化的教化功能，引导流域两岸形成绿色低碳、文明健康的生活方式。上下游联动，采取推广“生态美超市”、垃圾兑换日用品、发放“生态红包”、评选最美新安江守护者等措施，培育新的消费习惯。推进新时代文明实践中心建设，弘扬社会主义核心价值观，习近平生态文明思想已落地生根，绿色生态生活已成风尚。

三、理论与启示

随着优质水资源生态价值的日益彰显，建立流域生态补偿制度，不但是实现流域生态保护的必由之路，也是促进人口资源环境协调可持续发展的必然选择。世界上最早因过度开发造成水环境严重污染并形成流域生态危机的是欧、美等资本主义发达国家，这些流域生态补偿制度的建立，走过的是一条先污染、后治理的路子，其有关流域生态补偿的主要理论基础，来自科斯定理、公共治理的外部性理论和自然资源价值理论，总体上是外部性理论。科斯理论的中心思想就是强调经济的外部性可通过当事人的谈判得以纠正，目标是实现生态资源配置最优化。自然资源价值理论则认为，自然环境提供的生态服务具有稀缺性，人类必须通过外部行为的调节以使其配置效用最大化。究其实质，这些理论的主旨都是寻求以生态服务付费方式，来解决环境污染的外部性问题，目标是实现生态资源配置的高效率。这是目前国际上生态补偿制度建立的主要理论与实践逻辑。

从莱茵河等流域治理实践看，这一生态补偿的逻辑路径，对经历“先污染，后治理”“先开发，后保护”的跨流域环境治理和生态恢复是具有一定成效的，它所促进建立的生态资源有偿服务付费机制，确实在一定程度上减轻和降低了流域环境损害的烈度和可能性，也引导了资本投入的新方向。但这一范式所具有的缺陷也显而易见：首先，把生态补偿目标和生态服务付费的落脚点放在生态资源配置效率和资本投入的价值回报上，不仅忽略了人与流域生态的相生性、整体性，而且也难以从根本上解决发展和保护的矛盾。其次，致力于解决生态环境破坏的外部性问题，虽然在一定的空间范围内，有助于约束环境损害行为的发生，但却无法涵养内生的人与自然和谐共存的生产生活方式，难以从根本上解决更大空间范围内发展的无限和生态系统极为脆弱的矛盾。近几十年来，随着发达国家加速低端产业向发展中国家的转移，世界流域生态危机并没有因为莱茵河等河流的有效治理而减弱，反而有向发展中国家流域蔓延之势。因此，超越外部性理论的局限，建立起一种能从根本上促进河流水生态持续向优的生态补偿制度，以实现流域生态系统的持续优化，是世界面临的共同问题。

我国政府对此作出了积极探索。自 20 世纪 90 年代开始，我国就将生态补偿机制建设纳入国家治理的制度轨道，《国务院关于落实科学发展观加强环境保护的决定》、国家《节能减排综合性工作方案》对此都提出过明确要求。2005 年习近平总书记提出“两山”理论后，北京与张家口、承德签订了《关于加强经济与社会发展合作备忘录》，拉开了流域生态补偿的序幕。随后，北京密云水库“稻改旱”工程、天津“引滦入津”水源地补偿专项资金和江西“五河一湖”补偿专项资金的设立，是跨省流域生态补偿的早期探索。这一阶段我国流域生态补偿模式，大体可总结为“源头奖罚”“两地对赌”和“跨流域横向补偿”。“源头奖罚”主要以保障源头水质为目标，抓住了一个关键，但这一模式也存在缺乏对中下游地区环境损害行为的约束，因此是难以持续的。“两地对赌”补偿，主要考核的是出境水质，没有系统考虑水生态形成的广泛性、整体性、系统性，也缺失了对功能区的控制，因此也具有先天的不足。“跨流域横向补偿”则是在总结“源头奖罚”“两地对赌”实践经验基础上，对这两种补偿模式的升级。

新安江生态补偿试点是为避免重蹈“先污染、后治理”“先开发、后保护”覆辙所设计进行的一种跨流域横向补偿试点。试点总结了“源头奖罚”“两地对赌”补偿实践模式的不足，也借鉴了西方发达国家注重解决外部性问题的制度建设经验，完善了“两地对赌”、横向补偿的制度设计。核心是一开始就树立了山水林田湖草是一个生命共同体理念，确立了“保护优先”的生态治理路径。试点从流域整体性、生态系统性出发，更加关注发展和安全的可持续性、自然资源配置的可协调性、自然生态价值的共享性以及人类的生产生活方式与自然的适配性，是坚持人与自然和谐共生的生动实践，是跨流域生态补偿的中国方案。

（一）“山水林田湖草是生命共同体”，必须树牢大局观全局观

习近平总书记指出，“人的命脉在田，田的命脉在水，水的命脉在山，山的命脉在土，土的命脉在树”。这深刻地揭示了人与生态环境和谐共生的自然逻辑。由生态社会学的角度看，人与山川、林草、湖沼是一个和谐共生的有机系统，其中生态环境本身就是一个相互依存、紧密联系的有机链条。在流域生态保护与治理中，根据水流变动不居、跨区流动的特点，注重上下游之间的协调联动，避免以邻为壑、各自为政是确保水生态持续优化的重要前提。理念是行动的先导。新安江试点能取得制度成果，关键就在于，试点一开始就得“两山论”开风气之先，从顶层到基层都认同并确立了“山水林田湖草是生命共同体”的理念。在这一理念引领下，流域各地自觉树牢了大局观、全局观，凝聚起了最大共识，布局并推进了源头治理、系统保护。试点的制度设计以“水质”为“对赌”条件，不仅契合了中国式约定俗成的文化习惯，而且强化了人们对水生态整体性的认识。

以“横向补偿”为主轴，也突出了水生态功能区的地位，贯通了上下游生产生活与生态的全部要素，从而为实现“以补促治”，以“治”带来“一江碧水向东流”的目标，建立起了横向、整体的补偿-约束-共治-共享的可长效制度机制。

（二）“保护优先”是本质要求，必须坚持统筹兼顾这一根本途径

中国现代化道路的一个显著特色就是并联式现代化。我们用了仅仅七十多年时间就走过了西方数百年走过的现代化过程。这表现在经济发展和生态保护上，也基本是同步的。我国大多数流域环境污染的程度与经历几百年工业化发展的西方发达国家相比，仍是相对较轻的。提出“保护优先”正是基于这一发展的独特性，立足于持续发展而提出的，是发展进入到一个新阶段以后，为确保生态环境质量不再恶化的英明之举，是避免重蹈“先污染，后治理”“先开发，后保护”覆辙的本质要求。不仅如此，为将“保护优先”落到实处，试点还从横向、全域的维度，坚持了统筹兼顾这一根本途径。在制度机制设计上，统筹“保持”和“改善”，兼顾上下游利益，统筹环境整治和生态修复，兼顾中央和地方，统筹兼顾生产生活生态，兼顾权利、责任和义务。这增强了制度的韧性，确保了补偿机制的可及性、可操作性，维护了新制度的公正合理。

（三）改革创新是第一动力，必须大胆突破体制和利益藩篱

建立跨省流域生态补偿机制的难点在于，破解流域的整体性与管辖权分割的矛盾，解决行政区隔所带来的管理段落化、治理碎片化、利益诉求难以一致等问题。新安江试点获得了以改革流域管理体制，推进制度创新，突破体制利益藩篱的经验。试点实践表明，改革创新始终是协调发展的第一动力。试点遵循自然生态造化逻辑，突破以水论水的思维局限，着力推进水环境管理的体制改革、水生态治理的方法创新，把建设流域横向补偿制度与落实自然资源资产管理制度衔接了起来，不仅依靠《协议》约法来明确上下游权益责任，而且制定《综合规划》来突出功能区管控，从而突破了流域管理段落化的体制障碍，破除了利益固化的已有藩篱，在实现“以补促治”的同时，也推动了流域一体化转型发展。试点经验启示我

们，水的问题不仅仅在水里，更在岸上；水资源的配置问题也不仅仅是单纯的水资源问题，而是事关自然资源的配置与管理问题；同时建立跨省流域横向生态补偿制度，也不能只片面地强调补偿，而应该综合考虑上下游生产生活与生态共生共存共赢的实际，综合施策。必须把握流域水资源的自然、经济、社会、生态乃至于文化的全部属性，充分认识横向补偿的交互性、复杂性、层级化特征，完善补偿标准、优化工作体系，推进生产方式和生活方式的变革，走绿色发展之路。

（四）人民大众是主体力量，必须坚持和完善共建共治共享的社会治理制度

新安江生态保护补偿试点是增进生态环境质量改善这个最普惠的民生福祉的行为，充分彰显习近平生态文明思想的基本民生观。以提供优良生态环境、促进群众增收致富为出发点，上下游都发挥了依靠人民大众、为了人民大众的制度优势，从而调动了社会各方面参与环境治理、生态修复和保护的积极性，构建起了共建共治共享的大治理格局。从补偿资金的筹措看，中央和省级财政转移支付起到了关键作用，社会主体多方筹措资金的势头也开始强劲。从流域治理的决策看，参与试点各地，都主动推进决策民主化，黄山市通过开展新安江流域生态保护征求意见活动，请社会各界积极建言献策，让社会成员都能参与到环境保护的决策中来。从保护主体的培育看，黄山、杭州、淳安等地不仅强化政府主导，而且也引导公众转变生产、生活方式，充分调动人民群众水源保护的主动性、积极性和创造性，变“要我保护”为“我要保护”，取得了明显实效。必须发挥人民大众的主体力量，坚持和完善共建共治共享的社会治理制度，把流域生态补偿变成各种社会主体的自觉行为。

四、成效与问题

新安江流域生态补偿机制建设试点从酝酿、启动到深化，到 2020 年已历经九年，累计投入保护治理资金 177.59 亿元，其中试点补助资金 44.5亿元，已取得了多种良好成效，实现了生态、经济、社会和制度效益的同步提升。通过试点，省际断面水质均达到地表水环境质量标准Ⅱ类，高锰酸盐指数、总氮、氨氮 3 个水体指标的检测达到Ⅰ类标准。生态环境

治理也实现了从末梢之治向源头控制的转变。随着林地、草地等生态面积的逐年增加，流域生态系统构成比例更加合理，其中自然生态景观在流域占比已达85%以上。绿水青山向金山银山的转化成绩突出。据统计，目前新安江生态系统服务价值已达246.5亿元，其中水生态服务价值可达64.5亿元。流域上下游绿色发展格局已基本形成。以旅游业为主导、以战略性新兴产业和现代服务业为支撑、以精致农业为基础的绿色产业体系更加完善，绿色发展动能更加彰显。试点已取得生态文明建设的制度性成果，其经验已经在全国跨流域被复制。但随着试点的深入，一些深层次问题也凸显了出来。

（一）发展和保护矛盾依然突出，维护水生态稳定仍存不确定性

一是深层次的理念、利益需求差异并没有完全消除。上游在保护上付出的治理成本、机会成本和生态服务成本越来越大，保护队伍承受的多种压力下游看不到，特别是山洪暴发等不可控因素极易导致水质氮、磷含量超标，补偿协议中并没有考虑这些，各级干部群众心理负担重。而下游对生态服务的价值要求却越来越高。这说明，发展和保护的矛盾依然无法消解。二是维护水生态稳定存在多种不确定性。随着工业化、城镇化进程的加快，各种污染物增加的可能性仍在进一步增多，维护水生态持续稳定仍具有多种不确定性。从目前情况看，水质总体处于Ⅰ至Ⅱ类标准，水质继续向好向优的空间不大。相反，稍有不慎，或一旦遭遇极端天气，水质反弹的可能依然存在。

（二）补偿资金的来源渠道有限，市场化补偿机制建设严重滞后

一是补偿资金额度总体偏低，资金的来源渠道单一。三轮试点累计投入的补偿基金是48亿元，其中中央财政18亿元，浙皖两省财政30亿元。除此之外，并无其他来源。补偿资金额度低，难以满足实际需要。研究显示，试点期间，黄山市、淳安县等地已累计完成新安江治理项目的投资达200多亿元，仅黄山一市就达到180多亿元。淳安县为保护千岛湖水质也做出了牺牲和重要贡献。相比而言，48亿元也仅仅只占到了40%多。另一方面，资金来源渠道单一，完全依靠财政也增加了财政负担，是

难以为继的。二是市场化补偿机制建设严重滞后。《国务院办公厅关于健全生态保护补偿机制的意见》提出要“探索地区间、流域间、流域上下游等水权交易方式”，新安江试点方案和《综合规划》对此也作出了明确详细的安排，但由于自然资产产权制度、生态补偿标准体系等基础性配套制度建设尚不完善，建立市场化补偿机制仍面临较多问题。

（三）补偿范围难以适应实际需要，补偿不精准现象仍较为突出

一是补偿范围难以适应实际需要。横向补偿并不是简单地由下游给予上游补偿，而是要由经济发达地区给予不发达地区、水生态的受益主体给予保护主体以适合的补偿。补偿范围也应该较为广泛。但新安江试点的补偿资金主要是用于产业结构的调整和产业布局的优化，流域生态保护成本、环境治理成本和生态系统服务价值并未纳入补偿范围。这是与实际需要不相称的。二是补偿不精准现象仍较为突出。流域生态补偿活动里的主体具有多样性，但试点“对赌”补偿的制度设计，受偿和补偿的主体都是政府，这一定程度上模糊了主体的多样性，造成了对其他主体的忽视。从公共治理的理性逻辑看，政府当然是流域治理保护的主导者，是提供补偿的主要承担者，但从治理行动的实践尺度看，无论是生态保护还是受益者，都离不开市场、社会，包括社会组织、街区社区、村庄网格甚至志愿者等。目前这种制度设计仍然存在补偿和受偿的不精准问题。

（四）产业、人才补偿是明显弱项，一体化绿色发展体系有待完善

一是补偿仍停留在资金补偿上，产业、人才补偿仍是明显弱项。第三轮试点开展以来，黄山、杭州在产业、人才方面积极展开合作，但“以产业完善补偿”“以项目促进补偿”仍处于摸索阶段，并没有实质突破。产业合作也仅仅停留在产业转移等方面。二是一体化绿色发展体系还有待完善。发展的问题仍然需要靠发展来解决。2018 年 5 月，习近平总书记指出，要加快构建生态文明体系，加快建立“以产业生态化和生态产业化为主体的生态经济体系”，这也为绿色发展指明了路径，是加快绿水青山转变为金山银山的根本之策。试点开展以来，流域上下游着力转变发展方式，推进绿色发展，但总体来看，一体化绿色发展体系仍然没有建立起

来。首先是产业生态化发展仍然还有空间，特别是在利用节能低碳环保技术和数字化赋能改造传统产业，减少碳排放上仍有突破空间。其次，生态产业化融入不足，流域是生态资源聚集之地，目前生态资源的利用仍局限于“水”“茶”“鱼”“旅游”上，生态产品不仅少，而且价值链也不完整，特别是一体化绿色发展体制机制安排上仍没有真正破局。这些是未来需要加紧突破的所在。

五、展望和建议

新安江试点是习近平生态文明思想的生动实践，是践行“两山”理论的长三角经验。随着《长江三角洲区域一体化发展规划纲要》（下称《纲要》）将新安江—千岛湖生态补偿试验区整体纳入规划，新安江跨省流域生态补偿试点升级版正在紧锣密鼓规划实施。2020 年 8 月 20 日，在合肥召开的扎实推进长三角一体化发展座谈会上，习近平总书记强调指出，“长三角地区是长江经济带的龙头，不仅要在经济发展上走在前列，也要在生态保护和建设上带好头”，这为长三角一体化发展锚定了新坐标，为新安江—千岛湖生态补偿试验区建设指明了实践方向。展望未来，作为新安江跨流域生态补偿试点的升级版，新安江—千岛湖生态补偿试验区将成为长三角“一极三区一高地”的最美现代化绿色生命线，长三角一体化高质量生态文明体制改革高地，长三角一体化产业生态化和生态产业化示范带，优质水生态全价值链供应基地，人与山水林田湖草城乡和谐共生的生命共同体。为此建议，试验区建设应加快集成新安江三轮试点经验，以问题为导向，紧扣“一体化”“高质量”和“生态补偿”三个关键词，实现突破升级：

（一）树牢共同体意识，坚持系统思维，谋划好试验区建设规划，推动多规合一，着力打造长三角版人与自然生命共同体

人与自然是一个生命共同体，长三角一体化发展将试验区建设纳入《纲要》体系，体现了中央对新安江—千岛湖生态文明建设的殷切期望，必须提高政治站位，强化系统思维，筑牢生态文明的思想基石，高起点谋划好试验区建设的各项工作。一是强化共同体（community）意

识，紧扣“一体化”关键词，破除行政区隔，统筹试验区山水林田湖草生态要素，编制好试验区建设规划，实现“多规合一”，着力打造新安江—千岛湖流域人与山水林田湖草城乡命运共同体。二是强化系统思维，树牢大局观、全局观、整体观、长远观，优化试验区国土空间开发保护格局，严格试验区国土空间用途管制，统筹谋划好试验区中长期目标任务和项目举措，出台试验区建设一体化政策，推进公共设施建设一体化、治理保护一体化、产业市场一体化、城镇乡村一体化、社会文化发展一体化。三是完善一体化（integration）行为准则，健全试验区建设管理体制，做实一体化工作机制，加强深度融合，实现一体化高质量发展。

（二）坚持保护优先，用好改革法宝，紧扣“生态补偿”中心任务，创新试验区生态补偿制度体系，加快建立政府补偿和市场化补偿“双轮驱动”机制

为探索避免重蹈“先污染，后治理”“先开发，后保护”覆辙的体制机制，为生态文明制度建设作出示范，试验区建设必须切实把“保护优先”原则落到实处，按照生态文明建设顶层设计和长三角《规划纲要》部署要求，一体化高质量把试验区建设成为区域生态文明体制改革高地：一是要完善升级《综合规划》，严格生态保护红线，强化功能区规划控制，织密织牢水生态功能区保护线，扩大水生态涵养范围，统筹“水”“土”保护，形成试验区国土空间开发与生态保护修复一盘棋格局。二是落实《国务院办公厅关于健全生态保护补偿机制的意见》，用好改革这个重要法宝，集成试点经验，升级试点做法，创新试验区生态补偿制度体系，进一步明确生态补偿主体、客体、范围、补偿标准、方式，完善升级生态环境考核指标体系、补偿标准体系、补偿效果考核评估体系；加快建立自然资源资产评估核算体系，研究建立试验区排污权、水权和碳排放权等市场化生态补偿分类标准和监督评价体系。三是加大对各类财政资金的统筹力度，完善中央、省两级财政转移支付常态化制度，建立市、县两级财政向下级转移支付机制，扛实政府主导责任；开展水权、排污权或碳排放权交易试点，探索生态资源产权界定、交易、抵押、担保投融资新渠道，建立市场化生态补偿机制，形成政府补偿和市场补偿“双轮驱动”机制。四是

创新补偿方式，推进多元化补偿，开展资金、产业、人才等多种补偿，探索同价补偿，改“输血式”补偿为“造血式”补偿，打造长三角生态补偿与一体化发展新样板；优化生态补偿管理运行机制，提高生态补偿资金使用整体效益。

（三）坚持“以补促治”，推进绿色发展，深化生产生活方式变革，聚焦产业生态化和生态产业化，打造长三角“两山”理论转化升级版示范区

长三角一体化发展战略承担着特殊重要使命，其“一极三区一高地”的战略目标定位赋予了新安江—千岛湖生态补偿试验区建设以重要任务。试验区建设必须紧紧围绕一体化高质量发展这个目标，完整、准确、全面贯彻新发展理念，以习近平关于长三角一体化发展和高质量发展重要论述为指引，筑牢生态这个高质量发展的基础，坚持“以补促治”，推进绿色发展：一是强化“合作共治、成本共担、效益共享”认识，坚持“以补促治”，一体化高质量推进区域城乡生态修复保护。试验区建设需要探索的生态补偿制度与跨流域生态补偿制度的不同之处在于，跨流域补偿涉及的是上下游，而试验区则是整个区域，必须升级“水质对赌”机制设计，超越以“水”论“水”的局限，探索“以补促治”新路径，统筹推进“山”“水”“林”“田”“湖”“草”“土”“树”生态治理修复保护。二是深化生产生活方式变革，聚焦产业生态化和生态产业化，打造长三角“两山”理论转化升级版示范区。聚焦产业生态化，做好“转”“挡”大文章，不做产业转移小文章，全部淘汰落后产业，转换升级传统产业，加快动能转换，严格环保准入，“挡”住源头污染；加速一体化生态产业化，发挥区域生态资源独特优势，完善高品质生态产业链，打通生态价值链，丰富生态产品结构，打造名优特品牌，培育新兴产业；融合推进新型城镇化和乡村振兴战略，畅通区域城乡要素流通，加快绿水青山向金山银山转化。

（执笔者：吴凯之，中共安徽省委党校决策咨询部副主任；黄梓臻，中共金华市委党校都市区发展研究中心副主任；邵红卫，中共淳安县委党校副校长；陈歆，黄山市新安江流域生态建设保护中心副主任）

参考文献：

① 习近平关于社会主义生态文明建设论述摘编[M].北京：中共中央文献出版社,2017.

② 生态文明体制改革总体方案. http：//www.gov.cn/guowuyuan/2015-09/21/content_2936327.htm.

③ 长江三角洲区域一体化发展规划纲要.

④ 中共中央组织部.贯彻落实习近平新时代中国特色社会主义思想在改革发展稳定中攻坚克难案例(生态文明建设)[M].北京：党建读物出版社,2019.

⑤ 曾凡银.共建新安江—千岛湖生态补偿试验区研究[J].学术界,2020(10).

⑥ 王祖强,夏勇.新安江流域生态补偿问题的调查与建议[J].浙江经济,2019(13).

⑦ 聂伟平,陈东风.新安江流域(第二轮)生态补偿试点进展及机制完善探索[J].江淮论坛,2016(6).

⑧ 田淑英,夏梦丽,金伟.新安江流域安徽段践行“两山论”的模式探索[J].江淮论坛,2019(2).

⑨ 杨文杰,赵越,马乐宽,等.新安江流域上下游横向生态补偿试点绩效评估报告(2012—2017年)[M].北京：中国环境出版社,2019：105.

⑩ 李干杰.加快推进生态补偿机制建设 共享发展成果和优质生态产品[J].环境保护,2016(10).

破解跨区域生态环境司法保护难题的新探索

生态环境没有替代品，用之不觉，失之难存。推动形成绿色发展方式和生活方式，实现经济社会发展和生态环境保护协同共进，是贯彻新发展理念的必然要求。在近些年经济社会快速发展中，也积累了大量生态环境问题，成为明显的短板、成为人民群众反映强烈的问题。一些行政机关不作为或违法行使职权使国家和社会公共利益受到侵害。检察机关作为国家的法律监督机关，承担着惩治和预防犯罪、对诉讼活动进行监督等职责，是保护国家利益和社会公共利益的一支重要力量。党的十八届四中全会提出，探索建立检察机关提起公益诉讼制度，优化司法职权配置，目的就是充分发挥检察机关法律监督职能作用，促进依法行政、严格执法，维护国家和社会公共利益，促进国家治理体系和治理能力现代化。上海市崇明区东风西沙水库水源地保护行政公益诉讼案（又称“白茆沙”案）作为首例涉长江经济带跨省域行政公益诉讼指定管辖案件，是长三角地区检察机关就生态环境行政公益诉讼协同联动、一体协作的成功典范，在诉讼管辖协作方面进行了诸多创新，为破解跨区域生态环境司法保护难题提供了丰富有益的经验。

一、缘起与背景

长江三角洲位于长江下游，地处江海交汇之地，沿海港口众多，是长江经济带发育最成熟的区域，水运航运非常发达。长江江苏段共有 22 处水上过驳点，过驳浮吊 489 台，从业人员近万人，年过驳黄沙 1 亿多吨，矿石、煤炭、水泥熟料 3 000 多万吨，过驳原油 600 多万吨。水运有运能大、成本低、能耗少等优势，但水上过驳对长江行洪、船舶通航、生态环境和长江饮用水安全都有严重影响和干扰。2017 年 5 月，为保护长江水资源安全，江苏省政府印发《长江江苏段水上过驳专项整治工作方案》，提出到当年 7 月底前取缔二级水源地保护区范围内的过驳作业，12 月底前完成水上临时过驳市场规范化建设，2020 年底前按照国家有关规定全面取缔长江江苏段水上过驳作业。根据整治方案进度，江苏省整治办制发了《关于明确长江江苏段水上临时过驳作业区概位和容量的通知》，确定了包括南通海门水上临时过驳区在内的七个水上临时过驳区。2017 年 9 月、10 月，南通市及其下辖海门市分别先后出台水上过驳专项整治工作方案等。海门市确定由交通局牵头提出水上临时过驳作业区市场经营主体建议方案，实施港口经营许可监督管理，指导开展水上临时过驳作业区建设。

2017 年 12 月，海门市江山货物装卸公司向海门市交通局申请港口经营许可，海门市交通局依据《中华人民共和国港口法》《江苏省港口条例》向其颁发经营许可证，有效期为 2018 年 1 月至 2019 年 1 月，证书中明确“从事南通海门水上临时过驳作业的港口经营”，经营地域位于南通海门水上临时过驳作业区 1 区白茆沙北水道#B8、#B9、#B10 黑浮、红浮联系南北侧水域。以上水域，依据交通运输部长江航务管理局在文件《关于长江江苏段水上临时过驳作业区航道通航条件影响评价及通航安全评估报告咨询会的纪要》的附件三“关于海门水上临时过驳区控制点坐标”、《海门临时过驳区航标配布方案》以及《南通海门水上临时过驳作业区方案设计》，该水域属于江苏海事部门管辖。与此同时，依据上海市政府出台的《上海市生态保护红线》，以上水域位置属于上海市行政区划，2018 年 2 月，被划入上海市生态保护红线。据此，上海市崇明区人民检察院亦有权对该水域的生态环境保护情况进行监督检查。

2018 年 3 月，交通运输部长江航务管理局、江苏省交通运输厅联合制发了《关于长江江苏段水上临时过驳规范管理的实施意见（试行）》，要求各地交通港口、海事、长航公安等部门依据职责，建立联防联管机制，组织联合巡航执法，及时发现和处置非法过驳作业行为，建立运输船舶黑名单制度和浮吊惩处机制，同时，统筹做好过驳区“弃水上岸”规划布局，充分利用现有码头资源，推进沙石运输“弃水上岸”，为 2020 年全面禁止水上过驳打好基础。

专栏 1

白茆沙水道

白茆沙水道西起徐六泾，东迄七丫口，全长约 28 公里。自长江出徐六泾后，逐步形成南支、北港、北槽和南槽“四口”入海的河势，因此水道河段正扼长江口咽喉，上与南通河段相接，下与河床激烈多变的扁担沙、中央沙及浏河沙等南支“三沙”河段相连，是连通长江下游与三角洲诸海港的重要航道，对长江口生态环境的总体治理具有巨大影响。

2019 年 3 月 15 日，为有效监督崇明水域的生态环境，崇明区人民检察院驻东风西沙水源地“生态检察工作站”揭牌成立。该生态检察工作站在开展相关线索排摸中，发现 2017 年 12 月以来，在距崇明岛附近的本市东风西沙水源地上游白茆沙水域，由原海门市（现为南通市海门区）交通运输局等部门批准设立的跨省临时过驳作业区内，长期聚集大量船只，除发生违章停泊、进出港及人员落水等情况外，还存在油污、装载物泄漏等重大风险。严重威胁东风西沙水源地用水安全。虽然 2018 年海门海事部门依据《2018 年度海门水上临时过驳区共管水域海事联合监管联席会会议记录》等文件曾多次约谈海门江山货物装卸公司，并决定对临时过驳区全面停业整顿 3 天，但崇明区人民检察院依据生态检察工作站的监测，认定该水源地上游的白茆沙北水道的过驳作业仍然存在严重的生态环境破坏风险。崇明区人民检察院经审查认为，海门交通运输部门依法应当履行相关监管职责，对该案以行政公益诉讼案件立案调查，依法启动行政公益诉讼诉前程序，督促海门海事局依法履行职责。

专栏 2

东风西沙水源地生态检察工作站

东风西沙水库位于崇明岛西部的长江口，是上海四大水源地之一，也是崇明 70 万居民的饮用水源地，生态环境敏感，水环境保护责任重大。为提供更高质量、更高水平司法保护，实现生态检察重心下沉，打通检察服务

“最后一公里”，崇明区人民检察院积极与水务部门对接，于 2019 年 3 月 15 日建立检察工作站，这是崇明区人民检察院继驻青草沙水源地、东滩鸟类国家级自然保护区生态检察工作站之后成立的第三个生态检察工作站。

二、做法与举措

在初步摸排掌握案件线索后，崇明区人民检察院第一时间进行白茆沙水域环境危害风险调查、行政管辖和保护责任调查，查明公益受损点，明确损害责任主体。在上海市人民检察院和江苏省人民检察院积极推动下，崇明、海门两地检察机关共同启动长江经济带跨省域公益诉讼诉前磋商程序。在河长、湖长、环长和检察长“四长协同”的基础上，依托“崇启海”北长江口检察协作机制，加强跨区划调查协作配合，深化两省市相关部门之间的沟通。在江苏省海门市相关部门的积极配合下，以诉前磋商方式推动问题快速解决，联合多方达成诉前磋商协议，圆满解决问题。

专栏 3

崇明检察——长江入海口的检察守护

近年来，崇明区人民检察院自觉融入长江经济带、长三角一体化发展国家战略，紧扣崇明世界级生态岛建设目标定位，首创生态检察官办案组、生态检察工作站等机制，圆满完成最高人民检察院交办的跨省域生态保护案件，保障生态优先、绿色发展，守护城市水源和“绿肺”。“崇明检察——长江入海口的检察守护”已被纳入上海市基层检察院“一院一品”矩阵。

（一）明确管辖主体

生态环境和资源保护的行政公益诉讼案件是公益诉讼的重要类型。生态环境问题相比于其他领域，一个重要特点就是不局限于一区一域。沙漠化、盐渍化、水土流失和酸雨等典型的生态环境问题都是区域性环境问题，一地生态环境的污染源头常常发生在异地，生态环境破坏造成的影响往往具有跨区域性，传统属地管辖难以适应生态环境类公益诉讼的现实需求。“白茆沙”案中，由于涉案水域跨沪苏两省涉及管辖权确定问题，

2020 年 1 月，经呈报最高人民检察院指定，该案线索由上海市崇明区人民检察院管辖，与江苏省海门市人民检察院联合办理。立案后，崇明区人民检察院即依法开展相关工作。

（二）开展调查核实

1. 开展白茆沙水域环境危害风险调查，查明公益受损点

立案后，崇明区人民检察院检察官赴白茆沙过驳作业区水域、东风西沙水库区域等现场调查 7 次，赴崇明区水务局及东风西沙水库管理中心等调取相关执法、监测等材料，查明江山公司作业点在白茆沙航道两侧，过驳船只产生废油废水以及生活垃圾，且大量船只集中在过驳区进行作业，一旦发生碰撞事故可能造成燃油泄漏，对下游东风西沙水源地安全存在较大污染危害风险。

2. 开展行政管辖和保护责任调查，明确责任主体

白茆沙过驳作业区水域在海事区划上归江苏海事局管辖，在行政区划上部分属于上海。虽然该区域不属于水源保护地，但崇明区人民检察院通过走访司法鉴定研究院及华东政法大学公益诉讼研究中心听取专家意见，了解到白茆沙水域属于长江刀鲚国家级水产种质资源保护区，系江豚的重要活动区域，属于准保护区范围。江苏省海门市交通局作为主管部门，应当依法履行对白茆沙水域过驳作业风险的监管职责。

专栏 4

长江刀鲚国家级水产种质资源保护区

2012 年 12 月，根据《渔业法》规定和国务院《中国水生生物资源养护行动纲要》有关要求，经原农业部审定（公告第 1873 号），批准建立了长江刀鲚等 86 处国家级水产种质资源保护区（第六批），地跨沪苏皖三省市。

长江刀鲚国家级水产种质资源保护区总面积为 190 415 公顷，其中核心区面积为 93 225 公顷，实验区面积为 97 190 公顷。特别保护期为每年的 2 月 1 日—7 月 31 日。保护区由两块区域组成，分别位于长江河口区（保护区 1）和长江安庆段（保护区 2）。保护区 1 地理位置为长江徐六泾以下河口江段，包括长江河口区南北两支及交汇区域总面积为 183 280 公顷。保护区主要保护对象为长江刀鲚，其他保护对象包含中华鲟、江豚、胭脂鱼、松江鲈、四大家鱼、鳜、翘嘴鲌、黄颡鱼、大口鲇和长吻鮠等物种。

3. 加强河长、湖长、环长和检察长“四长协同”，形成调查研判合力

崇明区人民检察院与区水务局、生态环境局等河（湖）长、环长制工作机构，通过河长、湖长、环长、检察长“四长协同”，加强专业问题研判和公益诉讼工作推进，并联合海事等相关职能部门多次巡视白茆沙水域，现场检查、评估过驳作业风险隐患，就水域管辖、生态红线、船舶作业等相关专业问题进行答疑释惑，为找准公益受损点提供相关专业意见、相关材料和智力支持。

专栏 5

“四长协同”机制

“四长协同”机制是指崇明区人民检察院与区水务局、区生态环境局会签的《关于建立河长、湖长、环长、检察长“四长协同工作机制服务保障世界级生态岛建设的意见”》（见图 1），整合河（湖）长“管水治水”，“环长”环境保护、安全生产、消防安全防控职能，以及乡镇村居负责人担任河（湖）长、环长的网格化分布优势，明确通过强化行政执法与公益诉讼检察的衔接，形成检察机关、河（湖）长、环长制工作机构统筹监管水、土、林、气等关键生态要素，协同推进生态环境保护的合力，打造“河长+检察长”2.0 版。

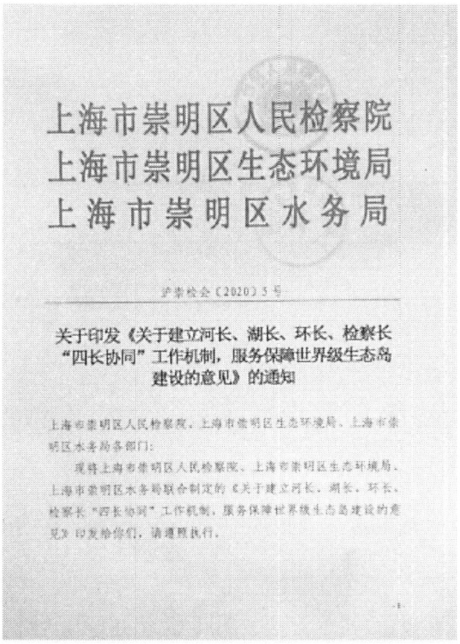

上海市崇明区人民检察院
上海市崇明区生态环境局
上海市崇明区水务局

沪崇检会〔2020〕5 号

关于印发《关于建立河长、湖长、环长、检察长“四长协同”工作机制，服务保障世界级生态岛建设的意见》的通知

上海市崇明区人民检察院、上海市崇明区生态环境局、上海市崇明区水务局各部门：

现将上海市崇明区人民检察院、上海市崇明区生态环境局、上海市崇明区水务局联合制定的《关于建立河长、湖长、环长、检察长“四长协同”工作机制，服务保障世界级生态岛建设的意见》印发给你们，请遵照执行。

图 1 关于建立河长、湖长、环长、检察长“四长协同”工作机制，服务保障世界级生态岛建设的意见

4. 依托“崇启海”北长江口检察协作机制，加强跨区划调查协作配合

2020 年初，崇明区人民检察院依托北长江口生态环境保护跨区域检察协作机制，商请海门市人民检察院协助调取涉案的相关证据材料。4 月，在“新冠”疫情基本可控后，崇明区人民检察院专案组赴海门市人民检察院通报案情，共同会商办案思路；赴海门市江山公司，实地查看公司经营管理、安全监管及船舶污染管理情况；赴海门市交通局、海事处通报案件情况，调取相关证据材料。

专栏 6

“崇启海”北长江口检察协作机制

2019 年 5 月 28 日，上海市崇明区人民检察院、江苏省海门市人民检察院、江苏省启东市人民检察院会签了《北长江口生态环境资源保护检察协作工作实施意见》并同时举行新闻发布会，建立“崇启海”北长江口检察协作机制，从信息互通、地域管辖、联合办案等方面为常态化合作明确了 20 条行动指南，共同发布《北长江口生态检察白皮书》。

（三）多方沟通磋商

崇明区人民检察院多次和南通、海门两级交通部门沟通行政管理及江山公司过驳作业威胁水源地安全等相关情况，消除分歧意见，通过公益诉讼诉前磋商的方式，达成水源地保护共识，形成到期浮吊取缔、过驳区整体迁移等快速处置意见。

2020 年 6 月 12 日，崇明区人民检察院、海门市检察院与海门市交通局等会签了检察公益诉讼诉前磋商备忘录。海门市交通局依法注销到期且不再受理新的浮吊作业船只港口经营许可。江山公司 6 月 15 日前终止在上海行政水域的过驳作业，并拆除清退相关设施设备。南通市交通部门 6 月 30 日前完成对行政许可未到期浮吊作业船只的全部迁离，实现海门水上临时过驳区取缔目标。

三、理论与启示

“白茆沙”案件的成功办结得益于最高人民检察院、上海市人民检察院和江苏省人民检察院的大力指导，得益于上海市崇明区人民检察院的积极行动与江苏省海门市相关部门的全力配合。在现有体制机制框架不变的前提下，如何适应长三角一体化发展新的法治需求，凝聚国家战略法治保障合力，通过透视办案全过程，我们可以得到许多值得思考的启示。

（一）优化管辖规则：首例实施涉长江经济带跨省域行政公益诉讼案件指定管辖

涉案企业在违法设立的临时过驳区内作业所产生的环境风险不仅对江苏辖区内的海洋生态环境造成了影响，也对上海辖区内的海洋生态环境造成了不可忽视的威胁，具有典型的跨行政区域特性。“白茆沙”案是探索跨区域公益诉讼一体化协作机制的一次有益尝试，为办理跨省域行政公益诉讼案件积累了成功经验。

专栏 7

行政公益诉讼制度

早在 20 世纪 80 年代，我国学术界就已经开始对公益诉讼制度的本土化进行探讨。2012 年修改的《中华人民共和国民事诉讼法》第五十五条规定，“对污染环境、侵害众多消费者合法权益等损害社会公共利益的行为，法律规定的机关和有关组织可以向人民法院提起诉讼”。这一规定标志着民事公益诉讼制度的建立。2014 年 10 月，中共十八届四中全会《关于全面推进依法治国若干重大问题的决定》明确提出“探索建立检察机关提起公益诉讼制度”。2015 年 1 月，最高人民检察院出台《最高人民检察院关于贯彻落实〈中共中央关于全面推进依法治国若干重大问题的决定〉的意见》中提出，检察机关要“建立对履行职责中发现的违法行政行为的监督纠正制度”，“探索建立检察机关提起公益诉讼制度”，具体包括对“行政机关违法行使职权或者不作为”“侵害国家和社会公共利益的案件”提起公益诉讼。这一规定可以说是检察机关对行政公益诉讼以及公益诉讼诉前程序的制度尝试。

2015 年 7 月 1 日，全国人大常委会通过《关于授权最高人民检察院在部分地区开展公益诉讼试点工作的决定》，授权最高人民检察院在广东等 13 个省（区、市）就生态环境和资源保护、国有资产保护、国有土地使用权出让、食品药品安全等领域开展为期两年的提起公益诉讼试点。次日，最高人民检察院即出台了《检察机关提起公益诉讼改革试点方案》，明确将民事公益诉讼和行政公益诉讼分开列举并分别规定。2017 年修订的《行政诉讼法》中明确规定人民检察院提起行政公益诉讼的职权。自此，行政公益诉讼制度在我国正式建立。

专栏 8

指定管辖

指定管辖是司法实践中一种较为特殊的管辖规则。依据《人民检察院组织法》第 24 条的规定，上级人民检察院可以对下级人民检察院管辖的案件指定管辖。理论上指定管辖没有区域限制，但目前具体到公益诉讼案件则存在指定范围的边界。按照《人民检察院提起公益诉讼试点工作实施办法》的规定，检察院提起行政公益诉讼的案件，一般由违法行使职权或者不作为的行政机关所在地的基层人民检察院管辖。有管辖权的检察院由于特殊原因不能行使管辖权时，才由上级检察院指定本区域其他检察院管辖。试点方案将“违法行为或者不作为”发生地作为管辖连接点，并把“由于特殊原因不能行使管辖权”作为适用指定管辖的条件。

本案作为全国首个由最高人民检察院指定，由违法行为发生地之外另一省市的检察院管辖的环境行政公益诉讼案件，无论是指定级别还是区域跨度在环境行政公益诉讼中都是前所未有的。更重要的是“白茆沙”案在长三角一体化发展的大背景下对公益诉讼试点管辖规则进行了探索创新。通过最高人民检察院的指定，赋予了环境风险影响地的检察机关管辖权，改变了将“违法行为或者不作为”发生地作为管辖连接点的一般规则。同时，突破了试点方案确定的指定管辖适用条件，使得指定管辖的适用不再局限于“有管辖权的人民检察院由于特殊原因不能行使管辖权”，而是直接在指定管辖的法律大框架下适用。

（二）体现智慧履职：践行“双赢多赢共赢”监督理念，达到“诉前实现保护”

最高人民检察院强调，要建立监督者与被监督者的良性、积极关系，共同推进严格执法、公正司法，共同维护好社会公平正义和公共利益。公益诉讼是广泛关联的，不能仅是单打独斗，要从有关联的因素中考虑、推动法律监督工作；共赢强调的是实际效果，要运用政治智慧、法律智慧有效推进中国法治建设道路，促进法治目标实现。①检察机关与政府部门虽分工不同，但工作目标、追求效果完全一致，并非“零和博弈”。诉前实现保护公益目的是最佳司法状态，解决违法行为不必诉至法庭，这是公益诉讼与普通民事诉讼、行政诉讼的重要区别，检察机关需要在监督方式和监督路径上有所转变。

崇明区人民检察院在“白茆沙”案件办理过程中，改变了以往直接制发检察建议的做法，首次尝试了以诉前磋商替代制发检察建议的新方式来推动问题的解决，得到了海门市交通部门及涉案企业的积极响应，为妥善解决生态环境问题奠定了良好基础。达成诉前磋商后，本案在取消过驳区时间节点上，从预计的2020年底提前到9月底完成，后又从9月底完成提前到6月底完成取缔目标。最终在没有制发检察建议的情况下，通过诉前磋商使问题得到快速解决，避免了后道“对簿公堂”的诉讼环节，彰显了“诉前实现保护”理念的正确性与必要性，丰富了公益诉讼诉前程序制度内容，取得了案件办理良好的政治效果、社会效果和法律效果。

实践表明，检察机关依法启动诉前程序之后，绝大多数行政机关都能够积极行动、依法履职，绝大多数问题可以在这个环节得到解决。特别是对于一些容易出现“九龙治水”疏漏，或者必须齐抓共管的“老大难”问题，诉前程序更具有统筹协调、督促多个职能部门综合治理的独特优势，保护公益效果十分明显，以最小司法投入获得最佳社会效果，彰显了中国特色社会主义司法制度的优越性。②

专栏9

行政公益诉讼诉前程序

行政公益诉讼诉前程序，行政公益诉讼诉前磋商程序是诉前程序的一种表现方式，是督促政府履职维护公共利益的创新实践，是指在提起公益

① 最高人民检察院民事行政检察厅厅长胡卫列在2018年6月28日复旦大学举办的“公益代表与公众参与——构建双赢、多赢、共赢的公益诉讼机制研讨会”上的讲话。

② 侯银萍，陈定良，张峰.行政公益诉讼诉前程序的实践问题检视［J］.苏州大学学报，2020（2）.

诉讼之前，检察机关依法对怠于履行法定职责的行政机关通过制发诉前检察建议等形式，以督促权力主体积极履行法定职责，消除对国家利益和社会公共利益的现实侵害的相应程序。它注重社会治理效果，要求审慎地对待司法权力运行的过程，强调从“沟通”和“对话”等方面构筑与行政机关交流的平台，是优化行政公益诉讼诉前程序的有效路径。2015 年最高人民检察院《检察机关提起公益诉讼改革试点方案》首次提出公益诉讼诉前程序，方案明确对于行政公益诉讼案件，检察机关应在提起诉讼前向相关行政机关提出检察建议，督促其纠正违法行政行为或者依法履行职责。

（三）重塑核心价值：贯彻风险预防原则，主动开启环境公益诉讼预防性司法救济

环境行政公益诉讼制度的出现，既是诉讼法对其自身只顾及保护私人利益狭隘性的突破，也是对传统诉讼法律制度的超越，对推进现代环境治理体系建设、提升生态环境保护治理能力有现实意义和重要价值。当前环境行政公益诉讼的核心价值集中在损害补偿方面，以生态环境发生实际损害结果作为检察机关介入的前提条件。①风险社会下，应当将安全作为社会治理的基本价值取向，考虑法益保护的前瞻性和损害发生的预防性，尤其是对于难以修复的生态环境污染，更应该防患于未然。②因此，环境公益诉讼的核心价值应当是预防风险，而非修补损害。为使生态环境得到切实有效保护，环境公益诉讼需改变以损害结果为中心的传统模式，将工作重点从损害发生后转向风险产生后损害发生前。2015 年最高人民法院《关于审理环境民事公益诉讼案件适用法律若干问题的解释》规定了预防性诉讼条款，赋予法律规定的机关和有关组织对具有损害社会公共利益重大风险的污染环境、破坏生态的行为提起诉讼的权利。这一规定突破了“无损害即无救济”的传统诉讼理念，为环境公益诉讼打开了一扇新大门。

在“白茆沙”案中，崇明区人民检察院首次把民事公益诉讼的风险预防价值理念使用在行政公益诉讼案件中，将环境污染风险纳入行政公益诉

---

① 王春业.论检察机关提起“预防性”行政公益诉讼制度［J］.浙江社会科学，2018（11）.

② 唐瑭.风险社会下环境公益诉讼的价值阐释及实现路径——基于预防性司法救济的视角［J］.上海交通大学学报（哲学社会科学版），2019（3）.

讼受案范围，打破了以实际损害发生为检察机关介入前提条件的常规模式，是检察机关在实践工作中对预防型公益诉讼的一次积极而成功的探索，有效避免了生态环境公共利益受到损害，展现了风险预防的价值意义。

—— 专栏 10

风险社会理论

受到 20 世纪 50 年代流行于西方社会的生态主义运动的影响，德国学者乌尔里希·贝克在其 1986 年出版的经典著作《风险社会》中提出了“风险社会”的概念，指出当今社会是一个风险社会。①

风险社会理论是对未来世界也是对现实世界将可能存在和业已存在的“社会疾病”经过详细地了解分析之后得出的一个诊断性结论，该结论是预见性和判断性的统一。风险的来源不是基于无知的、鲁莽的行为，而是基于理性的规定、判断、分析、推论、区别、比较等认知能力，它不是对自然缺乏控制，而是期望于对自然的控制能够日趋完美。②

风险理论认为，科技不仅仅只具有正面作用，同样相伴而生的是它的负面危害，这种危害的特性表现为显现的时间滞后性、发作的突发性和超越常规性。“风险”本身并不是“危险”或“灾难”，而是一种相对可能的损失、亏损和伤害的起点。③

四、成效与问题

截至 2020 年 6 月 29 日，江苏省海门市交通局向江山公司发放的港口经营许可已经全部终止，白茆沙北水道两侧过驳作业区浮吊船只全部予以清退，崇明东风西沙水源地得到了有效保护。

“白茆沙”案作为长三角地区环境行政公益诉讼协同联动、一体协作的成功典范，被最高人民检察院评为第三批服务保障长江经济带发展典型

① 贝克.风险社会［M］.张文杰，何博闻，译.南京：译林出版社，2018：1.

② 贝克.从工业社会到风险社会（上篇）——关于人类生存、社会结构和生态启蒙等问题的思考［J］.王武龙，译.马克思主义与现实，2003（3）.

③ 杨雪冬.风险社会理论述评［J］.国家行政学院学报，2005（1）.

案例。该案不仅充分展现了“树立双赢多赢共赢、诉前实现保护”检察工作原则的现实意义，在优化跨区域管辖规则、激活诉前程序和探索预防性司法救济方面等提供了诸多有价值的启示。同时，也折射出如跨区域管辖机制缺失、诉前程序有待完善、案件第三人合法利益补偿制度空白等问题。

（一）缺乏常态化的跨区域管辖机制

在“绿水青山就是金山银山”的时代要求下，随着长三角一体化发展国家战略全面推进，跨省域环境公益诉讼案件必然增多。如果对诸如“白茆沙”案这样的跨省域公益诉讼案件均通过“一案一指定”的方式确定管辖权，最高人民检察院或应接不暇，也不利于工作的常态化、规范化开展。加之当前我国并未制定全国统一的公益诉讼法律法规，作为公益诉讼开展的主要依据《人民检察院提起公益诉讼试点工作实施办法》，没有涵盖长三角一体化背景下跨区域公益诉讼的管辖问题，为跨区域的指定管辖留下创新的制度空间有限。虽然“白茆沙”案件通过最高人民检察院指定管辖的方式解决了跨区域管辖的困境，但作为法治化的必然要求和跨区域公益诉讼管辖工作的实际需要，不应当也不可能依靠“一案一指定”的方式来消弭跨区域管辖的制度困境，十分需要一种常态化的机制来解决跨区域管辖存在的矛盾。

（二）诉前程序的形式缺少多元化与创新空间

“白茆沙”案证明，诉前磋商程序在促进依法行政、维护公共利益方面能起到提升办案效率、减少司法能耗的作用。但根据《人民检察院提起公益诉讼试点工作实施办法》的规定，诉前程序目前仅指检察机关在提起公益诉讼前，向违法或不作为的行政机关发出检察建议的程序。也就是说，前述实施办法既没有把诉前磋商作为诉前程序的重要内容，也没有为诉前程序的创新留下制度空间。虽然检察建议在督促行政机关依法履职的过程中起到了良好的作用，但《最高人民检察院关于开展公益诉讼检察工作情况的报告》指出，诉前程序的实施中存在为办凑数案而滥发诉前检察建议，对违法事实、证据和法律适用阐述不严谨、不充分，说理性不足、操作性不强；一发了之，或仅看是否回复，不关注实际整改成效等问题，削弱了诉前程序的监督实效与公信力等问题。可见，检察建议并不能完全满足公益诉讼的现实需求，有必要创新形式，以适应不断发展的办案环境与不断变化的具体案情需要。

（三）公益诉讼涉案第三人补偿机制尚未建立

“白茆沙”案虽然得到圆满解决，但对涉案当事人江山货物装卸公司的合法利益重视不够。崇明区人民检察院在《关于白茆沙水域污染公益诉讼案一案的诉前审查报告》中明确表示，涉案企业江山货物装卸公司具备过驳作业运营资质，是经江苏省水上过驳专项整治领导小组同意合法取得作业许可。因此，即使江山货物装卸公司造成了轻微的局部污染，依法也只能责令其治理污染后果、进行赔偿，而不可以直接取消其许可，令其放弃水上过驳作业经营。虽然在本案中江山货物装卸公司服从大局，主动申请注销作业许可，但其经营投入和预期收益的损失却是因为行政机关违法许可所致，其本身并无过错，不应当对这部分损失承担责任。保护生态环境虽然是基本国策，但在保护环境的同时必须强调依法保护，不能以牺牲公民合法权益为代价，对于能够顾全国家发展大局、自我牺牲合法利益的公民，国家应当按照一定标准给予合理的补偿。

五、展望与建议

2021年1月，中共中央《法治中国建设规划（2021—2025年）》中明确了拓展公益诉讼案件范围，完善公益诉讼制度等内容。检察公益诉讼制度作为一项新制度新职能，还存在许多立法空白，尤其在区域生态环境一体化司法保护方面还存在法律供给短板，导致实践中产生的诸多问题难以从根本上得到解决。建议从跨区域管辖、跨区域诉前程序及案件第三人补偿等方面进行完善。

（一）探索建立跨区域、跨流域案件集中管辖制度

长三角一体化发展需要一体化的司法保障，建立公益诉讼跨区域案件集中管辖制度，是提升检察监督效能的必然选择，是发挥检察机关整体实力，有效整合检察资源的有效途径。①“白茆沙”案为解决跨区域生态环境问题管辖争议提供了新思路，但由最高人民检察院通过指定管辖作为解决同类案件管辖争议的一般方案，不仅需要考虑接受指定管辖的地方检察机关是否具有充足的司法资源进行跨区域工作，同时还需要考虑频繁地使

① 叶俊涛，李理思.长江流域跨行政区划公益诉讼检察集中管辖机制探究［J].中国检察官，2020（7）.

用指定管辖是否会扰乱一般管辖规则，增加上级检察机关负担。而通过建立跨区域集中管辖制度，对地区检察资源全面统筹，综合协调不同区域检察机关之间的管辖职责，不仅有助于减少地方保护主义的干扰，而且可以避免频繁适用指定管辖对一般管辖规则的冲击。①

未来可以依托长三角一体化发展国家战略，通过最高人民检察院出台试点方案的方式，建立行政公益诉讼跨区域集中管辖制度，指定长三角地区某个检察院（如上海市人民检察院第三分院）或参照最高人民法院巡回法庭设立级别相对应的巡回检察厅，负责集中管辖跨省域的环境行政公益诉讼案件，从而打破现行环境行政公益诉讼以违法行为发生地作为管辖权界限导致的跨区域管辖困境。同时，在借鉴“白茆沙”案跨省域联合办案经验的基础上，构建区域内检察机关合作办案机制，全面畅通示范区内检察机关之间的信息资源共享渠道，形成“一体化办案”新模式。

（二）完善公益诉讼案件跨区域诉前磋商程序

创设跨区域诉前磋商程序是探索完善公益诉讼跨区域协作机制的重要方向，也是贯彻落实“保护在诉前”这一工作导向的强力抓手。这一做法不仅可以丰富公益诉讼诉前程序的内容，而且有助于有效提高公益诉讼的监督效能。长三角地区的生态环境类公益诉讼存在“上下游不同行、左右岸不同步”的治理难题。最高人民检察院、生态环境部等十部门联合发布的《关于在检察公益诉讼中加强协作配合依法打好污染防治攻坚战的意见》明确要求“检察机关和行政执法机关要加强沟通和协调，可通过听证、圆桌会议、公开宣告等形式，争取诉前工作效果最大化”。实践证明，对于跨区域性的案件需要加强不同行政区域行政机关、检察机关之间的协作沟通才能更加有效实现保护公共利益、维护生态环境的目标。②在长三角一体化发展的大背景下，可以在一体化示范区先行试点，将跨区域诉前磋商程序制度化、规范化。

建议在未来的制度构建中对跨区域诉前磋商程序的适用范围、磋商边界、终止条件等予以进一步明确：一是规定磋商程序的适用范围，明确将因为制度缺失、政策不明、技术局限、职权交叉等客观原因导致行政机关违法及损害风险发生的案件，以及具有不可逆性损害风险的案件纳入其

① 朱小芹，王志民，王笑男.集中管辖跨行政区划公益诉讼检察实践［J］.中国检察官，2020（2）.
② 胡婧，朱福惠.论行政公益诉讼诉前程序之优化［J］.浙江学刊，2020（2）.

中。二是划定磋商的具体内容，包括主要事实、损害风险情况、职责履行主体、改正措施、赔偿补偿方案等。①三是明确程序终止的条件，对于经磋商无法达成共识或磋商过程中发现有玩忽职守、滥用职权、弄虚作假的，应当停止磋商，依法制发检察建议或提起诉讼。②

（三）完善公益诉讼第三人补偿规则

在“白茆沙”案中，江山货物装卸公司彰显了民营企业责任担当与顾全大局的精神，值得肯定和赞扬。但根据“信赖利益保护”原则，环境行政公益诉讼应当充分考虑涉案第三人的合法权益，兼顾公共利益保护与个人合法权益维护。当前对于因行政机关违法许可行为导致涉案第三人合法权益损害的情况尚未被纳入《行政许可法》保护的范围，在法律修改之前，建议从环境公益诉讼案件切入，通过制定环境行政公益诉讼补偿规范，完善对涉案第三人合法权益受损的补偿规则。

—— 专栏 11

信赖利益保护

按照《行政许可法》第 8 条的规定，行政相对人依法取得的行政许可受法律保护，行政机关不得擅自改变已经生效的行政许可。当准予行政许可所依据的客观情况发生重大变化时，为了公共利益的需要，行政机关可以依法变更或撤回已经生效的行政许可。但行政许可作为一种授益行政行为，对其变更或撤回将对行政相对人的合法权益产生损害。因此，法律同时作出限制性规定，明确对于此种情况，行政机关应当依法给予补偿，理论上称之为“信赖利益保护”。③

（执笔者：练育强，华东政法大学教授；周慧，上海市人民检察院检察官助理；张骥，华东政法大学博士研究生）

① 李会勋，刘一霏.行政公益诉讼诉前程序之完善 [J].山东科技大学学报（社会科学版），2019（5）.
② 于文轩，杨胜男.论环境行政公益诉讼的诉前程序 [J].中国应用法学，2019（1）.
③ 王克稳.论变更、撤回行政许可的限制与补偿 [J].南京社会科学，2014（1）.

江宁—博望跨界深度合作的实践探索及借鉴

《长江三角洲区域一体化发展规划纲要》明确提出支持江宁—博望等省际毗邻区域开展深度合作。在长三角一体化发展战略与创新驱动战略推动下，江宁—博望在推动区域经济发展互利共赢的同时还着力探索生态、文化、教育、公共服务等重点领域的跨界深度合作，为区域一体化尤其是省际毗邻区域融合发展提供了借鉴和参考。

一、缘起与背景

长三角三省一市范围内，省际边界毗邻乡镇共有 272 个，其中上海市 21 个，江苏省 100 个，浙江省 45 个，安徽省 109 个，占三省一市 4 382 个乡镇街数量的 6.2%。[①]借助长三角一体化发展的东风，许多省际毗邻地区纷纷开始探索融合发展之路，江宁—博望也立足于一体化和高质量这两个关键词开始探索深度融合发展之路。

安徽与江苏、浙江两省接壤线长达 2 000 公里，沿边有 23 个县市，其中马鞍山距离南京仅 47 公里，与南京市有 248 公里毗邻边界线，是南京一小时经济圈成员。地理位置的相邻让两地居民之间的关系也很为密切。2012 年新成立的博望新区（划转当涂县博望镇、新市镇、丹阳镇成立）位于马鞍山最东端，与南京江宁区山水相连，丹阳河（丹新河）、横山跨境而过。“山同脉、水同源、人同根、城相连”，一山之隔，山北归苏，山南属皖。一街之遥，街北江宁，街南博望。两区有 33 公里毗邻边界线，特

① 熊竞.长三角一体化：省界毗邻基层政区治理的发展路径［J］.上海城市管理，2019（5）.

别是江宁区横溪街道丹阳社区与博望区丹阳镇紧密相连，仅一巷之隔，被称为“南北丹阳”“一脚踏两镇，鸡鸣闻两省”。两地不仅地名相同，方言相同，生活相近，还同赶一个菜市场、同逛一条商业街，同为丹阳人。

历史渊源按下了两地一体化发展的开始键。早在2016年11月，为了有效治理两地治安，有力打击犯罪分子，江宁公安分局丹阳派出所便与博望公安分局丹阳派出所开展跨省警务协作；为了让两岸居民共享青山绿水，两地对共有的丹阳河开展联合全河道清网行动，对入河排污口进行排查，确保水环境稳步提升；2015年到2017年期间，南京有45亿元以上项目落地博望区，博望区与南京工业大学、南京工程学院等大学科研院所共建共享技术研发平台、产学研基地。可以说地理上的相邻使得两地一体化发展从一开始就不仅仅局限于经济的融合，更是在社会治理、生态环境、产业融合等多方面进行先行探索，为江宁—博望一体化高质量发展奠定了基础。

现实需求按下了两地一体化发展的加速键。一体化发展的目的是推动区域高质量发展。博望区地处长三角经济圈和南京一小时都市圈内，与南京空港新城、柘塘新城相互呼应，是安徽省通向苏浙沪等长三角发达地区的重要门户。从产业视角来看，南京作为都市圈的中心城市，虽然经济基础好、实力雄厚、产业先进，但在经济发展的过程中会出现研发和生产的分离，空间资源紧缺，产业发展有外溢需求；博望区交通便利，自然条件优越、物产丰富、文化底蕴深厚，空间资源相对富余，具有区位优势、产业优势、政策优势、人文优势，但经济发展相对滞后（2020年江宁区生产总值2 509.3亿元，马鞍山为2 186.9亿元，博望区仅为131.9亿元），亟须引进现代产业，导入头部项目，实现产业升级。比如江宁区的科创资源十分丰富，创新成果需要落地转化，对产业用地的需求量较大。但是在多轮开发之后，建设用地日益紧缺；博望区拥有数控机床、装备制造等特色产业，产业转型升级的需求十分迫切，但是因缺少科技创新要素的接入，始终在低端产品线上徘徊，一些工业园区对高质量的产业项目“迫不及待”“虚位以待”。江宁—博望牵手可以让两个城市优势叠加，合作共赢。

基于这样的历史背景和现实需求，在长三角三省一市携手共绘“一幅画”、共下“一盘棋”的大格局中，宁马两市积极探索一体化发展的新路径，以一体化和高质量为目标，在省际毗邻区域探索中勇当先行者。

二、做法与举措

江宁和博望这对邻居紧紧抓住长三角一体化发展这一重大战略机遇，在诸多领域积极探索创新跨界一体化合作，正朝着深化跨界一体化融合发展的方向不断前行。

（一）规划编制强化整体设计，谋篇布局凸显区域优势，一体化发展新型功能区轮廓愈发清晰

为了加强毗邻地区规划设计的系统性和协调性，江宁区与博望区委托同一单位（中规院上海分院）编制毗邻地区一体化协同发展规划、建设规划，由此实现了规划同图、计划同步。

2019 年 10 月 15 日，南京、马鞍山两市正式签订《江宁—博望跨界一体化发展示范区共建框架协议》，旨在通过跨省毗邻地区一体化发展的实践为发达区域与相对欠发达区域的一体化发展探路，在行动中形成具有可复制推广的经验，为国家战略实施提供“生动样本”。协议提出将充分发挥南京中心城市功能，放大马鞍山市腹地优势，携手开展长江经济带“共抓大保护，不搞大开发”，加强基础设施互联互通，共推生态环境协同治理，合作共推产城融合发展，加快公共服务优质资源共享，全面建立一体化发展的体制机制，助力南京具有全球影响力的创新名城和马鞍山“生态福地、智造名城”建设，打造强劲活跃的现代化都市圈增长极，为长三角一体化发展提供示范。

—— 专栏 1

《江宁—博望跨界一体化发展示范区共建框架协议》

《江宁—博望跨界一体化发展示范区共建框架协议》由南京、马鞍山两市于 2019 年 10 月 15 日签订，主要针对江宁—博望等省际毗邻区域开展深度合作而制定，包括发展基础、总体要求、空间布局、重点任务、保障措施等。

其中对规划编制一体化、基础设施一体化、生态环保一体化、产业协作一体化、公共服务一体化、社会治理一体化六个一体化进行了重点

规划。

协议明确，到2022年，在基础设施、生态环境、公共服务、社会治理、产业发展等方面取得明显进展。到2030年，以溪田农业为基础、智能制造和智慧物流产业为核心、现代服务业为支撑的一、二、三产业协同发展的现代产业体系全面形成，形成具有可复制推广的跨省毗邻地区一体化发展经验。

江宁、博望两区在不改变行政区划的条件下，立足于跨界一体化协同共建发展全域，主动融入与国家、省、市规划和其他各类规划的联动，注重两地规划制定中的沟通衔接，依托专业力量，加强区域发展顶层设计，跨界一体化行动渐次展开。两区同步按照先策划、后规划、再设计、再实施的原则，高标准规划编制跨界一体化发展的总体规划、国土空间规划，开展产业发展、基础设施建设、生态环境保护等专项规划编制。

江宁—博望跨界一体化发展示范区项目规划期20年，突出“长三角省际毗邻地区跨界一体化发展的先行区”和“乡村振兴和城乡统筹发展的示范区”两大战略定位，力争成为南京空港枢纽经济圈组成部分和马鞍山经济高质量发展新的增长极，为长三角区域同城化发展探索路径。目前两区规划全面对接，横溪街道全境（215平方公里）与博望区全域（380平方公里）协同共建区的概念性总体规划和产业规划方案已形成，空间共享、产业共兴、设施共建、环境共保有序推进，两地合作逐渐从“虚”向“实”。

江宁—博望跨界一体化发展示范区重点推进毗邻地区30平方公里核心区建设。以两区交界区域丹阳北部为中轴，其中，江宁片区为9.6平方公里，博望片区为20.4平方公里。示范区分为近期规划和远期规划，先行启动区约8平方公里（其中约3平方公里为智能制造业集中区，其余5平方公里为现代服务业集聚区）。启动区外规划现代农业面积约18平方公里，预留4平方公里发展用地。启动区内打造休闲服务、行政商务、居住配套、产业发展等多个组团，积极完善跨区域社会治理体系，推进现代都市农业发展新模式，打造山水相依、风情浓郁、功能配套完善、生活环境优良的产城融合发展示范区。同时，还将依托国际机场的枢纽门户功能，打造全国航空物流主枢纽及以临空型产业、智能制造为重点的新兴产业集聚区，引导产业集中布局，集聚发展。

（二）产业协作一体谋划，锻造长板错位互补

从产业视角来看，都市圈的中心城市会逐渐出现研发和生产的分离，中心城市的企业利用周边城市作为产业发展的空间载体，可以降低生产成本。周边城市的企业则借力中心城市的资源外溢，顺势实现产业升级。江宁—博望一体化发展进入实施阶段之后，江宁区和博望区立即在产业园区的协作共赢方面布下了“一盘棋”：

第一，双方整合资源组建联合招商团，共同招大引强。联合招商团队招引的富时科创产业园内，国内首台套纳米真空等离子涂层装备产品已开始量产，从签约落地到实际投产用时仅一个多月。

第二，江宁区和博望区根据“各扬所长锻长板，优势互补共增益”的原则，加快推进博望区合作产业园的共建共管。仅一年多的时间，博望产城融合项目已经按照“市建区管、省市联动、政府授权、封闭运作”的模式开始建设运行；博商创道产业园项目已完成一期建设，将江宁的科创优势与博望的机械加工制造优势相结合，双方共同打造“江宁—博望”中小企业协同生产集中载体。

为了在毗邻区建成影响力和带动力更大的创新发展动力源，江宁区与博望区经过多轮协商，决定加快推进“宁博创智谷”建设。该项目注册资本 1.5 亿元，经营期限 15 年，博望和江宁按照 1∶2 比例投入启动资金作为注册资本金，选址位于博望区境内两省交界处，用地规模约 1 000 亩，一期约 200 亩。江宁区与博望区联合招商，引入江宁标准的服务，在服务产业发展、导入创新资源的实践中，探索打破省际壁垒和分享利益收益的经验和措施。

第三，两区在充分考量各自产业定位的基础上，共同谋划并明确了江宁—博望毗邻地区的产业功能，在一、二、三产业上实施错位发展，合力建设安全可控的产业链网。一方面，围绕江宁区优质的科创产业和人才资源，结合博望区数控机床、装备制造的特色产业优势，重点发展智能装备制造和智慧物流产业；另一方面，立足区内丰富的生态农业资源，发展包含休闲农业、生态农业、特色旅游的溪田农业综合体，在财政建设资金申请和使用暂未跨区域打通的背景下，探索实施统一规划、分头建设、共同运营的综合体建设，打造设计一体又各具特色的南北片区。

（三）绿色发展，生态优先，合力打造青山绿水“样板间”

绿水青山就是金山银山，唯有把生态保护好，把生态优势发挥出来，才能真正实现高质量发展。在江宁—博望跨界一体化发展协同共建的进程中，两地深植生态优先、绿色发展理念，频繁调度跨界区域内山水林田湖的综合治理，坚持生态环境共享共治，齐心打造青山绿水“样板间”。

流经苏皖两省的丹阳河在江宁—博望毗邻区域内蜿蜒。过去，江宁、博望两地曾因防汛、治水问题多次产生纷争，延绵两地的横山也因森林防火防虫等问题隐患不断。为此，2019 年 12 月 20 日，江宁区与博望区跨界“牵手”签订了《跨界示范区生态环境保护合作框架协议》和《丹阳河跨界流域综合治理框架协议》，制订出台了《江宁—博望跨界一体化发展生态治理工作方案》，建立起江宁—博望生态联防联治联席会议制度，针对丹阳河跨界流域综合治理、生态联防联治、森林防火防虫等内容加强沟通、深入合作，相互支持、形成合力。2020 年夏季，丹阳河水位暴涨，防汛形势严峻，两地依托一体化工作机制，共同打赢了防汛保卫战，使得历史纷争问题得到有效解决。

两地还建立联防联治机制，逐步实现统一标准，强化生态空间协同保护，实施大气污染防治、水污染防治、土壤污染防治等跨界协同治理，严格环境执法监管，共建网络化生态廊道和绿色体系；积极探索跨区域横向生态补偿机制，研究制定跨区域生态补偿标准，针对跨区域联防联治重大项目，联合制定实施方案；严格执行国家产业政策，发展绿色低碳、高效循环产业，建立企业负面清单，杜绝高污染高排放低效能企业入区。

地处苏皖交界线上的石臼湖是马鞍山市与南京市的界湖，总面积 207 平方公里，南京境内 111 平方公里，马鞍山境内 96 平方公里（其中博望区境内 38 平方公里）。石臼湖在蓄水调洪、防汛灌溉、保护生物多样性等方面具有极其重要的生态地位。2019 年 10 月 18 日，涉及苏皖两省三区一县的《石臼湖生态环境保护合作框架协议》在博望区正式签订，协议明确苏皖三区一县将构建生态环境风险防范体系，强化环境污染防治，健全环境保护协调机制，建立突发环境事件应急处置联动机制，建立常规联合监测与执法机制、专项及突发执法机制，共同承担区域水环境基础设施建设，实现统一规划、同步治理、共同管护的新模式。在马鞍山市政府的统一部署下，博望区对石臼湖开始实行常年禁捕，将面积 5.1 万亩的养殖围网全面拆除，并且对该区域的所有退捕渔民实行转产转业，在养老保险、医疗保险、义务教育、保障性住房等方面进行了全覆盖。与此同时，南京与马鞍山还共同开展了禁渔执法协作以及石臼湖水质监管和执法的一体联动。如今，经两地合力协同保护治理后的石臼湖水质优、生态美，已然成为宁马两地市民心向往之的美景福地。

—— 专栏 2

江宁—博望跨界一体化发展示范区生态环保一体化——生态联防联治合作框架协议主要内容

一、推进大气污染防治

打破地域、空间和体制壁垒，推进实施细颗粒物（PM2.5）和臭氧浓度“双控双减”，建立固定源、移动源、面源精细化排放清单管理制度，联合制定区域重点污染物控制目标。加强涉气“散乱污”企业整治，严控工地扬尘，落实六个“百分百”。

二、推进土壤污染防治

坚持预防为主、保护优先、风险管控的原则，针对重点区域、重点行业和重点污染物，实施分类别、分用途、分阶段联合综合治理，严控新增污染、逐步减少存量，促进土壤资源永续利用。严格落实建设用地分用途管理，合理确定土地用途，严格项目准入，严禁新建化工类、高污染类、高环境隐患风险类行业。到 2022 年，示范区内土壤环境质量总体保持稳定，农用地和建设用地土壤环境安全得到根本保障，土壤环境风险得到根本管控。

三、合作共享绿色成果

针对双方共有的林木、茶叶、粉丝、丹阳茶干等绿色产业或特色农产品，共同挖掘产业潜力、凸显产业优势，力求共同开发、共享资源，形成产品优势，打开产品市场，促进区域特色经济协调发展。

四、加强联动创新执法

探索建立跨行政区区划执法机制和体制，创新环境监管模式，建立完善示范区网格化环境监管体系，提升环境保护的执法效能。探索建立专职联合执法队伍，共同围绕工作监管的重点、难点、热点问题开展联合执法行动，建立常规联合执法机制、专项执法机制、突发执法机制，携手打击固废倾倒、私挖盗采、非法生产等环保违法行为，共同抓好突出生态环境问题整改落实，强化源头整治、系统整治、长效整治。

（四）社会治理“打破行政边界”先行先试，为一体化发展保驾护航

江宁、博望两区“打破行政边界”，以维护治安秩序为核心，加强在综治维稳等具体工作上协同作战。

2019 年 12 月 11 日，江宁、博望两地政法委签署了《江宁—博望跨界一体化发展社会治理合作框架协议》，双方建立社会治理和平安建设工作联席会议、警务及司法协作、跨界重大矛盾纠纷联合调处、行政执法跨界联合执法、重大信息通报共享等工作合作机制，强化社会治理工作，不断提升合作水平和两地社会治理成效。两地政法委还通过合作与交流，共同贯彻落实好《沪苏浙皖政法系统关于推进更高质量平安长三角法治长三角建设的总体方案》，进一步提升双方在平安建设与社会治理等方面的工作能力和水平，推广苏皖“两省一街警务室”合作经验，开展“两省一街警务室”提档升级工程，全力打造成苏皖两地具有区域特色的跨省警务合作新平台。

（五）民生为本，公共服务多项工程共建共享、稳步推进

江宁区与博望区在一体化发展中坚持“以人民为中心”的思想，以满足人民群众对美好生活的向往为目标，聚焦民生，大力促进区域内公共服务质量提升和均衡发展，让一体化发展的成果更多更好地惠及群众。

一体供水，提高生活品质。博望区在了解到江宁水务集团供水能力有富余，且水质检测指标达 109 项，远多于博望供水的 42 项检测指标之后，主动提出一体化供水的设想，并且得到了江宁区的大力支持。随后两区签订了《城乡一体化供水项目框架协议》，开展水务一体化合作。江宁水务集团分两个阶段具体推进实施，先实现对博望区丹阳镇全域供水、再满足博望区全境用水需求，同时将污水收集处理一并纳入合作范围。

合作建校，提高教育质量。为满足居民对优质基础教育等教育资源的需求，两地鼓励优质学校跨区域对口帮扶、合作办学、协同发展，共同促

进教育改革创新。2020 年 8 月 28 日，两地签订了《马鞍山市丹阳中心学校与南京市百家湖小学合作办学协议》，在马鞍山市丹阳中心学校基础上共建的南京市百家湖小学博望分校（马鞍山市丹阳中心学校）正式挂牌运行。这是一所移址新建的公办中心学校，由马鞍山市丹阳中心学校负责学校的投资建设和运营经费保障；南京市百家湖小学派驻教育教学管理团队负责参与学校管理，与百家湖小学本部实现教学同步、资源共享。

公共服务逐一推进，跨区域合作不断扩大。江宁、博望两地在一系列涉及民生的公共服务项目逐一推进。在公共医疗卫生合作上，江苏省中医院与博望新城中医院已结成医疗联合体，建立了快速转诊绿色通道，完成医保异地结算系统上线测试并正式运行；博望区与南京市第一医院建立战略合作关系、宁博血防联防联控工作机制得以强化；妇幼健康服务不断深化，公共卫生医疗服务一体化持续推进。在人力资源合作上，两地建立健全人才交流共享和就业信息共享机制，加强人力资源合作与服务协作，推动两区建立统一开放的高层次创业创新人才库、人力资源公共服务信息平台和管理服务平台，制定《关于江宁—博望新型功能区专业技术人才资格和继续教育学时互认办法》，积极探索专业技术人才职业资格、专业技术职务任职资格、继续教育学时等方面实行跨区域互认互准。此外，在食品药品安全合作、社保信息共享等公共服务项目上也在不断加强跨区域合作。

三、理论与启示

（一）理论

区域分工与协作理论是省级毗邻地区融合发展的理论基础，区域一体化发展正是区域分工与协作理论的实践。唯有掌握规律、指导实践，才能探索更有效、更有价值的毗邻地区深度融合之路。区域分工与协作理论认为不同区域之间可借助要素优势，在合作与分工中产生最大化效应，并影响区域外发展，从而产生一系列波及效应，实现整体合作区域的发展。区域分工与协作理论还强调要素禀赋的差异性。根据 H－O 模型，每一区域应选择生产要素相对低廉的产业作为优势产业，然后通过区域间贸易即可获得比较利益。

区域分工与协作理论最初是由荷兰经济学家丁伯在 20 世纪中期提出

的经济一体化。丁伯认为经济一体化可以有效解除阻碍经济发展的人为因素，创造有效的国际经济结构。20世纪90年代美国经济学家克鲁格曼基于规模报酬递增理论提出新经济地理学，认为空间位置相邻可以为相关联的产业和经济活动节省产业成本。因此区域一体化发展是一种各经济体在一定区域范围内通过优势产业互补、生产要素流通、资源优化配置等方式来推动地域经济发展达到最优化的发展状态。其中产业关联和区域相邻是区域一体化发展的重要前提。从最初国家之间的国际贸易到现在国内不同区域间的合作与发展，区域一体化发展不再仅仅局限于经济的相互协调和发展，更逐步向文化、生态、社会等诸多领域拓展，内涵不断丰富、形态不断多元。区域一体化已成为推动经济发展、促进社会融合的重要力量和有效方式，是当今世界最具活力和发展力的发展方式之一。

在我国，区域一体化是从都市圈、城市群等新型都市经济区发展而来。都市圈是以具有辐射力的中心城市带动经济密切、交通便利的周边城市的共同发展，一般只跨市域、不跨省域。城市群虽然由一群城市组成，但仍需至少一个核心城市，共同组成分布密集、联系密切的经济区域，涉及的区域范围一般跨省域。城市群在城市规模、地域范围、人口规模、空间形态上都要高于都市圈。都市圈和城市群都是区域一体化发展的探索和尝试，都试图通过资源要素流通、产业合理分工、基础设施互通等方式来实现共同发展。

地理学第一定律表明，空间位置的邻近会为区域一体化提供发展基础。省际毗邻地区交界处因分属不同行政区域，存在地方政策制度有差异、经济发展程度不同、交叉影响大、治理难题多的障碍，但也有着地域相邻、习俗相近、文脉相通的优势，如果能以基础设施互通来打破空间界限、以资源要素流通来打破市场壁垒、以产业布局合理分工来打破行政藩篱，实现空间、产业、市场等多维空间的共融共通，就易于在体制机制突破后取得一体化和高质量发展，并在经济发展的基础上实现社会、政治、文化的全方位融合，快速形成示范效应。

目前，我国大多数省际毗邻地区都已进行了初步的卓有成效的实践性探索，但这些合作大多是基于经济发展基础之上的松散的区域经济联合体。这种自发形成的联合体多是以地理位置和历史因素为内在联系而形成的，虽然具有原生性，但由于缺乏国家有计划的规划和组建，在发展中遇到不少阻碍。这些区域经济联合体试图冲破由行政区域划分所形成的藩篱，来有效实现经济合作区域的利益最大化，凸显空间合作优势。但同时因为受原有行政隶属关系的制约，更深入、全方位、多层次的合作与发展难以持续推进。因此，如何进一步强化经济合作与协同发展是江宁—博望毗邻区域深度融合需要探索的核心内容。

当前，长三角区域一体化发展从高速增长阶段进入高质量发展阶段。所谓高质量发展阶段，意味着其发展内涵更加丰富、更加多元。通过长三角区域一体化发展，使其经济、社会、环境综合效益最大化，并实现其更高质量的一体化发展。一体化不是一样化。差异化的分工协作才是区域一体化持续推进的基础，基于资源禀赋和比较优势的因地制宜式发展才是长三角区域各省市发展的安身立命之本。为此，马鞍山市围绕南京市“441”主导产业发展定位，①积极发展配套产业。一方面，基于南京的优势产业并结合马鞍山产业发展方向，积极承接和吸纳资源和技术的溢出；另一方面，江宁区和博望区之间存在明显的发展梯度，需要充分发挥城市资源禀赋的差异性和互补性，在资源配置过程中，进行产业配套补链。博望空间资源相对富余，需要引进现代产业，特别是高精项目，因此，博望区要围绕江宁区的主导产业谋划发展定位，积极发展相关配套产业。江宁区经济基础相对雄厚，产业发展充分，但空间资源紧缺，产业发展需要向外拓展。在一体化发展中博望要主攻产业，配套南京，但也要基于自身的历史禀赋和潜质精准定位，在彰显特色中融入发展，实现博望产业形态与南京的合理分工、错位互补，紧紧围绕主导产业的全链条。由此，初步实现两地在“大产业链”发展格局下的“垂直分工”与“水平分工”，实现高质量一体化的融合发展。

（二）启示

1. 加强区域协作的顶层设计和高位推动

作为一项崭新的课题，江宁—博望省际毗邻区跨界一体化发展的工作成果很大程度上得益于双方在机制体制上的持续探索创新，而在探索实践

① 2017 年 11 月，南京市委、市政府出台了《关于加快推进全市主导产业优化升级的意见》，提出构建“4+4+1”的全市主导产业体系，即打造新型电子信息、绿色智能汽车、高端智能装备、生物医药与节能环保新材料等先进制造业四大主导产业，打造软件和信息服务、金融和科技服务、文旅健康、现代物流与高端商务商贸等现代服务业四大主导产业，加快培育一批未来产业。

中所取得的经验又会以制度化的形式不断注入到双方的工作机制与政策文件中。这种制度化改革的闭环推进方式使得一体化工作稳定可行且规范有效。而长三角一体化国家战略的顶层设计、省市政府的高位推动则是现阶段跨界一体化取得成效的关键。倘若没有长三角一体化发展的战略部署，没有省市各级政府敢于为毗邻区赋权放权、投入资源，毗邻区的扎实成长也就无从谈起。因此，省际毗邻区跨界一体化发展既需要毗邻地区的主动探索，更需要上级政府的高位推进。目前，安徽省正在研究出台对“江宁—博望”跨界一体化发展的支持细则，必能进一步加速“江宁—博望”省际毗邻地区的发展。

2. 厘清区域发展定位

省际毗邻地区能级差距一般较大，江宁区与博望区在跨界一体化发展中正视两地的产业梯度，将江宁—博望省际毗邻区定位为新型功能区，在联手行动中为区域的一体化发展积极探路。双方本着“相互成就”的目标去谋划产业、缩小产业落差，协力将“单个优势”集成为“整体优势”。在此基础上，紧抓民生、产业、生态等一体化发展核心，通过“有边无界”的营商环境和创新共同体建设，提升区域的环境竞争力，在宜居、宜业中实现更高水平的一体化发展。

3. 深化先行示范的思想认识

博望区在推进毗邻区建设的进程中，没有“等”水到渠成的自然过渡，没有“靠”照搬其他地区的现成方法，没有“要”江宁进行单方面的付出与给予；而江宁区在毗邻区民生改善、社会治理、创新支撑等方面，也一再表现出了不计较利益的大格局。

由此，跨界一体化发展要想取得成效，深化先行示范的思想认识是关键。在解决一体化实践难题的过程中：一是要将提高政治站位、发扬“闯改创”精神，作为“破壁”的首要之举。只要省市各级政府舍得为毗邻区投入资源、敢于为毗邻区赋权放权，就能够从“一盘棋”的高度促进毗邻区的扎实成长。二是要将“辩证思维”转化为推动跨界一体工作的“良方”与“良策”。对于能级不高、资源不多的省际区域，先要以系统思维进行整体谋划，然后采取梯度推进的方法，审时度势地抓住重点领域和关键环节尝试创新突破。尤其要善于抓住民生改善、产业升级、生态优化领域中的合作型事务，从“小切口”入手，通过“看得见”的显性成效凝聚共识、汇聚合力，积小胜为大胜，夯实一体化发展的基础。三是对于毗邻区在跨界一体化的探索和实践中所形成的宝贵经验，要通过及时的肯定、广泛的宣传，使之转化为毗邻区继续探索创新的底气，充分发挥其在一体化发展中的典型价值和带动作用。

四、成效与问题

江宁和博望两区跨界合作联动推进，在省际毗邻区域高质量一体化发展中争当先锋。两地在共建框架协议的战略安排下陆续启动了一些合作项目。目前两地一体化融合发展已从“共识”逐步变成“现实”并初见成效。

（一）主要成效

1. 基础设施一体化建设，畅通要素提升效率

快捷顺畅的交通网络体系，是确保江宁—博望跨界一体化发展全域产业联动与高质量一体化发展的前提和支撑。健全互通互联通道，完善两地硬件设施建设，方能彰显一体化发展的实效。为了畅通两区之间的路网通道，南京市和马鞍山市确立了“打通断头路，开通外环线，畅通微循环”的建设目标，在省级、市级、区级政府的全力支持和保障下，一批互联互通的轨道交通、高速公路、骨干路网建设项目或迅速启动、或加快推进，迅速转变了以往“鸡犬之声相闻、无路难以往来”的状况，居民出行更加方便快捷、企业物流效率大幅提高。

宁马两地以构建江宁至博望快速交通为核心，在江宁—博望跨界一体化发展区域内打通省际干线通道的“断头路”，苏 341 省道与皖 445 省道顺利对接通车，苏 126 省道与皖 446 省道改建对接项目等正有序推进。一体化发展毗邻区内官长路（江宁）与金家路（博望）业已完成通车，泗陇路（江宁）—百仙路（博望）、西岗景观路（江宁）—丹新河路（博望）对接顺利。与此同时，原先针对超载超重车辆违法运输损害省界道路等问题而在苏皖省界区域设置的 5 处省界限高限宽架就像 5 只“拦路虎”，现已拆除全部 5 处限高限宽架，并在原址建立超载超限执法站。G4221 沪武高速连接线项目已与安徽省交通控股集团有限公司签订协议，完成项目立项，中铁二院已启动项目前期工作；宁黄高速设立互通立交方案正在向皖苏两省交通运输厅提交意见。未来两地道路交通网络联通更为快速顺达，跨界公路交通便捷化水平大幅提升。

在长三角地区高铁交通日趋成熟发展的当下，两地协同共同推动扬镇宁马高铁在示范区内设站，已形成初步方案；博望北站正在开展预可研评审和周边配套研究，力争借助高铁的引擎助推一体化更为强劲的发展，让两地群众共享高铁红利。正在加紧施工的30分钟直达宁马主城区和南京空港的快速通道，也将为一体化发展的腾飞插上强健的翅膀。

这些“看得见、行得通、用得着”的基础设施互联互通，展现出了一体化发展的实效，使群众对“长三角一体化”从“认识”变成了“认同”，从“概念”看到了“实景”，提升了人民的满意度，增进了群众的获得感。

2. 跨界协同联动发展，产业强区进程渐入佳境

江宁—博望跨界一体化发展立足实际、瞄准长远，充分围绕江宁区优质的科创、产业等资源，结合博望区数控机床、装备制造等特色产业及熟练技工、区位等优势，重点发展智能装备制造和智慧物流产业。两地明确了江宁—博望毗邻地区的产业功能，兼顾双方的优势特色与一体化发展，既承接产业转移，更推动协同创新，通过高标准规划建设、高效率落实推进，齐锻长板、兼容并进，让产业协作迈向了更高水平。

富时科创产业园项目是江宁、博望联合招引落户的首个项目，该项目研发的国内首台套纳米真空等离子涂层装备产品已投入量产；2020年9月，总面积48平方公里、总投资243.5亿元的博望产城融合发展示范区项目成交公告正式发布；2020年11月，博望产城融合发展示范区举行重点项目集中签约暨开工仪式，共有9个项目完成集中签约、8个项目实现集中开工，总投资159亿元；博商创道智造产业园项目已完成一期建设，该项目利用博望的机械与加工制造优势与南京的产业协同和协作，打造中小企业协同生产的集中载体，目前已招引落户14家企业，其中80%为南京企业。

3. 社会治理一体联动，人民生活安全感增强

江宁区与博望区在平安建设与社会治理的具体事务上加快了合作步伐。两区正在积极探索基层社会治理与平安建设的协作新路径，筹备将社会治理综合服务中心纳入一体化的范围，即打造社会治理一体化综合服务中心，将“两省一街”警务室上升为警务署，为省际毗邻地区的社会治理一体化提供样本和示范。提档升级后的“两省一街警务室”总面积约

1 000平方米，综合了毗邻区域内警情处置、纠纷化解、社区警务、综合指挥调度等多种功能，能够同时整合两区的视频和信息平台，率先在基础信息共享、侦查办案协同、治安防控共管、治安管理联动、巡逻防范联勤等方面，起到了警务跨省合作的示范作用，为省际毗邻地区的社会治理一体化提供了可参照的优质样本。此外，两区的政法和公安机关不断深化协作，在防范和处理邪教的合作联动与信息交流，对吸毒人员、刑满释放人员等特殊人群的跨界管控联动，以及案件查办的跨界联动和交流学习等十大方面均取得了合作成效，提升了毗邻地区人民群众的安全感，保障了社会稳定与和谐。

两地协同加强社会治理的一系列举措对持续保持安定和谐的社会风气，提升两区人民群众幸福感、安全感，助力江宁博望毗邻区域一体化建设，推动两区社会治理向更高水平发展起到了积极作用。

4. 抓住"民生共享"，人民生活满意度增强

满足人民群众对美好生活的向往，是长三角一体化发展的最终目标。省际毗邻地区的合作领域涉及方方面面，而公共服务的共享可谓是区域内居民感受最直接的一体化发展成果。

一体供水，民生为本。由江宁水务集团推进实施、两地共同开展的水务一体化合作正顺利进行。目前一期工程已完工并正式通水，能够实现5万吨日供水规模。2021年，博望全域可用上江宁输送来的更加优质的"长江水"，两区人民真正实现同饮长江水，博望区节约了供水体系的建设资金，江宁水务集团实现了规模效益，博望区的居民用水品质提升，实现了政府、企业、居民的帕累托改进。

合作建校，教育提升。2020年8月28日在马鞍山市丹阳中心学校基础上共建的南京市百家湖小学博望分校（马鞍山市丹阳中心学校）正式挂牌运行。该校力争通过3—5年的深度帮扶合作共建，将南京市百家湖小学博望分校（马鞍山市丹阳中心学校）建设成区域乃至市域范围内的优质示范小学。

跨省公交，畅通往来，提高交通便利性。随着省际互通道路建设提标升级和区域公交的开通，居民迎来出行的全面提速和畅通时代。江宁公交861路班线已延伸至丹阳镇，实现两地公交同城化。博望至南京地铁S9号线明觉站公交开通，博望区居民从家门口就可以乘10分钟左右的公交到达明觉地铁站换乘，更迅捷地融入“南京都市圈”。

此外，江宁、博望两地在公共医疗、卫生防疫、食药监管、信息共享等一系列涉及民生的公共服务领域渐次推进了一批合作项目，民生红利不断释放，满足了两地群众对美好生活的共同向往，也为跨界一体化发展汇聚了人气、增添了活力。

（二）存在问题

江宁、博望虽然位置毗邻，融合发展有基础，但隶属不同行政区域，两地经济发展有落差，这都为一体化发展带来了挑战。

1. 经济发展阶段不同，发展共识尚需深入

江苏、安徽两省经济发展差距较大，南京和马鞍山两市的人均 GDP 相差较多。江宁位于南京市西南部，以生态型新城为建设目标，主要引进高精尖产业和生态型产业；博望处于快速发展经济时期，以扩充经济体量为建设目标，希望引进大而强的产业，做大产业规模，推动经济发展。两地发展阶段不同、产业定位不同，因此对项目的诉求也不同。一体化发展规划初期，两地曾请上海社科院做过一体化研究，在对两地居民进行调研时发现两地居民的发展意愿也不同。江宁的居民想打造南京的后花园，建设生态园区，而博望的居民则想优先发展产业，打造产业园区，优先实现就业和致富。因为经济发展阶段不同，发展共识尚需深入。

2. 利益分享有冲突，财税分享需探索

毗邻区域一体化发展中不可避免地面临地方利益与区域利益的冲突，现行的合作框架对利益共享和补偿机制没有给出十分明确且可具体操作的方案。两区虽然在合力打造的“宁博创智谷”园区项目中约定：落户“创智谷”的企业税收除了江宁区级或博望区级的留存部分之外，在十年内不作分配，全部返还合资公司，用于支持“创智谷”的滚动发展。但这只初步解决了双方的利益分配难题，在财税分享上还存在不少问题，尤其是在具体操作层面，仍面临着诸多瓶颈与障碍，不破除税收数据属地化就难以有效解决分享税收数据跨区域统计问题。

3. 人才流动机制体制需健全，要素畅通不够开放

在江宁与博望一体化发展中，由于两省市在人才政策、资源和服务方面存在较大差异，给江宁、博望两地的人才流动造成一定障碍，加之两省市的人才评价标准不统一、职业资格和技术等级尚未实现互认，两省市人才的养老、医疗等社保衔接也有困难，人才流动机制体制不健全，从而给江宁、博望两地合作形成一定阻碍，难以充分发挥 1+1>2 的整体效应。

五、展望与建议

江宁—博望省际毗邻地域跨界一体化融合发展本着一年打基础、两年出成效、三年成标杆的目标，目前正有序、有效、有力推进。“十四五”时期，“江宁—博望”省际毗邻地区将秉承先行示范的工作作风，继续率先破除机制体制上的藩篱，使发展活力能够更快迸发。但作为省际毗邻地区，要完全突破行政壁垒、在全方位融合基础上实现高质量的发展还面临很多问题和困难，需要立足长远，在尝试和探索中扎实推进。

1. 树立整体发展的思维，深化一体化发展的思想认识

江宁—博望跨省毗邻区域一体化发展中应完整准确全面贯彻新发展理念，进一步树立整体发展思维，做到毗邻协调、全域统筹，采取相同的产品和服务标准，向两地消费者提供同质的公共产品或服务。同时，也要充分认识到一体化发展并非搞平均，要考虑到发展阶段的区别，清醒地认识到各地资源禀赋、发展定位、产业方向、基础设施、公共产品等区别，谋求两地发展的最大公约数，各展所长进行差异发展。

2. 财政共担，税收分享

江宁—博望毗邻区域发展要打破自家“一亩三分地”的思维定式，探索各要素资源在不同行政区域间的科学、合理分配，实现最大化利益。一是赋予相应权重进行分配，在综合考虑两地经济发展和财力状况的基础上，分析两地在资金、土地、人才、技术、技术设施等方面的投入因素，赋予相应权重进行分配；二是构建区域利益补偿机制，对在区域协调发展过程中，由于功能定位限制、生态保护成本、产业集聚式转移等合理行为而利益受损的地区进行利益补偿；三是赋予毗邻区域财税自主权限，推动毗邻区域内经济主体跨区域合作与合资，畅通要素流动渠道，健全完善要素市场化整合配置体制机制，税收省级留存部分全部返还用于毗邻区域建设；四是将单一属地原则的财政税制改为更为灵活的属地异地并存税制，突破地域禁锢，并据此进一步规范财政补贴政策。

3. 人才共通，完善人才引进流通机制

江宁—博望跨省毗邻区域一体化发展中要建立更为灵活的人才管理机

制，着力打通人才流通壁垒，推进两地人才顺畅流动。可以进一步整合高端人才智力资源，积极探索建立一体化人才智库，促进人才智力共享共用，形成结构合理、梯队完备的人才智库，为江宁、博望产业强区、深度融合提供坚实后盾。

省际毗邻地域的一体化发展是区域一体化发展的重要部分。省际毗邻地域一体化发展虽然受行政区域限制而困难重重，但如果能掌握经济发展规律、合理统筹规划，就能有效促进资源要素优化配置、发挥地区比较优势、推动不同发展水平地区的协调发展，形成规模经济，实现质的飞跃。作为探索更高质量一体化发展的先行者，江宁区与博望区有条件有能力为长三角率先构建新发展格局发挥更大的作用。

（执笔者：王雅琴，中共安徽省委党校教授；胡军，中共安徽省委党校讲师）

参考文献：

① 李娜，张岩.长三角生态绿色一体化发展示范区建立财税分享机制的问题及对策建议[J].上海城市管理，2020(7).

② 韩欢.都市圈到城市圈：区域一体化背景下城市群产业生态效率及其时空跃迁特征[J].改革与战略，2020(8).

③ 冷志明.中国省际毗邻地区经济合作与协同发展的理论基础及运行机制研究[J].科学·经济·社会，2007(6).

④ 付小冬.长三角区域一体化水平研究[J].管理工程师，2020(6).

⑤ 黄嵬.从“自扫门前雪”到“共商天下事”江宁—博望携手打造长三角毗邻区域深度融合新样本[N]. 天目新闻，2020-6-12.

金山—平湖"毗邻党建"引领区域协同治理

为破解边界治理难题，从 2016 年开始，上海市金山区和浙江省平湖市开始探索"毗邻党建"模式，坚持党建引领、政府主导、社会协同和公众参与，围绕党建联建、社会治理和区域发展等内容，开展了广泛合作，力图用党的组织力来突破行政区划的限制和壁垒。这也是落实习近平总书记关于支持长江三角洲区域一体化发展并上升为国家战略重要指示精神的重要举措。"毗邻党建"开展以来，金山区和平湖市初步实现了基层党建、产业经济、社会治理、民生保障等各方面的协同联动发展，破解了大量区域边界治理难题，也推动了沪、浙的一体化融合发展，为党建引领区域一体化发展提供了参考和借鉴。

一、缘起与背景

上海市金山区和浙江省嘉兴市平湖市有 58 公里陆地边界线相连接壤，地域相邻，人缘相亲，文化相通。自古以来，上海市金山区和浙江省平湖市就有着互联互通的悠久历史，长期保持着友好往来的关系。位于金山区廊下镇的山塘村和平湖市广陈镇的山塘村由一座桥紧密相连，从日常生活、社会活动、经济发展到整体规划等，都有着千丝万缕的联系。早在 2010 年上海世博会期间，金山区就联合平湖市和嘉善县，就三地边界上的 82 个无名道口河口和 7 个等级公路水路开展了广泛合作，建立了延续至今的"边界十联"协同机制。①近年来，两地在经济、文化、环境、社

① "十联"指的是：制度联建、信息联享、纠纷联调、值守联合、平安联创、宣传联动、组织体系联合、工作制度联建、技防设施联建、法治宣传联袂。

会等各方面达成了许多共识，建立了大量的临时性工作机制，展开了许多方面的合作。

但受制于行政级别不对等、系统谋划不充分、资源互补不明显和区域融合不均衡等问题，金山区和平湖市的合作还很有限，缺乏解决问题的长效机制。由于是隶属于两个省级行政区的毗邻地区，两地在行政级别、法律法规和管理制度等方面都有所差别，“公地悲剧”经常发生，比如上海在全市范围内推行严格的垃圾分类政策，浙江则尚未开始推行，平湖市与金山区毗邻的镇村就成了偷偷倾倒垃圾的重灾区。在社会治安方面，各种违法犯罪行为在两地也频繁发生，违法人员在两地来回乱窜，执法和抓捕工作困难重重，需要经过频繁协调才能推进。两地在环境、产业和规划等方面，也存在大量推诿扯皮和同质竞争等问题。

为了有效解决各种问题，推动区域协同发展，2016 年 3 月，金山区与平湖市签订“沪浙毗邻地区一体化发展示范区”共建协议，确立了社会治理、生态环境、交通网络、旅游资源、产业经济等“五个一体化”的发展路径，为“毗邻党建”工作的开展奠定了合作基础。2016 年 5 月，金山区政府嘉兴市政府签订了区域联动发展全面战略合作框架协议，提出要在毗邻地区的基层党建、产业发展、旅游开发、基础设施建设和社会治理等领域，构建起长期稳定合作关系。2017 年 5 月，金山区与嘉兴市正式签订区域联动发展全面战略合作框架协议，双方进一步明确了在基层党建、社会治理和基础设施建设等重点领域构建长期稳定的合作关系。

2017 年 8 月，金山区委与平湖市委正式签署了“毗邻党建”引领区域联动发展合作框架协议，建立了由两地多个党政职能部门构成的“1+6+4”合作体系。①两地的相关职能部门也都签署了相关合作协议，正式开启了两地的“毗邻党建”合作模式。

在金山区枫泾镇下坊村和平湖市新埭镇泖河村的交界处，曾有一个 2 米多高的垃圾堆场，其中 30 亩地在新埭镇泖河村，20 亩地在枫泾镇下坊村。此前，因为相互之间推诿扯皮，加上交通不便等因素，垃圾堆场的长期存在，给周边群众生活造成了极大影响。“毗邻党建”在解决这类问题上发挥了作用。通过“双委员制”，即结对村的党组织委员相互交叉任

---

① “1”是指金山区委与平湖市委，“6”是指两地相关职能部门组成的 6 个专门工作小组，“4”是指两地的 4 个签署协议的毗邻镇。

职，双方突破行政边界，将党建“神经元”接入彼此系统，提高处理事务的速度、质量和能级，推动毗邻地区联动发展，实现跨省界的协同治理。两地党委首先把边界垃圾堆场整治作为两地合作破难项目共同推进，很快组建“破难小组”，倒排破难进度；投资250万元，修建连心桥、整治垃圾堆、种植绿化生态林，共建毗邻一体化的美丽家园。“毗邻党建”解决的此类问题不胜枚举。

二、做法与举措

与传统的纵向协调不同，金山区和平湖市的“毗邻党建”模式是以党组织的有效在场为动力机制，通过党组织的有效动员和有效服务等工作，实现两地党建工作的优势互补、共建共享、共谋发展和协同治理。具体而言，金山区和平湖市的“毗邻党建”模式的具体内容包括七个方面：

（一）发展规划共谋

为了工作上交流互动的便利，推动金山、平湖两地的整体协同发展，摆脱过去同质化和恶性竞争的问题，金山区委和平湖市委在《“毗邻党建”引领区域联动发展合作框架协议》的规范和指导下，全面构建了金山区委与平湖市委两地相关职能部门组成的6个专门工作小组，以及枫泾镇与新埭镇、吕巷镇与新仓镇、金山卫镇与独山港镇、廊下镇与广陈镇等4个毗邻地区的“1+6+4”合作框架，共同打造“一带六廊”，即深入推进产业发展、为民互惠、平安建设、生态旅游、文化科创和人才建设等6条合作共赢发展走廊。

在做好顶层设计的前提下，两地建立联席会议制度，定期召开工作例会，共同谋划具体合作事项，协商交流问题，毗邻镇、村社区、两新组织等同步建立协商机制，共同研究部署共建工作（见表1）。截至2020年4月，两地已召开区域化党建联席会议3次，镇一级召开联席会议34次。6个专门工作小组实行“双组长”负责制，具体负责合作事项的推进以及日常工作对接，通过不定期召开工作推进会等形式，梳理解决工作中存在的问题，合力推进六条合作共赢发展走廊建设。截至2020年4月，两地已经召开工作小组会议22次，协商解决各类问题100余个。同时，两地还在毗邻村探索实施“双委员制”，互派党组织委员交叉任职，形成更紧密的合作关系。

表 1 金山、平湖共谋发展的代表性事件

时 间	内 容
2017 年 5 月 16 日	金山区人民政府与嘉兴市人民政府正式签订区域联动发展全面战略合作框架协议，双方在基层党建、产业发展、旅游开发、基础设施建设、社会治理等重点领域构建起长期稳定的合作关系
2017 年 6 月 22 日	金山区吕巷镇党委与平湖市新仓镇党委签署《结对共建协议书》
2017 年 8 月 17 日	金山区委与嘉兴平湖市委签署《“毗邻党建”引领区域联动发展合作框架协议》，建立起金山区委与平湖市委、两地相关职能部门组成的六个专门工作小组以及四个毗邻镇党委“1+6+4”合作体系
2018 年 3 月 2 日	金山区委与平湖市委共同召开“毗邻党建”引领区域联动发展第二次联席会议，发布 7 大类 12 个 2018 年区域联动重点合作项目
2018 年 4 月 3 日	在“心联鑫”金山区域化党建联席会议第三次全体会议上，嘉兴平湖市、嘉善县正式加入“心联鑫”联席会议
2018 年 8 月 17 日	金山区委联合平湖市委举办“毗邻党建”引领区域联动发展研讨会，总结过去一段时期两地探索实践的工作经验，探讨新时期如何通过党建引领，深化区域联动发展合作关系

（二）产业平台共建

金山区和平湖市在经济发展和产业建设上唇齿相依。早在改革开放初期，平湖就已经开始借助与上海的地缘优势，在产业发展上依靠上海、服务上海，形成了特有的“56789”现象，即平湖近五成以上的游客来自上海，六成以上的农产品供应上海，七成以上高层次人才引自上海，八成以上的工业产品中转上海，九成以上的项目源自上海，上海的“星期天工程师”更为平湖产业的发展提供了有力的技术支撑。

为充分发挥区域产业集聚效应，金山区委与嘉兴市委联合上海张江，在上海西南部枫泾镇与浙江东北部平湖市的交界处，共同牵头建设全国首个跨省市合作科技园区——张江长三角科技城，力图打破传统地方行政区划格局，通过统一规划、统一建设、统一管理、统一招商和统一运营等，努力打造成为中国第一个跨省市的一体化发展实践区，目标是成为“国家区域融合发展实践区、国家自主创新示范区、国家智慧城市实验区、国家新型城镇化试点区”。

从2017年6月开始，针对“两园”协同发展难题，每半月召开一次推进协调会议，分头调查研究，会商合议求解。在具体工作机制上，领导小组负责协调“两园”跨省（市）重大合作事项，协调上海和浙江的支持事项，协调向国家部委争取政策和资源支持。三方协同平台公司负责协调“1+2”市场协同主体探索实践“统一规划、统一建设、统一管理、统一招商、统一运营”工作机制，以促进“两园”的协同发展。“两园”还建立了领导小组会商制度、日常工作协调制度、信息共享发布制度和建设发展评估制度等（见图1）。截至2019年10月，张江长三角科技城已累计培育国家高新技术企业10家，省级研发中心3个。新松机器人总部也已经“落户”在张江长三角科技城。

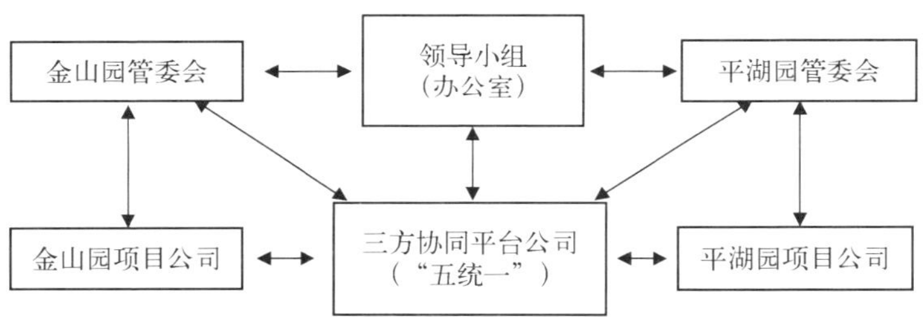

图1 张江长三角科技城工作机制组织架构

两地农业产业合作也进一步深入，金山区廊下镇、张堰镇、吕巷镇与嘉兴平湖市广陈镇、新仓镇等五个农业特色明显的乡镇，共同打造“田园五镇”长三角现代农业园区，极大地推动了金山区和平湖市两地特色农业的全方位发展，比如张堰镇秦望村通过村干部管制交流，将“小皇冠”品牌西瓜的种子无偿输出至平湖市林埭镇，实现跨行政区域的技术输出，不仅提高了经济效益，也扩大了“小皇冠”西瓜的品牌效应，产生了1+1>2的效果。在农业技术合作方面，截至2019年底，汇聚沪浙两地农科院专家学者和农业科研技术的长三角农创路演中心项目，已陆续举办各类农业产业路演活动18场，成功对接项目15个，成交金额近2 000万元。

专栏1

张江长三角科技城[①]

"张江长三角科技城"位于上海西南部的金山区枫泾镇与浙江省东北部平湖市新埭镇的交界处，地跨浙江与上海两地，规划面积87.1平方公里，其中金山园41.8平方公里，平湖园45.3平方公里，是浙、沪两地政府利用各自优势，打破传统地方行政区划格局、在统一品牌、统一规划、统筹协调的前提下，通过资源共享、优势互补、协同发展的建设理念，按照市场化运作模式创建的中国第一个跨省市合作的一体化及同城发展的先行先试实践区。"张江长三角科技"城依据上海张江国家自主创新示范区产业定位，结合园区自身特点，实施生态、生产和生活"三生"融合发展模式，重点引进培育高端智能先进制造、电子信息产业和现代服务业三大产业，更好地承接上海科技创新成果的转化和优质产业项目的转移，积极打造深化长三角区域合作先行区、科技和产业融合发展示范区、上海科技创新中心组成区。

（三）基础设施共通

金山区地处杭州湾畔，长期以来，金山、平湖两地交通管理部门一直保持着密切的联系，并多次研究毗邻交通的发展。2015年11月，为进一步推进长三角区域交通运输一体化，实现沪浙两地公交网络无缝对接，满足沪浙毗邻地区安全出行需求，沪浙多级交通部门召开了"沪浙毗邻县（市、区）公交线路对接"专题协调会，确定了两地毗邻公交线路"成熟一条、实施一条"的实施原则。2016年，平湖新埭延伸至金山北站的319路公交顺利打通，正式开启了两地公交互通的序幕。319路公交线路全程9公里，其中途经金山区境内5.4公里，全天12个班次。随后，两地又先后开通了2条公交线路，分别是平湖公交207路（平湖客运中心至金山区廊下镇中华村农家乐）和平湖公交315路（平湖新仓客运站至金山廊下镇卫生院），极大地便利了两地居民间的交流互动与生产生活等。

---

① 张江长三角科技城：融合新区　科技新城［EB/OL］.（2017-9-19）https://zj.zjol.com.cn/news/756339.html.

而在公路交通方面，金山区和平湖市也就长期存在的断头路问题进行了多次协商，梳理两地“断头路”的现状和需要解决的问题，还详细列举了需要协调的事项，目前已经打通了张江大道、兴豪路、善新公路对接金山朱吕公路等“断头路”，打通了两地的主要“断头路”，初步实现了两地公路网的一体化。

（四）社会管理共治

金山与平湖地域相连，经济相融，人文相近，社会管理情况也很复杂，跨界作案、流窜作案等时有发生，社会管理问题十分复杂。2012 年平湖学生在山塘河溺水死亡，一批平湖中学学生到廊下派出所集聚。在两地党委、政府的共同努力下，问题基本得到平稳处置。事情处理完毕，两地政法委充分意识到，很多问题可以心平气和地化解，很多工作方法也可以交流共享，于是一拍即合，共同签订了平安边界“六联”机制。①2010 年，金山区还荣获全国平安边界建设先进区。2015 年，“六联”机制增加了组织体系联合、工作制度联建、技防设施联建和法治宣传联袂等，进一步拓展为“十联”机制。在“毗邻党建”引领下，两地基层社会管理也朝着深度融合、协同创新的方向发展，比如廊下镇“沪· 浙平安边界山塘工作室”、枫泾镇“平安驿站”和金山卫镇“老娘舅屋里厢”等。边界社会管理共治成效显著，两地跨界流窜作案等得到有效遏制，治安环境明显好转，各种社会矛盾冲突也得到了有效化解。

事实上，由于金山市和平湖市的相关法律法规和制度规范有差别，相关执法标准也有所差异，而“毗邻党建”则为问题的解决提供了平台与契机。2017 年，上海市食药安办制定了《上海市农村集体聚餐食品安全管理工作指南》，进一步规范本市农村集体聚餐管理，但是浙江省并无相关指南。上海市对国家发布的法律法规往往有自己的解释条款或者上海市自己制定的地方法律、法规以及条例，而浙江省也有自己的法律法规，两村执行的法律法规等内容存在一定的差异。上海市与浙江省的监管理念也有所不同，着眼点也存在差异。

为了有效解决问题，推动两地食品安全共治，2016 年 10 月，广陈镇与廊下镇开始就“南北山塘联合创建食品安全示范小镇”相关事宜进行探

---

① “六联”是指警力支援联手、社会治安联防、矛盾纠纷联调、道口检查联合、信息资源联享和特殊人群联管。

讨，两镇就创建食品安全示范小镇工作的标准、双方的工作职责及相关工作要求进行了探讨，并达成了初步共识。随后，廊下镇党委与浙江省平湖市广陈镇党委共同开展的“党建引领 全面对接——廊下·广陈‘一带一廊’结对共建项目对接会”，深入推进与浙江平湖广陈市场监管所的“南北山塘”食品安全结对共建活动。2018 年 4 —7 月，廊下、广陈联合开展实地型食品流通单位食品安全培训、家宴厨师和农村办酒点食品安全培训、村（居）信息员食品安全知识培训和土厨师开展系统食品安全知识培训，从“人”的层面解决了食品安全标准不同的问题。

针对两地民众普遍反映的农村集体聚餐流动厨师的问题，廊下所联合广陈所通过上海璇英教育培训有限公司，对两地 80 位流动厨师进行统一的食品安全知识培训并进行考核，目前共有 43 位流动厨师取得培训合格证。自 2017 年 3 月两所签订合作监管协议书以来，共开展两地宣传 7 次，专项整治 3 次，检测食品、农产品 200 批次，交流 7 次，食品安全培训 6 次，两地食品安全管理员、食品经营户等 480 多人次参加了培训，有效地维护了两地食品安全环境，保障了两地百姓舌尖上的安全。

在两地食品安全共建中，廊下所与广陈所逐渐建立了很多食品安全协同治理制度：一是联合培训制度，每年定期举行食品安全知识培训，培训对象为廊下、广陈两镇食品生产经营单位，强化经营者主体责任意识、风险隐患意识，互相交流、学习经验；二是联合宣传制度，定期开展宣传，向廊下镇、广陈镇百姓宣传食品安全知识，提升两地百姓食品安全意识、风险防范意识和消费维权意识；三是联合工作制度，定期开展联合检查，对存在安全隐患的经营单位督促整改，消除检查盲区。两镇联合创建食品安全示范小镇，保障两地百姓食品安全，通过完善相关制度和机制，逐步在南北山塘形成联防联控食品安全监管体系，加强食品安全风险交流，联合处置食品突发事件。

（五）生态环境共保

两地的边界治理问题还集中体现在生态环境方面。2010 年金山永久生活垃圾综合处理厂建设，因环保“邻避效应”，平湖市独山港镇部分村民到金山区厂门口聚集反映诉求。为有效治理区域中的环保问题，化解各种矛盾和冲突等，2010 年，金山区环境保护局、金山第二工业区管委会、上海石油化工股份有限公司环境保护中心与浙江省平湖市环境保护局、平湖市独山港区管委会（以下简称：五方），共同建立了金山区与平湖市交界区域环境保护联席会议制度，搭建环境保护工作平台，构建跨界联防治污机制，做到互通信息、相互监督，也注重日常监测、预警、检查的协同等。

具体而言，金山和平湖的生态环境协同治理主要包括八个方面内容：一是联席会议协商，定期、不定期召开联席会议等，沟通交流工作情况，研讨防治和解决环境问题的办法；二是信息互通共享，定期互相通报环保工作进展情况、区域大气环境质量状况和重点监管企业的情况等；三是联合监察监督，在定期会晤和信息共享的基础上，定期或不定期地会同两方管委会组成联合检查组，共同对交界区域水和大气污染防治情况开展现场检查；四是敏感时期预警，在敏感时段和敏感区域，三方环保部门加强对重点污染源尤其是废气污染源的监管；五是联合采样监测，相关两方或三方环保部门根据实际需要共同制订联合监测方案，明确采样断面与实践、监测指标与方法，相邻地域一旦发生污染事故，涉及的各方立即启动环境突发事件应急监测预案，共同采样监测；六是联合环境应急，五方共同关注突发环境污染事故应急工作，充分借助联合平台开展互动；七是协调处理纠纷，若跨界污染纠纷发生，三方环保部门应本着实事求是的原则协商解决问题的办法，并分别向两地政府提出意见和建议；八是开展“回头看”督查，对于引发跨界污染纠纷的单位，环保部门要依法进行处罚并提出限期整改要求，由三方环保部门组成联合督查组对其整改情况开展“回头看”督查，确保整改措施落实到位。

在治水方面，金山区、平湖市和嘉善县三地定期召开杭州湾北岸海塘联防会议以及“金嘉湖”水文三地联动会议，为区域治水防汛提供支撑。金山、平湖和嘉善还合并了水系图，通过互换河长信息、共享边界水情和干部挂职交流，使“一图治水”成为现实，从而实现河（湖）水系的一体化治理。为了进一步加强区域环境治理联防联控，金山与平湖积极深化防汛防台、水利建设、水事安全、水务执法、水文监测以及应急处置等六大领域的合作，利用金山区的优势，由金山区委牵头和协调各个政府职能部门和企业，主动支持配合平湖市开展生态能源项目建设选址公示和环评公参前期工作等，共同破解环保“邻避效应”难题，比如在金山区委和平湖市委的推动下，金山区和平湖市挂牌成立“区域协同·乡村振兴实验室——明月山塘”项目，就是生态共治联动的典范。

专栏 2

“明月山塘”

山塘村因其独特的地理位置，占据了连接金山区与平湖市的有利地域，平湖市广陈镇山塘村与金山区廊下镇山塘村一河之隔，通过一座重建于嘉庆庚辰年（1820）的古石桥架相连接。“明月山塘”项目正式开始于2018 年 8 月，是在长三角一体化高质量发展的背景下，由上海市金山区和浙江省平湖市共同开发打造的旅游项目，目标打造 4A 级景区。项目核心区面积约 400 亩，其中廊下镇山塘村约 110 亩，一期总投资约 2 200 万元，广陈镇山塘村约 290 亩，总投资约 3 000 万元。“明月山塘”集古戏台、古建筑、老街和园林等乡村元素为一体，拥有山塘老街、钹子书馆、半亩方塘等多个景点，是金山与平湖“毗邻党建”的重要成果之一。

（六）公共服务共享

金山区和平湖市的经济发展程度不同，公共服务状况也有所差异，在医疗卫生和教育等方面，金山区都比平湖市更加发达。为了缩小区域间公共服务水平的差距，推动区域公共服务一体化，平湖与金山医院早在 2017 年就签订了定点医保联网协议，率先在长三角区域实现点对点联网结算。金山区还积极帮助平湖市提高化学伤害救治能力和急危重病治疗水平，比如金山区的西医结合医院向毗邻的嘉善县各农村地区常态化开展送医下乡活动。金山区和平湖市还不断加强教育事业交流，两地教育部门签订了教育合作项目，结对 9 对友好学校，在教育教学交流、学校中层以上干部挂职交流、教师培训、科研（课题）项目合作、党建工作等方面开展合作。目前两地 21 对中小幼学校签订校际合作协议，初步实现教育资源共享、优势互补，共同促进区域教育均衡发展和特色发展。此外，金山区和平湖市还在政务一体化方面做足功夫，依托长三角“一网通办”平台，梳理一批异地通办事项，探索两地政务跨省“最多跑一次改革”，加快实现两地自助终端互联互通、证照共享打印和异地办理。

金山区委和平湖市委还创新文化“走亲”，吸引两地社会组织和民间组织积极开展交流互访，深化双方历史文化、民俗文化和乡贤文化等有机融合，推动公共文化交流，比如促进廊下莲湘、平湖派琵琶等非遗项目传承的交流，推动枫泾故事、金山卫田山歌等民间交流，金山公益基地与嘉兴市“96345”党员志愿者总站的项目对接等。在此基础上，金山区与平湖市始终以党建统领发展，发挥其推动全领域合作的桥梁纽带作用，从而汇聚起发展的合力。双方通过共建毗邻党建七彩示范带，汇聚了两地在党建、治理、惠农、生态、发展、人才、文化等领域的示范项目和站点等，推动了32个示范点打造，实现了点上出彩，而且在产业发展、为民惠民、平安建设、生态旅游、文化科创、人才建设等方面开展深度合作，提高了“毗邻党建”的显示度，推动了资源的交流和共享。

金山区和平湖市还着眼全域合作交流，实行区、镇、村三级联动，推进各部门、各条线、各领域之间开展多层次交流互动，在做到党员教育联抓、组织活动联办、志愿服务联动的同时，积极开展联建共建、学习交流、文化体育、护航峰会、平安边界等各类活动。自签约以来，已累计开展各类活动330多次，实现了区域联合党委政府、民间两头都“热”的良好氛围。例如，2018年，金山廊下镇与平湖广陈镇共同建设了全国首条跨省乡村马拉松赛道，联合举办沪浙乡村半程马拉松赛事，吸引了全国2 200多名运动员参加。

（七）干部人才共育

金山区是市辖区、平湖市是县级市，两者在行政级别上不一样，但毗邻党建有力推动了两地党员队伍共管、服务群众共联等工作。为增进金山区和平湖市人才的互补发展，相互汲取对方在基层党建、经济发展、服务民生、基础建设等领域的经验做法，取长补短，优势互补，进一步加强两地干部队伍培养，提升干部综合素质和实际工作能力等，金山与嘉兴签订人才交流合作协议，推动金山、平湖和嘉善三地各级干部的交叉挂职。经过报名与筛选，2019年平湖选派67名领导干部、优秀村社干部到金山挂职锻炼，金山选派24名青年干部人才到平湖挂职。金山廊下镇与平湖广陈镇在一桥相隔的南北两个山塘村成立“沪浙山塘联合党支部”，进一步增进两地党员群众的交流互往，合力推动“南北山塘”融合发展。平湖独山港镇与金山金山卫镇不仅在镇级层面签订合作协议，而且在辖区的14个村社区也同步建立了党建联建关系，为两地合作搭建了平台。

在干部培训方面，金山和平湖也签订了党校共建合作框架协议，在现场教学项目、干部教育培训、资政研究项目方面形成了长效合作机制，先后组织了多次中青班和区级机关党组织书记专题培训班等，干部交叉挂职和共同培训不仅提高了两地青年干部的工作能力，更成为两地发改、教育、民政、社保和建委等领域的沟通桥梁与纽带，推动了两地各部门的深层次协同与合作等。金山区委与嘉兴市委签订了“1+4”人才工作合作协议，加强科教文卫等基础性专业人才的交流合作，主动搭建了跨界人才交流共享的共识性框架，两地共同培育相关领域的专业性人才等。

三、理论与启示

（一）“毗邻党建”的理论分析

由于社会治理的边界通常是根据行政单元进行划分的，区域之间的广泛合作会催生更加频繁的交往需求，各种人员和要素在区域之间频繁流动，而不同区域之间的制度和规则又是完全属地化的，由此而产生了任何一方都难以有效解决的区域公共事务的治理问题。①在科层制的组织结构下，区域边界的公共事务解决机制主要有两种，中央政府的纵向干预和地方政府间的协调。②在信息不对称和地方局部利益的限制下，无论是纵向干预还是地方政府间的协调，相应的行政成本及其资源需求也是很多的，③因而当缺乏有效合作机制或条件，不合作是地方政府的最佳选择。

协同治理源于德国著名物理学家赫尔曼·哈肯（Hermann Haken）在20世纪70年代创立的协同学。他认为，“在一定条件下，由于构成系统的大量子系统之间相互协同的作用，在临界点上质变，使系统从无规则混乱状态形成一个新的宏观有序的状态”。顾名思义，“协”强调的是治理主体的多元和治理方式方法的协作，“同”则指的是治理目标的一致和治理行为的统一，协同治理本质上是多元基础上的统一。美国著名政治学者Ansell和Gash对协同治理模型进行了系统的总结与提炼，提出了成功协

① 金太军.从行政区行政到区域公共管理——政府治理形态嬗变的博弈分析［J].中国社会科学，2007（6）：53－65.

② 王郅强，王国宏.地方政府间合作的类型与影响因素述评［J].公共管理评论，2015（3）：119－132.

③ 孙兵.晋升博弈背景下中国地方政府合作发展研究［J].南开学报（哲学社会科学版），2013（2）：23－30.

同合作的关键变量，分别是冲突或合作的历史、相关主体的参与动机、权力与资源的不平衡和制度设计。此外，他们还提出了主体协作过程中的关键要素，分别是面对面对话、建立信任、可置信的承诺和共同理解规则。①

根据制度集体行动理论（Institutional Collective Action，ICA），解决问题的信息、资源和知识等是分布不均的，空间上的多元合作能够产生效益递增，将协调成本内生化和最小化，②因而解决跨界治理问题有效的办法就是在相关行动主体之间缔结合作协议，建立合作制度。马捷和锁利铭指出，合作基础和事件冲击是推动地方政府签订府际合作协议或进行联合执法的重要因素，比如各种区域环境污染和跨界邻避事件的冲击。③在特定跨界问题上，府际合作协议可以很快地建立协同网络，形成共同行动机制，推动争议或问题的有效解决。④

还有的研究提出，要建立复合行政体系来淡化行政区划意识，倡导不同行政区域、政府层级和组织类型之间建立持久性的合作伙伴关系，其核心是建立多中心的自主治理协作网络。⑤复合行政体系主要包括签署合作协议、定期召开联席会议或展开磋商、成立共同办公小组和建立信息共同发布及共享制度，⑥有学者将其称为“亚国家治理范式”。⑦近年来，随着区域一体化战略的持续推进，长三角、珠三角、黄河金三角、长株潭和成渝经济圈等一体化城市群示范区，已经建立了大量复合行政网络，对于解决跨界治理问题，推动区域一体化发展具有重要的作用。

我国学者提出，在“晋升锦标赛”体制下和财税竞争的大环境下，地方政府会倾向于将跨界合作视为危险的行为，从而减少可能的边界溢出效

---

① Ansell C， Gash A. Collaborative governance in theory and practice ［J］. Journal of Public Administration Research and Theory. 2008， 18（4）：543－571.

② Brown T L， Potoski M. Transaction costs and institutional explanations for government service production decisions ［J］. Journal of Public Administration Research and Theory. 2003， 13（4）：441－468.

③ 马捷，锁利铭.城市间环境治理合作：行动、网络及其演变——基于长三角30个城市的府际协议数据分析［J］.中国行政管理，2019（9）：41－49.

④ 锁利铭，阚艳秋，涂易梅.从“府际合作”走向“制度性集体行动”：协作性区域治理的研究述评［J］.公共管理与政策评论，2018（3）：83－96.

⑤ 王佃利，杨妮.跨域治理在区域发展中的适用性及局限［J］.南开学报（哲学社会科学版），2014（2）：103－109.

⑥ 王学栋，张定安.我国区域协同治理的现实困局与实现途径［J］.中国行政管理，2019（6）：12－15.

⑦ 唐亚林.区域协同治理：一种新型亚国家治理范式［J］.探索与争鸣，2020（10）：8－10.

应，因而地方政府也没有动力推动边界地区的投资建设和经济发展等。① 因此，我国区域协同治理需要以强大的党组织为依托，通过党建来突破地方政府间的合作壁垒。党的十八大以来，中国共产党深度融入国家治理体系，在各级治理决策和执行中发挥着重要的领导、引导和协调作用。②党的十九届五中全会也进一步提出要“坚持党的全面领导，坚持和完善党领导经济社会发展的体制机制，坚持和完善中国特色社会主义制度，不断提高贯彻新发展理念、构建新发展格局能力和水平”。

东西南北中，党是领导一切的。在具体治理问题上，无论是整合社会各个方面的资源，还是协调处理不同性质的利益冲突，党组织都具有无可挑战的权威性、全局性、集中性和灵活性，在把握发展方向、搭建互动平台以及达成多边共识等方面，呈现出独特的治理优势。而且，相对于行政机构内在的层级划分、条块分割及其由此形成的“一亩三分地”思维，党组织具有高度统一的权威、话语和技术，具有强大的统辖力、穿透力和凝聚力，可以突破行政边界、管理属地和部门边界等的限制，推动形成多边沟通互动的协调平台，探索化解各种“疑难杂症”的治理机制，推动区域治理运行界面的重构，实现区域协同治理。

为了破除行政区域壁垒，弱化区域边界限制，形成区域发展合力，推动区域协同治理，金山区委和平湖市委在充分认同和尊重行政区划边界和属地管理机制的基础上，充分挖掘双方各自的条件和资源，以党建工作引领跨界协同，打造整体性治理格局，推动了区域协同治理，取得了跨界治理多方面成功经验，其中最为重要的创新就是，充分发挥党组织的统筹、整合和推动作用，解决跨界治理的各种难题，实现双方协同共赢，成为实施和推动长三角一体化战略的“重要一环”和“关键一步”。

第一，平台搭建。“毗邻党建”由金山区、平湖市各级党组织牵头“搭台唱戏”，为毗邻治理场域中不同主体提供了行动舞台，藉由其包容性和开放性优势实现对新生社会空间的结构性整合。特别是，金山区和平湖市在行政的合作是相对松散的结构，地方政府及其职能部门间缺少对话沟通的平台和渠道。两地打破传统地域界限，探索建立区域型联合党组织，通

① 周黎安，陶婧.官员晋升竞争与边界效应：以省区交界地带的经济发展为例［J］.金融研究，2011（3）：15－26.

② 王浦劬，汤彬.当代中国治理的党政结构与功能机制分析［J］.中国社会科学，2019（9）：4－24.

过党员队伍共管、资源信息共享和服务群众共联等形式，实现党的组织覆盖和工作覆盖等的及时有效，增强党组织发挥实质作用，引领带动其他组织开展融合共建，最终形成了“1+1>2”的效果。

第二，权威建构。金山区和嘉兴市虽地相依、水相连、业相近、人相亲，但两地不属于统一行政隶属关系，地域上近在咫尺，合作上却远隔天涯。金山区和平湖市发挥党的纽带作用，建构起以党组织为核心的权威协同网络，破除区域行政壁垒，找准合作机会引领带动区域协同发展。特别是，两地把握长三角一体化发展的历史机遇，坚持“党领导一切”的思维，由党组织牵线搭桥，充当矛盾的协调者和争议的拍板者，推动了金山区和平湖市的深度合作。

第三，主体整合。金山区和平湖市通过党建示范带动发展，积极推动党政机关、社会组织和各类企业参与到金山和平湖的发展建设中来，充分发挥党在治理网络中的整合作用，不断推动区域协调发展，比如两地共同研究制定的“七彩示范带”地图，以“可学、可看、可借鉴”的核心目标，联合打造了32个不同领域党建引领示范点，用赤、橙、黄、绿、青、蓝、紫代表不同领域的“突破点”和“示范点”，由不同的社会组织和专业企业等主体参与，不仅加强了项目推进过程中专业性与参与性，而且还实现了的多元主体的充分互动联动与有效整合，为统筹推进区域一体化发展提供充分的整合力量。

（二）“毗邻党建”的理论启示

毗邻党建作为一种创新的工作模式，在全国开创了以党建引领跨省市联动发展的先河，尽管尚处于起步阶段，但对全国其他毗邻地区如何实现合作共赢有一定的经验启迪。

第一，适度拓展治理界面的面积。金山区和平湖市的行政区划不同，但在党的建设和社会治理等许多方面的目标是一致的，更是一衣带水、唇齿相依的利益共同体，担负着治理地方公共事务、加强基层党的建设、推动长三角更高质量一体化发展等的共同责任。“毗邻党建”立足于金山和平湖的地理和行政上的毗邻关系，积极统筹金山和平湖的发展需要，形成跨界协同治理的格局，扩大了治理界面的面积，拓展了发展思维，强化了合作意识，也推动了更大范围的协调与合作，比如解决金山区和嘉兴市在社会治理和公共服务中的系统谋划不充分、资源互补不明显、区域融合不均衡等问题。

第二，加强治理主体间的横向连接。金山区和平湖市通过党建联动，把党组织的力量扩展和渗透到区域治理内的各个细胞上，实现了“物理空间毗邻”1.0版到“多要素毗邻”2.0版的升级，引领和推动各类要素实现就近合作，抱团发展，各取所需，协同共治。比如金山区和更高一级的嘉兴市签订了区域联动发展全面战略合作框架，明确了双方在基层党建、产业发展、旅游开发、生态环境保护和民生事业等领域展开深入合作，两地坚持党建引领，推动毗邻地区的进一步融合和互联互通等，构建“基础设施互联、公共服务一体、平安建设协作”的新常态，强化了其余界面内多元主体之间的横向连接，特别是加强了区域信息的交流共享，提高了区域协同治理的效率，解决了过去许多看不见或管不到的问题。

第三，纵向层级的扁平化运行。“毗邻党建”由“各自为阵”转变为“共通互融”，建构了立体化的治理界面，包含了不同层级的行动者，形成了纵向化的互动链条。在金山区与平湖市的合作中，金山区是地市级，平湖市是县级市，两者行政上具有不对等性，但这并没有成为双边合作的障碍。在推进毗邻党建的过程中，两地各级政府甚至是村社等都积极谋篇布局，探索毗邻党建的新格局和新方式，打破内外部行政层级所形成的壁垒，实现了不同治理层级的交错套嵌。

第四，强化界面内部的多重互动。“毗邻党建”模式的提出，确立两地合作共治的框架，打开了多层次和多领域合作的大门，探索形成了常态化的协同治理机制，实质性提升了毗邻地区之间的合作质量。通过建立职能部门间的工作领导小组、进行跨界联合执法、形成党政领导互访机制等，“毗邻党建”极大地提高了治理界面内部主体的互动频度及其密度等，增强了双边之间的沟通和交流，促进了相互之间的理解和互信，带动了情感和文化的融通，实现了松散互动到常态协作的转变。

四、成效与问题

在长三角一体化发展日益加速的大趋势下，金山区和平湖市主动融入长三角一体化发展的大格局中，坚持从两地实际出发，立足于“毗邻”优势及其现实问题，以党建为突破口，发挥党组织的领导作用，探索区域协调发展和打破区域边界的新机制，推动了区域协同治理，从而为两地合作、融入和发展架设了桥梁纽带，不但汇聚起区域融合发展的合力，形成了广泛而多层次的沟通、互动和合作，提高了跨域治理的可能性和可行性，也破解了一些区域性发展问题和治理难题，比如常见的“关起门来过日子”和“上游不治，下游白治”的问题，取得了积极而显著的治理成效，成为区域协同治理和区域治理一体化的典型案例。

（一）“毗邻党建”模式取得的成效

党建不仅是发展的保障，更是发展的引领。金山和平湖借助“毗邻党建”工作，将党建与发展紧密地结合，一年多来，在经济、民生、平安、生态、文化、人才等方面取得了一定的成效，以党建为引领的联动发展格局初步形成。

第一，促进两地产业融合发展。通过“毗邻党建”，两地以“党建+发展”的理念，让党员干部心往一处想、力往一处使，在毗邻地区实现产业规划的有机衔接，依托全方位、多层次、宽领域的跨区域平台合作，让两地的产业能够互惠互利、协调发展。特别是共同打造的全国首个跨省市合作科技园项目——张江长三角科技城和浙沪新材料产业园，由两地统一规划、建设、管理、招商和运营，同步搭建新材料人才初创孵化和加速平台，推动双方产业在层次、质量、科技含量上进一步提高。

第二，提升两地社会治理水平。深化“党建+治理”，充分发挥党员先锋站、“平安书记”等平湖在全省首创的经验优势，搭建平安建设信息共享平台，推动两地平安共赢。金山区与平湖市开展平安边界区、镇、村三级联建活动，首创“组织体系联合、工作机制联建、警力支援联动、社会治安联防、矛盾纠纷联调、技防设施联建、信息资源联享、特殊人群联管、道口检查联合、法治宣传联袂”的“边界十联”平安建设机制，跨界作案、流窜作案得到有效遏制，金山区连续 5 年成功创建上海市平安示范城区，平湖市以嘉兴市第一的成绩实现平安平湖建设十三连冠。

第三，推动两地社会民生互惠。着眼人民群众普遍关心的民生事项，以党建引领全方位区域联动，着力破解一批合作项目突破瓶颈。医疗卫生事业更加融合，平湖市两家主要医院实现与上海医院建立紧密型医疗合作关系，同时平湖市民卡与上海市若干家医院实时联网结算。教育事业交流更加密切，金山与平湖 9 对学校成为友好学校，平湖新增与上海教育合作项目 5 个，累计选派 10 个批次 478 名骨干教师赴上海培训交流。公交出行更加便捷，新增三条平湖到上海的省际毗邻公交线路，公交卡、市民卡与上海地铁和公交 IC 卡实现互联互通，进一步方便市民出行。

第四，实现两地乡村共同振兴。以抓党建促乡村振兴，两地农业产业合作进一步深入，金山的廊下镇、张堰镇、吕巷镇以及平湖的广陈镇、新仓镇等五个农业特色明显的乡镇，共同打造“田园五镇”长三角现代农业园区。汇聚两地农科院专家学者和农业科研技术的长三角农创路演中心项目，已陆续举办各类农业产业路演活动 18 场，成功对接项目 15 个，成交金额近 2 000 万元。挂牌成立的“区域协同· 乡村振兴实验室——明月山塘”项目，将金山廊下郊野公园建设、“田园马拉松特色小镇”和平湖“田园小镇、水墨广陈”建设有机结合，共同打造跨区域的观光休闲度假型旅游胜地。

（二）“毗邻党建”模式存在的问题

第一，在机制上，对接联动不够顺畅。区域联动发展，关键在党建引领。金山区和嘉兴市分别建立了区（市）委、相关职能部门、镇、村居四级联动的党建引领运行体系，但是缺少相应的约束机制和考核机制，大多停留于顶层设计层面，缺乏有针对性、可操作性强的基层组织制度。在具体落实上，党建活动、文化、人才、平安治理等方面推进加快，产业发展、民生服务、生态环保等项目还没真正落实落地，比如两地交叉任职涉及干部领域不多、人数少、时间短、任务不明，实际效果仅限于认识挂职的地方、了解单位班子成员，干部交流作用并没有很好显现。

第二，在运行上，资源要素受制约。由于两地的行政体制的有所不同，现阶段很多合作项目受限而遇上发展困境，有待打破行政区划藩篱促进纵深发展。而且，金山在产业错位互补、创新升级方面也有待打破瓶颈，找准定位。两地在基础设施、科技创新、重点产业等方面，也尚未形成有重要影响力的重大合作项目和合作成效，还没有促进更大范围、更宽领域、更深层次的互融互通。比如“张江长三角科技城”是浙、沪两地政府国内首个跨省（市）合作科技园区，设想和规划很美好，但在落实过程中推进缓慢，区域发展不平衡不充分的问题仍非常突出，概念规划和总体规划与区域发展规划如何更好地衔接落地需要亟待突破。

第三，在制度上，相关立法滞后。跨界协同治理缺乏明确的制度保障和法律保障。金山区与平湖市签订了诸多合作框架协议，这一定程度上推动地方政府间合作和区域一体化发展，但协议仅具有契约层面的约束力，并没有明确的法律效力。尽管金山区和平湖市围绕跨域公共事务治理成立了专门协调机构，但此种协调机构尚未被明确赋予立法或执法权限，跨界协同治理的深度和广度还有待进一步提高。由于金山区和平湖市属于不同的省市，现阶段有很多合作项目有待进一步打破行政区划限制，促进信息的交换和共享，促进纵深发展。部分项目还存在落实难和推进慢的问题，区域发展不平衡不充分的问题还将长期存在。

五、展望与建议

“毗邻党建”作为一种创新的工作模式，在全国开创了以党建引领跨省市联动发展的先河，尽管尚处于起步阶段，但对全国其他毗邻地区如何实现合作共赢有一定的经验启迪，也是化解跨界协同治理难题的有益探索。但是，当前“毗邻党建”工作也还存在诸多薄弱环节，需要进一步发展和完善，以进一步释放党建引领的治理效能，为深化长三角一体化发展提供强大的支持和示范作用。下一阶段，还要深化“毗邻党建”工作的内涵和外延，创新理念和思路，规范标准和管理，继续开展全方位、多层次、宽领域的毗邻地区深度合作，以一体化的创新突破，更好地服务全国发展大局，力争成为长三角一体化发展的“桥头堡”，成为化解区域边界治理难题的全国样本。

为进一步发挥“毗邻党建”在推动跨界合作纵深发展的作用，需要针对“毗邻党建”工作中的薄弱环节，进一步完善运行机制、提高制度化水平、注重以人为本。

首先，深化内涵和外延，创新绘就引领长三角更高质量一体化发展的“红色蓝图”。在区、市级层面注重“带动”。充分发挥两地主要领导定期开展座谈会的决策议事功能。两地要加强与长三角区域合作办公室对接，一方面，明确两地毗邻党建工作近两年的任务书、时间表和路线图在镇级层面注重“联动”。明确并推广“党建带群建”工作格局，以党建引领推进毗邻镇群团组织的合作，以工会、共青团、妇联、商会、文联等定期交流、定向互访、项目共建等方式，将活动下沉到群众身边，切实提高群众对于“毗邻党建”工作的认同感和获得感。在村级层面注重“互动”，探索毗邻村干部交叉任职制。突破行政边界，让结对村的党组织委员相互交叉任职，把党建“神经元”彼此接入，推动毗邻地区干部在难点破解、亮点打造、作风建设等方面的互学互助。

其次，深化“党建+”发展模式，充分激活服务长三角更高质量一体化发展的“红色资源”。在凸显比较优势的前提下，形成两地优势互补的产业体系，加快推进产业对接，加强多领域合作。重点是加快推进张江长三角科技城的开发建设，共同探索“一城两园”科技协同创新的新机制、新途径、新模式。建议要吸收融合沪、浙两地优化营商环境的成功政策经验，进一步深化“放、管、服”改革，创新运用“互联网+政府服务”，推行“一网通办”的高效服务，加快园区开发建设。要加大品牌宣传力度，争取将S36高速“兴塔”出口改名为“张江长三角科技城”，努力走出一条跨省市融合发展、创新发展、智慧发展、生态发展的新路。

最后，深化党建系统思维，有效整合原有区域化党建和传统基层党建的“红色动能”。探索制定“毗邻党建工作标准化管理体系”。体系设立“党建引领标准规范”“联动发展标准规范”“工作管理标准规范”三个主要标准。这三个主要标准根据涵盖内容的不同延伸出二级标准，自成逻辑体系。“党建引领标准”包括：区域型联合党组织、区镇村三级党组织结对共建、工青妇等人民团体活动共享等。“联动发展标准”包括：产业发展、民生服务、平安建设、人才工作、生态环保、文化旅游等。“工作管理标准”包括：各级党组织岗位职责、工作联系协商、信息宣传共享、综合考评等。这个标准化管理体系对毗邻党建工作目标、任务、进度等方面尽可能做到量化和流程化。推进“软”功“硬”做，使毗邻党建工作既“常在”又“实在”，做到可检查、可规范、可复制、可推广，推进“隐绩”变“显绩”。

（执笔者：韩志明，上海交通大学教授；李春生，上海交通大学博士）

后　记

为充分展示沪苏浙皖“三省一市”区域合作实践创新成果，总结提炼相关经验做法的理论价值及其实践意义，推动长三角更高质量一体化发展，长三角智库联盟积极组织“三省一市”多家智库机构的相关专家学者组成课题组，共同编撰了这本《智库视角：长三角区域一体化发展创新实践》。

为做好本书的编撰工作，长三角智库联盟于2020年8月初研究制订了编写工作方案，发函邀请长三角智库联盟会员单位相关智库专家申报案例题目。2020年8月底，在上海西虹桥园区专门组织召开了编写工作会议，研究确定案例的写作框架、要求及作者分工。2020年10月，课题组在温州召开案例编写研讨会，专门组织案例作者对编写进程及调研工作进行汇报交流和探讨。其后，智库专家深入基层调研，全面展开撰写工作。2021年4月，在上海交通大学召开了“《长三角一体化发展实践创新案例选编》评议暨新形势下长三角一体化合作机制专家研讨会”，最终按照统一体例编撰形成案例文稿。

本书呈现了长三角科创产业融合发展、基础设施互联互通、生态环境共保联治、公共服务便利共享、毗邻地区合作共建等生动的创新实践，从智库专家的视角展示了长三角区域一体化发展的主要成效、问题瓶颈及未来前景，并提出了理论思考与对策建议。这些案例对于进一步发挥“三省一市”合力、共同推动长三角更高质量一体化发展，无疑具有积极的实践指导意义和示范价值。

本书的最终付梓，汇聚了“三省一市”社会各界的智慧，是大家精诚合作、共同努力的结果。为此，首先要感谢长三角智库联盟的各位专家学者的支持和配合，感谢东方出版中心肖春茂老师全程专业编辑指导，更要感谢各位作者的辛苦调研和认真撰写，没有大家的认真负责、积极投入和团结合作，本书是不可能这么顺利完成并交付出版的。

我们相信，经过本书的编写，“三省一市”智库专家对服务党和政府决策咨询、服务长三角高质量一体化发展的能力水平会有进一步提升。同时，我们也认识到，尽管大家在调研编写过程中付出了巨大的努力，但由于时间紧、调研任务重，疏漏之处在所难免，所以我们在此真诚地恳请广大领导、智库专家和读者批评指正，希望各智库单位继续深入研究，不断提高决策咨询的服务能力。

编 者

2021 年 12 月